ARNAUD
DE ROSNAY

Coordination et suivi éditorial : Sylvie Poupart
Conception graphique : Élodie Boisse

ISBN : 978-2-7588-0491-8

Atlantica : 18, allée Marie-Politzer – 64200 Biarritz
05 59 52 84 00 – contact@atlantica.fr
Paris : 3, rue Séguier – 75006 Paris

Catalogue en ligne : www.atlantica.fr

GENTLEMAN
DE L'EXTRÊME

ARNAUD DE ROSNAY

OLIVIER BONNEFON

atlantica

« Celui qui attend que tout danger soit écarté pour mettre les voiles,
ne prendra jamais la mer. »

—

THOMAS FULLER

Je dédie ce livre à Pascale, Antoine, Camille et Laure.
Merci pour votre patience, vos encouragements et votre amour.

Je le dédie également à Hugo Verlomme,
coureur d'écume à la plume océane,
qui a cheminé avec moi tout au long de cette aventure.

Je le dédie enfin à Arnaud de Rosnay,
plus vivant que nous tous
depuis qu'il est entré dans cette dimension
qu'on appelle l'éternité.

préface

Tatiana de Rosnay

Arnaud,

—

J'entends encore ta voix, si particulière, un peu nasillarde, ton rire tonitruant. Il suffit d'un effluve d'*Eau Sauvage* et te revoilà dans mon esprit, grand, mince, toujours pressé, tes cheveux longs décolorés par le soleil, ton regard bleu, celui de ta mère, Natacha, la Russe, dont tu avais hérité le tempérament de feu.

Mes premiers souvenirs de toi remontent au milieu des années 1960. Nous vivions tous – mes parents, ma sœur, mes grands-parents et toi – dans un grand appartement du 16e arrondissement. Tu avais laissé tomber tes études pour devenir photographe. Quel âge avais-tu? Une vingtaine d'années. Tu étais amoureux d'une jeune fille aux yeux verts, maîtresse d'un pékinois borgne qui me terrorisait, Ping Pong. La jeune fille s'appelait Marisa Berenson. Elle n'allait pas tarder à devenir célèbre, toi aussi. Avec ton premier cachet, lors d'un reportage sur les mines de diamants en Afrique du Sud, tu t'étais fait décorer une pièce à toi dans l'appartement. Pour ma sœur Cecilia et moi, c'était le trésor d'Ali Baba : plantes luxuriantes, cage pour oiseaux exotiques, imitations de pierres précieuses sur des tables basses laquées, objets fascinants comme cette montre ancienne dont le ressort montrait un couple en train de faire l'amour.

1966. Arnaud de Rosnay fait poser ses nièces Tatiana (en haut) et Cecilia, une belle partie de rigolade. *(© Collection Famille de Rosnay)*

Et puis il y a eu la Rolls. Tu venais nous chercher, Cecilia et moi, à la sortie de l'école. Une voix grésillait dans un haut-parleur attaché à la voiture : « Les demoiselles Rosnay sont attendues par leur oncle. » À l'intérieur, une technologie révolutionnaire pour l'époque, tu passais des coups de fil, ouvrais ton frigo, écoutais de la musique sous nos yeux médusés. Des fourrures ornaient les sièges en cuir doré, des estampes indiennes les portes arrière. Tu nous offrais des glaces et nous grondais si nous faisions des taches. Tu étais devenu un homme du monde, tu aimais faire la fête, inviter le Tout-Paris. Tu organisais des voyages de luxe pour faire découvrir l'île Maurice, encore inconnue. Pour beaucoup, tu étais un snob, un affairiste, un arrogant. Mais pour nous, tes nièces, tu étais drôle, irrévérencieux, irrésistible.

À Biarritz, où nous passions nos vacances, tu sillonnais les routes du Pays basque à moto, vêtu de ton maillot de bain et de tes lunettes noires. Derrière le dos de mes parents, déjà préoccupés par la diététique, tu m'emmenais à moto chez Dodin, le salon de thé, tu me disais de prendre ce que je voulais et je m'empiffrais consciencieusement. Au mariage d'une cousine à Arcangues, tu portais un costume rose sans chemise. Je me souviens des regards scandalisés sur ton torse nu et bronzé. J'avais six ans et j'étais fière que tu me tiennes par la main. Beau, presque insupportablement beau. Le type d'homme qui accroche le regard. Il y en a eu des femmes, à ton bras ! Des actrices, des princesses, des mannequins, des chanteuses. Tu t'es marié, avec Isabelle, la fille de Jimmy Goldsmith, la petite-fille d'Atenor Patino. Une union qui n'a pas duré.

Tu étais en avance sur tout. Un jour, tu m'as fait écouter Françoise Hardy. J'ai pouffé de rire devant ce choix que je trouvais ringard. Tu m'as foudroyé du regard : « Écoute, petite idiote ! » C'était *Message Personnel*. Depuis, quand je l'entends, je pense à toi. À chaque fois.

Au début des années 1980, tu en as eu assez des mondanités. Ta nouvelle passion, c'était le sport. Ton grand défi : le *windsurf*. Tu as rencontré Jenna, la femme de ta vie. Celle qui allait te donner une fille, Alizé. Ensemble, vous êtes devenus ce couple mythique qui faisait rêver. Tu t'es lancé dans les traversées en planche à voile qui ont fait couler tant d'encre. Le détroit de Béring, l'Atlantique, le Pacifique, la Manche. Des mauvaises langues ont mis en doute la véracité de ces exploits. En relisant la presse publiée lors de tes périples, je me suis rendu compte à quel point tu avais des détracteurs. On te surnommait « le Baron » et tu faisais des jaloux. Ton tempérament de mauvais garnement ne plaisait pas à tout le monde.

Il y a eu la funeste traversée, celle de novembre 1984. Nous n'avons jamais su ce qui t'était arrivé. Tu aurais 68 ans aujourd'hui. Quasiment septuagénaire. Impossible à imaginer. Pour moi, tu seras toujours un éternel jeune homme, fougueux, extravagant, parti trop tôt.

C'est difficile de parler de toi au passé, Arnaud. Ton nom est inscrit sur la tombe de mes grands-parents, en Bourgogne, mais ta dépouille n'y repose pas. On n'a jamais retrouvé ton corps. Comment faire le deuil de toi ?

Je fais souvent le rêve que tu vas sonner à l'improviste, comme tu le faisais si souvent, juste avant le dîner, bouillonnant de projets. Parfois je croise des gens qui t'ont connu, et qui me parlent de toi avec des étoiles dans les yeux.

Trente ans plus tard, ce qui reste dans le regard des autres, c'est l'admiration. Tu étais un oncle Gatsby, une comète qui a traversé ma vie et qui a laissé un sillage impérissable sur mon enfance et mon adolescence.

—

Ta nièce,
Tatiana

ARNAUD DE ROSNAY EN QUELQUES DATES (1946-1984)

1946 : – Naissance le 9 mars à Paris.

1953 : – Premier voyage à l'île Maurice.

1957 et 1958 : – Durant l'été, il surfe ses premières vagues à Biarritz.
– Entrée à Janson de Sailly à Paris (collège, puis lycée jusqu'en classe de première).

1959 : – Création du Waikiki Surf Club à Biarritz, dont il devient un membre actif.

1964 : – Création du Surf Club de France par son frère Joël à Anglet (Chambre d'Amour). Arnaud remporte une compétition Junior, qu'il fera passer plus tard pour le premier titre de champion de France Junior.
– Abandonne le lycée en terminale (Sciences Ex) après la première partie du bac. Arnaud se lance dans une carrière de photographe (jusqu'en 1974, ce sera son occupation principale). Il collabore notamment avec la revue *Salut les Copains*, lancée par Daniel Filipacchi.
– Avec son frère Joël, il introduit en France l'un des premiers *skateboards* d'Australie. Prend part à une compétition Junior de surf à Makaha (Hawaï).

1965 : – Champion de France de *skateboard*. Reportages pour un magazine américain *Skateboard magazine* sur le *skate* à Paris.

1966 : – Reportages sur la découverte de l'épave du *Saint-Géran* à l'île Maurice, le bateau de *Paul et Virginie*, dans plusieurs magazines étrangers et français, dont *Paris Match* qui avait déjà publié un sujet dédié au surf réalisé par Arnaud.

1967 : – Reportages de mode à New-York avec Marisa Berenson. Il obtient un contrat de 1968 à 1973 avec *American Vogue*. Réalise plusieurs tours du monde à cette époque, des voyages en Californie, en Australie, en Russie.
– Sa famille achète un chalet à Klosters en Suisse (dans les Grisons).

1968 : – Free-lance pour une douzaine de grands magazines internationaux dont *Paris Match*, *Life*, *Stern*, *Epoca*, *The Sunday Times*, *Look*, *Venture*, *National Geographic*, *Manchete*, *Newsweek*, *Vogue* UK, *Vogue* France, *Vogue* USA.

1969 : – Achat de la Rolls de Paul-Louis Weiller.

1971-1972 : – Reportage sur les diamants d'Afrique du Sud avec la De Beers. Il publie des grands reportages sur les trésors du Kremlin. L'or de la banque d'Australie. Les trésors du shah d'Iran. Turquie Topkapi. Les maharadjah de Baroda et Gwalior. Publications reprises dans 23 pays.

1969-1973 : – Nommé conseiller spécial pour le gouvernement mauricien en charge de la promotion et du lancement du tourisme sur l'île.

1973 : – Février-mars, voyage avec Brigitte Bardot à l'île Maurice. Le 28 juin, mariage avec Isabelle Goldsmith-Patino (divorce deux ans plus tard). Responsable de la promotion du complexe hôtelier de luxe « Las Hadas » (Mexique) lancé par Antenor Patino pour lequel il organise un « bal du siècle ».

1974 : – Convié aux championnats du monde de *Hobie-Cat* à Tahiti, sport dont il devient un expert.
– Conseiller spécial du gouvernement mexicain pour le tourisme et assistant du président mexicain Miguel Aleman Valdez. Lancement de la promotion du backgammon en Europe.

1975 : – Lancement du jeu « Pétropolis ». Voyage dans les émirats et pays du Golfe pour vendre le jeu. Projet de patinoire solaire à Ryad. Remporte à Biarritz, un championnat international de Backgammon.
– Session de *skate* en descente à 70 km/h dans les montagnes basques (Col de Saint-Ignace entre Ascain et Sare).

1976 : – Publie un livre sur le backgammon chez Fayard. Embauché par Sir James Goldsmith pour assurer les relations publiques de son restaurant «Chez Laurent» à Paris, puis la direction d'un club de jeu sélect à Londres

1977 : – Invention et mise au point du *speed-sail* durant l'été. Les planches prototypes sont fabriquées par Barland à Bayonne. Frise les 80 km/h lors d'essais.

1978 : – Remporte le championnat de France de *speed-sail* (14 au 15 octobre au Touquet).

1979 : – Traversée du Sahara en *speed-sail* de Nouadhibou à Dakar (départ le 31 mars), raid de 1 380 km à 22,5 km/h de moyenne en 58 heures.
– Août : Premier grand coup, la traversée du détroit de Béring en planche à voile et en solitaire (85 milles en 8 heures).

1980 : – Traversée Marquises-Tuamotu en planche à voile, 500 milles soit environ 900 km en 12 jours (31 août au 11 septembre). Ce nouveau record d'endurance en planche à voile sera battu en 1982 par Christian Marty (traversée de l'Atlantique en planche à voile, 4 223 km en 37 jours).

1981 : – Mariage avec Jenna Severson au château de la Villebague (île Maurice).
– En avril à Maui (Hawaï), il organise le *Speed Crossing*, épreuve de vitesse pure sur 18 km dans les vagues, par vent de force 7. Sur 50 partants, il se classe second derrière Robby Naish.
– En juillet, de retour en France après l'affaire du Pacifique, il s'offre le record (momentané) de la traversée de la Manche en planche à voile (1 h 39 pour 24 milles).
– En octobre, nouvelle tentative de record de la traversée de la Manche, balayée par une tempête lors d'un duel avec Ken Winner. Le *mano à mano* s'achève avec un repêchage des deux hommes cloués au milieu du Channel par un vent de force 8, par un hélicoptère de la Royal Navy.

1982 :

- 3e place lors du *Malea Dash*, épreuve de vitesse sur eau plate à Hawaï.
- En juillet, il établit un nouveau record de la traversée de la Manche aller-retour en 2 heures et 9 minutes.

1983 :

- Janvier, Arnaud navigue de la Barbade à Porto Rico, longeant toutes les Caraïbes sur 1 000 km.
- Novembre : Traversée du détroit de Gibraltar en 48 minutes aller-retour. Il lance alors le projet de traverser 15 détroits dans le monde avec le support du fabricant de planche à voile Tiga et d'un éditeur allemand.

1984 :

- Traversée Floride-Cuba en janvier (195 km en 6 heures et 41 minutes, soit 16 nœuds de moyenne).
- Lundi 27 février *Big Monday* à Hawaï. Arnaud prend des photos de *windsurf* sur des vagues géantes. Les images feront le tour du monde. Naissance d'Alizé de Rosnay le mercredi 29 février à Maui, fille de Jenna et d'Arnaud.
- Juillet 1984 : Traversée du détroit de La Pérouse (entre le Japon et l'URSS). Arnaud arrive à l'ouest de l'île de Sakhaline où le 1er septembre 1983, un Boeing 747 de la Korean Airlines a été abattu.
- 22 octobre : Arnaud de Rosnay atteint la vitesse de 29 nœuds lors d'une épreuve de vitesse à Weymouth (Angleterre), cinquième meilleure performance mondiale. Jenna devient le même jour la femme la plus rapide du monde en planche à voile à 27,9 nœuds.
- Le 24 novembre, à 7 h 50 du matin, lors de la tentative de traversée du détroit de Formose en planche à voile, Arnaud quitte la plage de Chong Wu (Chine) et disparaît en mer.

partie 1

—

LA BONNE ÉTOILE

(1946-1964)

prélude

Le souffle du dragon

24 NOVEMBRE 1984

L'eau froide du détroit de Formose et le ciel laiteux de la mer de Chine sont des pierres tombales qui se referment sur moi. Pas une terre en vue... Est-ce déjà la fin?

Je n'ai jamais eu peur de mourir, tout le monde vous le dira. Même gamin, j'étais déjà un trompe-la-mort, une tête brûlée. Une copine américaine m'a défini un jour comme un «high stimuli seeker» *toujours en quête de sensations fortes. Mais la vie n'est rien d'autre qu'une corde raide tendue entre naissance et mort. Et la folie, elle aussi, fait partie de l'aventure. Vous savez, si j'étais sûr de rentrer chez moi à tous les coups, je ne partirais pas. Oui, c'est vrai, j'ai souvent eu peur, mais cette peur-là m'a gardé en vie... jusqu'ici.*

Toujours une bonne étoile a veillé sur moi pour me ramener à bon port, dans les bras de ceux que j'aime, les bras de Jenna et de notre petite Alizé...

Mais soudain quelque chose ne va pas, leurs bras sont glacés et me serrent trop fort, j'ai du mal à respirer. Une poigne terrifiante m'entraîne vers les abîmes, cherchant à étouffer cet élan vital qui m'habite et me pousse en avant. À ce moment précis, seul, en perdition au milieu du détroit, entre la Chine et Taïwan, je ressens pour la première fois une émotion plus forte que la peur, une pulsion primale, irrémédiable... Une folle envie de vivre, mêlée à la certitude de mourir.

Un souffle froid et mortel me caresse la nuque; est-ce le dragon dont m'a parlé Bernard Moitessier sur son atoll? La bête m'attendait-elle ici, tapie dans ce coin paumé de la mer de Chine? Mais que s'est-il passé? Je filais comme le vent sur ma planche, le vent gonflait ma voile, j'avais laissé les côtes chinoises derrière moi et je traçais plein est sur une mer aux vagues croisées et aux bourrasques imprévisibles. Des conditions difficiles, mais j'avais vu pire. Et puis la traversée ne devait durer que 6 ou 7 heures, et hop, le tour serait joué, c'était comme de traverser deux fois la Manche… D'un coup, j'ai été fauché sur ma planche, un choc violent. J'ai peut-être perdu conscience. À présent, je me retrouve plongé dans cette eau trouble.

J'étais si confiant, bien trop confiant… Je n'ai pas voulu voir les signes qui s'accumulaient, les mots prémonitoires de Jenna avant mon départ, les mâts cassés pendant le transport, ou ce gamin qui me regardait en pleurant sur la plage de Chong Wu… Et maintenant, il est tard, trop tard peut-être ? Où sont donc passés mes anges gardiens ?

La mer a un drôle de goût, âcre, métallique, sans doute les traces des batailles navales que se livrent ici, depuis longtemps, la Chine et Taïwan. Il n'y a pas plus de 50 mètres de fond sous moi. Ce détroit de Formose est dingue, une vraie machine à laver, ça secoue dans tous les sens et la houle se lève sans crier gare. Tandis que je flotte entre deux eaux, entre deux mondes, des vagues plus puissantes me submergent. Je me laisse faire. Inutile de résister. La mer est toujours la plus forte. Cette leçon, je l'ai apprise très tôt, dans les vagues de Biarritz, avec mon frère Joël et mes copains surfeurs.

Mais je n'arrive plus à remonter, je tournoie dans la mousse qui me brûle la gorge et le nez. Je m'efforce de ne pas tousser ; surtout, rester zen. Je connais ces spasmes des poumons, il faut que je respire d'urgence. J'essaye d'ouvrir les yeux dans un nuage de bulles corrosives. Où est la sortie ? Je m'entends dire, bêtement bravache avant de partir : « La sortie, c'est juste en face ! ». Ici, l'eau est sombre, hostile. Je suis aspiré par les murs liquides, pris en étau, comprimé.

D'un coup de reins, je tente une poussée avec mes jambes pour remonter à la surface. Elles ne répondent pas. C'est étrange, je ne les sens plus. Une décharge de panique me brûle le cerveau. Non, Arnaud, ne te laisse pas intoxiquer la tête, tu dois juste être ankylosé… Je bats l'eau avec mes bras et mes mains et je remonte enfin. Mon Dieu que c'est dur ! Ma combinaison et mon harnais m'aident à refaire surface, sans doute grâce à des bulles d'air prisonnières sous le Néoprène.

À Chong Wu, Arnaud est comme un lion en cage, rongé par le doute et l'angoisse.
(© Pierre PERRIN / GAMMA RAPHO)

Une fois à l'air libre, je tète goulûment le vent qui souffle et je retrouve un peu de bien-être, mais pour combien de temps ? Je ne sens toujours pas mes jambes.

En me hissant de toutes mes forces au sommet d'une vague, je regarde autour de moi : horreur, je ne vois plus ma planche ! Sans elle, je ne suis plus rien. Elle est mon radeau de sauvetage, mon ultime espoir de survie. Je ne suis qu'un fétu de paille dans ces vagues montagneuses…

Pour tuer le temps en Chine, Arnaud tient un journal de bord, une ultime confession.
(© Pierre PERRIN / GAMMA RAPHO)

Soudain, là-bas, une tache de couleur, je l'aperçois, malmenée par l'écume. Si près… Si loin. Mais au lieu de battre des bras, de nager de toutes mes forces, je glisse lentement dans une torpeur qui ne cadre pas avec l'urgence dans laquelle je me trouve. Je rêve d'être un nourrisson, bien calé dans ses langes, qui essaye d'attraper le hochet qui se balance devant lui, et je tends désespérément le bras en imaginant qu'il va s'allonger, s'allonger comme dans un dessin animé, pour aller attraper ma planche, à plusieurs dizaines de mètres de là…

«Franchement, t'es con, quand même, Arnaud, tu aurais pu installer un leash*! En plus, ton harnais est foireux, ne crois-tu pas que c'est un peu suicidaire?»*

Voilà ce que m'a dit Pierre le photographe de Gamma en souriant tout à l'heure, avant mon départ sur la plage de Chong Wu, lorsqu'il a vu que je n'avais pas d'attache pour me relier à la planche.

Soudain, le fracas m'emporte. De nouvelles vagues me bousculent, m'éloignent encore un peu plus de la planche, ultime espoir de survie. Pourquoi n'ai-je même plus envie de batailler? Un voile noir descend sur mes yeux, m'engourdit. Je contemple avec effroi les conséquences de ma dernière folie. Je comprends de plein fouet avec quelle facilité le destin peut basculer. Bientôt, les requins se partageront peut-être mon enveloppe charnelle, mais leurs mâchoires n'auront pas mon âme.

Tu as voulu jouer, tu as poussé ton pion un peu trop loin, et tu as perdu... Le dragon va gagner la partie. Tu vas disparaître dans le néant, et des voix s'élèveront pour clamer haut et fort que tu l'as bien cherché, que c'était de l'inconscience, voire une pure connerie, de se lancer ainsi sans assistance ni autorisation dans une zone tempétueuse, où militaires et pirates s'entretuent. Je les entends déjà aboyer. Surtout ne les écoute pas, Jenna... Ils vont dire que j'ai été attaqué par un requin, criblé de balles par des militaires ou des pirates, enlevé par des extraterrestres, que sais-je, ils vont imaginer mille choses, mais parfois la réalité dépasse la fiction.

J'ai 38 ans et je souris intérieurement en songeant que j'aurai toujours 38 ans... C'est prématuré, mais c'est un bel âge pour tirer sa révérence. Au moins, je n'aurai rien à regretter, j'ai eu mille vies, j'ai vécu plus que dix hommes réunis, j'ai parcouru le monde, accompli des exploits, connu la gloire, et l'amour sous toutes ses formes, Marisa, Isabel, jusqu'au moment où j'ai rencontré Jenna. Là, tout a changé, puis Alizé est venue illuminer notre vie. J'aurais dû comprendre que

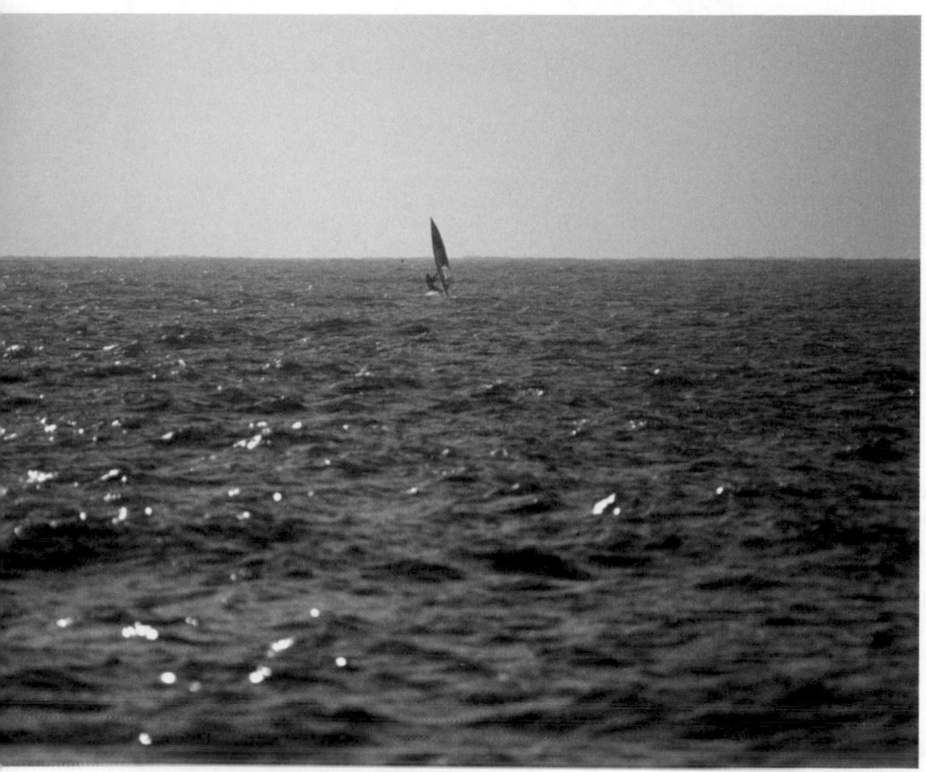

Arnaud de Rosnay fonce vers Taïwan et l'inconnu. C'est la dernière image de lui vivant.
(© Pierre PERRIN / GAMMA RAPHO)

c'était le grand tournant, j'aurais dû écouter Jenna, rompre mes engagements, alléger le programme des détroits, laisser tomber ma traversée sur Taïwan. J'aurais dû…

Mais je crois bien qu'il est trop tard pour les regrets… La mer est de plus en plus froide. Ma planche a bel et bien disparu. Au loin je vois des sommets, ou peut-être des vagues géantes qui viennent m'emporter. Une fois pour toutes ?

« Fuir le bonheur, de peur qu'il se sauve ». L'amour de Jenna et la naissance d'Alizé n'empêchent pas Arnaud de se lancer dans des aventures à haut risque.
(© Gilles Lhote / Starface)

DA AFP
TI TELEM
RE AF
PEK]
*ROSI
SEMBI
AI
PLANI
SONT
J
TH GENE
FIN DU

POO1 EN

DA AFP
TI *RO!
D
ARN
RE
*RO
TAIWAN
TOU
PEF
LE
SEL
PEC
PR(
POI

A
QUE
LA TRAVERSEE DEVRAIT DURER
DEPUIS CE MOMENT ON DEV
ROSNAY. DERNIERE PERSONI
PHOTOGRAPHE
PIERRE PERRIN, DE L AGENCE GAMMA, QUI PHOTOGRAPHIA
CHUNG WU, AVAIT PRECISE QUE LE BARON N EMPORTAIT AV
TOUTE
NOURRITURE QU UN JUS D ORANGE.
DES AMIS DU BARON A HONG KONG AVAIENT POUR LEUR
LEUR INQUIETUDE: IL N Y A PERSONNE POUR LE SUIVRE,
AIDER S IL SE TROUVE EN DIFFICULTES, AVAIENT-ILS DI
QUARANTE HUIT HEURES APRES, DES RECHERCHES ETAIE
PAR LES MARINES TANT CHINOISES QUE TAIWANAISES, QUI
QUELQUES
JOURS APRES RECEVOIR LE RENFORT D UN AVION DE LA B
... MAIS EN VAIN

---

by our staff reporter
Shu Bin

Legal department in Guangdong Province have been flooded with inquiries from specialized households and commercial departments.

Economic reforms have meant that business deals have increased substantially. But legal advice has become more and more necessary as new business concerns run into problems with production and sales contracts.

In some cases it has been discovered that contracts are written on scraps of paper or even cigarette packets.

Often a deal is arranged by word of mouth, usually after a small ban-

rarely completed.

If conflict follows, the lack of a proper contract often leads to production being abandoned and enterprises suffering heavy financial losses.

The Guangdong Judicial Office was previously only concerned with settling civil issues but since the economic reforms were introduced into the province its role has changed.

The ...

---

it apologise for the incident, make investigations and punish the criminals. He also demanded the US side return the foreign tourist and take measures to prevent the recurrence of such incidents.

Charles Horne, senior member of the US side of the MAC, denied at the meeting that the foreign tourist was kidnapped by the US side, saying that the Soviet you... Vasily M...

According to ... terview issued ... palace, Mitterr...

Viet... fron...

---

^R
Instruction: L FCR 3-DEC-84 15:29:42 170

Dest: Joel Derosnay
Exp: MISSITEX
Date: LUN 3-DEC-84 15:29:42 CET
Objet: telex recu de WESTPRCC J79881

MISSTEX: JOEL DEROSNAY

DE WESTERN PACIFIC RESCUE COORDINATION CENTER

POUR JOEL DEROSNAY

THE WESTERN PACIFIC RESCUE COORDINATION CENTER MOUNTED A SEARCH USING ONE UNITED STATES AIR FORCE HC-130 HERCULES AIRCRAFT FROM 28 THROUGH 30 NOVEMBER, 1984. OUR AIRCRAFT SEARCHED APPROXIMATELY 7460 SQUARE MILES OF THE TAIWAN STRAITS BETWEEN THE CHINESE COAST AND THE PESCADORES ISLANDS AREA, FLYING 39.8 HOURS ON THE TREE SEARCH MISSIONS.

THE PEOPLES REPUBLIC OF CHINA ALSO SEARCHED FOR YOUR BROTHER WITHIN THEIR TERRITORIAL WATERS. A PART OF THE SEARCH ON 29 NOVEMBER INCLUDED TWO CHINESE AIR FORCE PLANES FOR ABOUT 7.5 HOURS EACH. WE ARE NOT CERTAIN OF THE EXACT DETAILS OF THE CHINESE SEARCH, EXCEPT THAT THEY DID NOT SIGHT ANYTHING- THE SURFBOARD, ANY DEBRIS TO INDICATE A CATASTROPHE, OR YOUR BROTHER.

THE REPUBLIC OF CHINA (TAIWAN) ALSO MOUNTED A CONSIDERABLE EFFORT FROM 24 NOVEMBER THROUGH 2 DECEMBER. THEY ISSUED RADIO BROADCASTS TO MARINERS IN THE LOCAL AREA, SEARCHED WITH AIRCRAFT, BOATS, AND HELICOPTERS AND ALERTED MILITARY GROUND UNITS INCLUDING THOSE IN THE PENGHUS (PESCADORES) ISLANDS. THE AIRCRAFT FLIGHTS CONTINUED THROUGH 2 DECEMBER AND SPECIAL INSTRUCTIONS WILL CONTINUE TO BE GIVEN TO PILOT OF ROUTINE MILITARY FLIGHTS. TAIWAN IS ALSO CONTINUING MARINE RADIO BROADCASTS.

UNFORTUNATELY, NONE OF THE ABOVE EFFORTS HAVE YIELDED ANY CLUES AS TO THE WHEREABOUTS OR CONDITION OF YOUR BROTHER, ARNAUD. WE UNDERSTAND YOUR APPREHENSION AND ARE SORRY OUR EFFORTS COULD NOT PRODUCE SOME POSITIVE RESULTS.

OUR SINCERE CONDOLANCES TO YOUR FAMILY AND YOU IN THESE TRYING HOURS.

CAPTAIN DONALD D PARKHURST, UNITED STATES AIR FORCE MISSION COORDINATOR, WESTERN PACIFIC RESCUE COORDINATION CENTE

WESTPRCC J79881
1511031284

Windsurfer in Taiwan mystery

HONGKONG (AFP via Xinhua) — Mystery yesterday surrounded the wherabouts of French windsurfer Arnaud de Rosnay, who friends say has not been heard of since he tried to cross the Taiwan Strait on Saturday.

The 38-year-old adventurer left a beach on mainland China at 7:50 am on Saturday in an unaccompanied bid to reach Taiwan 150 kilometres away, said Pierre Perrin, a photographer.

Perrin, who works for the Gamma Agency, said yesterday that he photographed de Rosnay's departure from a fishing village called Chung Wu between Amoy and Fughou in Fujian Province opposite Taiwan.

He said the trip should have taken five or six hours, but there has been no word since from de Rosnay. Taiwan official as well as France's unofficial representatives in Hongkong and Taiwan also said they had no news.

The windsurfer entered China a week ago on a tourist visa after being told by the Chinese authorities that a sanctioned trip was impossible before next year, Perrin said.

---

pl... Ti... Co... wit... fail... two... ove... pine... som... grow... than...

In ... Coun... makin... ment. ... pedlar... yuan f... ran off...

Le...

SHEN... workers ... Liaoning ... ed up the ... work hob...

There ... groups in ... arts, musi... sports, fa... tailoring, h... horticulture...

They are ... 200,000 part... the city's you... number is in...

Managers ...

Fr... Pie... nes... pre... mei... 16.

M... set c...

3

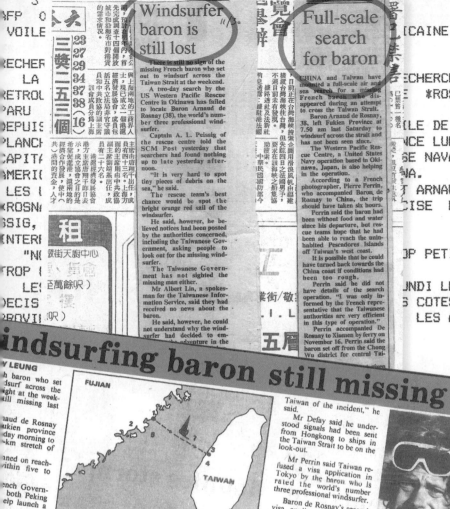

Windsurfer baron is still lost

11/3.

There is still no sign of the missing French baron who set out to windsurf across the Taiwan Strait at the weekend.

A two-day search by the US Western Pacific Rescue Centre in Okinawa has failed to locate Baron Arnaud de Rosnay (38), the world's number three professional windsurfer.

Captain A. L. Peissig of the rescue centre told the SCM Post yesterday that searchers had found nothing up to late yesterday afternoon.

"It is very hard to spot tiny pieces of debris on the sea," he said.

The rescue team's best chance would be spot the bright orange red sail of the windsurfer.

He said, however, he believed notices had been posted by the authorities concerned, including the Taiwanese Government, asking people to look out for the missing windsurfer.

The Taiwanese Gqvernment has not sighted the missing man either.

Mr Albert Lin, a spokesman for the Taiwanese Information Service, said they had received no news about the baron.

He said, however, he could not understand why the windsurfer had decided to em- … adventure in the …

Full-scale search for baron

CHINA and Taiwan have mounted a full-scale air and sea search for a missing French baron who disappeared during an attempt to cross the Taiwan Strait.

Baron Arnaud de Rosnay, 38, left Fukien Province at 7.50 am last Saturday to windsurf across the strait and has not been seen since.

The Western Pacific Rescue Centre, a United States Navy operation based in Okinawa, Japan, is also helping in the operation.

According to a French photographer, Pierre Perrin, who accompanied Baron de Rosnay to China, the trip should have taken six hours.

Perrin said the baron had been without food and water since his departure, but rescue teams hope that he had been able to reach the uninhabited Pescadores Islands off Taiwan's west coast.

It is possible that he could have turned back towards the China coast if conditions had been too rough.

Perrin said he did not have details of the search operation. "I was only informed by the French representative that the Taiwanese authorities are very efficient in this type of operation."

Perrin accompanied De Rosnay to Xiamen by ferry on November 16. Perrin said the baron set off from the Chong Wu district for central Tai- …

ICAINE A ABANDONNE

ECHERCHES POUR

E *ROSNAY,* PORTE

ILE DE TAIWAN EN

NCE LUNDI LE

SE NAVALE

NA.

T ARNAUD DE

CISE LE CAPITAINE

OP PETIT SUR UNE

UNDI LEUR

S COTES DE LA

LES AUTORITES DE

58

…indsurfing baron still missing

…Y LEUNG

…h baron who set …dsurf across the …ight at the weekend …ill missing last …

…aud de Rosnay …ukien province …day morning to …-km stretch of …

…ned on reach… …ithin five to …

…ench Govern… both Peking …elp launch a …

…gone almost …yone is very …n," a close …leman, Mr …esterday.

…osnay, a …pher, Mr …local Chi… as inter… …g for Xia… …ovember …

…e baron …Wu dis-trict for central Taiwan, near Changhua.

(1) Chong Wu; (2) Xiamen; (3) Changhua; (4) Taichung; (5) Left on November 24 at 7.50 am.

The US Western Pacific Rescue Centre in Okinawa is awaiting Peking's permission to fly into Chinese air space to search for the baron, who friends here believe may have landed on one of the remote and uninhabited islands off Taiwan.

The Deputy French Consul-General in Hongkong, Mr Jean-Yves Defay, said Paris had contacted Peking through "consular and diplomatic representations" as soon as it heard of the disappearance.

"Through appropriate channels the embassy in Peking also managed to inform Taiwan of the incident," he said.

Mr Defay said he understood signals had been sent from Hongkong to ships in the Taiwan Strait to be on the look-out.

Mr Perrin said Taiwan refused a visa application in Tokyo by the baron who is rated the world's number three professional windsurfer.

Baron de Rosnay's second visa application to Taiwan was also turned down in Hongkong.

They later applied for tourist visas to go to China.

"As soon as he departed from Chong Wu, we telephoned the French interests in Taiwan that he was coming and stressed that he was unarmed and friendly," Mr Perrin said.

He set off smoothly on Saturday — "a very fine day with a strong wind," Mr Perrin said.

Baron de Rosnay has an impressive list of crossings to his name. One of his most recent was from Japan to the strategic Soviet Far East island of Sakhalin in August.

He was writing a book on his experiences before his disappearance.

Baron de Rosnay: friends believe may have landed on a remote island off Taiwan.

South China Morning Post

1

L'initiation aux vagues

ÉTÉ 1957

Entre deux vagues, Arnaud reprend son souffle. La planche est partie toute seule dans la mousse et il s'efforce de retourner vers le bord. Nous sommes sur la plage de la Côte des Basques, vingt-sept ans avant sa disparition. À peine âgé de onze ans, le jeune aventurier s'initie aux joies de la glisse aux côtés de son grand frère Joël, dans les déferlantes de Biarritz. C'est un moment fondateur dans la vie d'Arnaud, en ce bel été 1957 qui voit l'avènement du surf en France.

Joël, l'un des pionniers français de cette discipline, le sport des rois hawaïens, est alors l'heureux dépositaire d'une des deux premières planches jamais introduites en France, un an plus tôt, par le scénariste réalisateur Peter Viertel, et le producteur d'Hollywood, Richard Zanuck, fils du célèbre Darryl Zanuck. L'équipe est alors en repérage au Pays basque pour le tournage du film *Le Soleil se lève aussi* inspiré du roman d'Ernest Hemingway. Arnaud va pleinement profiter de pareille aubaine.

Malgré les chutes à répétition et les « bouillons », le jeune et intrépide garçon est impatient d'en découdre. Jusque-là, ses multiples tentatives se sont invariablement soldées par des plongeons forcés et des chutes spectaculaires dans à peine 50 cm d'eau. Mais Arnaud est déterminé à recommencer, jusqu'au moment où il pourra enfin prendre une vague et se lever sur cette grosse planche, trop lourde et volumineuse pour lui.

En dépit des difficultés, le jeune garçon revient à la charge, allant inlassablement récupérer la planche échouée, la traînant dans la mousse vers le *line-up*, comme à chaque fois que son grand frère chute au large. Il profite alors de cette poignée de minutes de liberté pour s'amuser dessus en attendant que Joël revienne à la nage et récupère son engin.

Cramponné au *longboard*, Arnaud guette sa première vague, tellement concentré qu'il ne voit plus les falaises, les mouettes qui tournoient au-dessus de lui, ni même les bancs de lançons argentés qui lui filent entre les jambes. Il n'a pas le temps de s'enivrer de cette lumière solaire qui emplit l'espace entre le bleu du ciel et l'océan émeraude, accentuant les contours du paysage, soulignant la silhouette fantomatique de la Villa Belza qui domine le site de ses lignes tourmentées.

Non, Arnaud se fiche bien de tout cela. Cette fois, il en est sûr, la mousse scintillante d'écume qui fonce dans sa direction à la vitesse d'un cheval au galop, lui est destinée. Elle semble même murmurer des mots doux : « Viens… », avant de rendre son dernier souffle. Alors Arnaud lance son enthousiasme juvénile contre les forces de la mer, l'escalade, décolle, surpris de sa propre audace.

Ça y est, la grosse planche zébrée au nez cassé prend de la vitesse, mue par une force invisible et mystérieuse. Le *longboard* vibre sous son corps. Avec des gestes encore gauches, il pousse sur ses bras, rassemble ses genoux sous son buste, puis se lève d'un coup. Ouf, la planche ne s'est pas dérobée. Arnaud prend soin de mettre ses deux pieds en travers, d'écarter un peu les jambes, comme le lui a montré Joël. Miracle, il tient debout et prend de la vitesse ! Ne pouvant contenir son euphorie, il lance un long hululement, tel un Apache se ruant sur les Tuniques bleues.

La mer le dépose sur la grève aussi délicatement qu'un tapis volant. Elle vient de lui offrir une sensation de volupté et de griserie qu'il n'a jamais connue, quelques secondes qui valent une éternité. Arnaud saute de joie sur le sable, bombe le torse sous le regard admiratif d'autres gamins de la plage qui rêvent déjà de l'imiter. Et pour cause : aucun môme de son âge n'a encore surfé en France ! Il est le tout premier ! En cet instant, son rêve le plus fou serait que la mer devienne silencieuse, le temps d'un soupir, afin que toute la plage l'entende hurler de joie. Cette vague de l'Atlantique qui s'est

offerte à lui n'est qu'une dérisoire ridule à l'échelle de l'univers, mais elle vient de transformer sa vie à jamais.

La folle aventure a commencé quelques semaines plus tôt sur la Côte des Basques, cette reine des plages, ce berceau du surf en Europe. Comme chaque année ou presque, depuis la rencontre si romantique de ses parents Gaëtan et Natacha en 1930 au pied du phare, la famille d'Arnaud prend ses quartiers d'été à Biarritz. Les journées sont douces au Pays basque, rythmées par les longues séquences toniques au bord de l'océan, théâtre de défis sportifs incessants entre Arnaud et son frère Joël, de dix ans son aîné. Les deux frangins sont devenus de véritables marsouins. Ils *bodysurfent* les vagues en toute liberté, une glisse pure, sans palmes ni artifices, en attendant de repousser les limites de l'excitation toujours plus loin sur des engins dont ils ne soupçonnent même pas encore l'existence. Il y aura le surf bien sûr, dès 1957, mais aussi le *skate*, le *Hobie Cat* un peu plus tard, puis le *speed-sail* et la planche à voile.

À l'époque, pour profiter des vagues, le *must* est une planchette en contreplaqué au nez recourbé, baptisée le *plancky*. Cette invention locale, que l'on doit à un certain Georges Hennebutte, est un peu l'ancêtre du *bodyboard* (ou Morey) actuel. On s'allonge dans l'eau en tenant le *plancky* bien calé sous son buste, et l'on trace tout droit, porté par l'énergie du rouleau. Arnaud est un as à ce petit jeu. Il n'arrête pas, toujours en mouvement, jamais rassasié. C'est un gamin physique et gourmand de la vie.

En cet été 1957 qui va marquer un tournant majeur pour les deux frères de Rosnay, une excitation particulière emplit la maisonnée. Depuis qu'il a débarqué de Paris, Joël, d'habitude si zen, est comme un fou. Après une année d'études brillantes, le jeune

Ado, Arnaud se révèle déjà un surfeur stylé et engagé, ici à Tamarin (île Maurice).
(© Collection Famille de Rosnay)

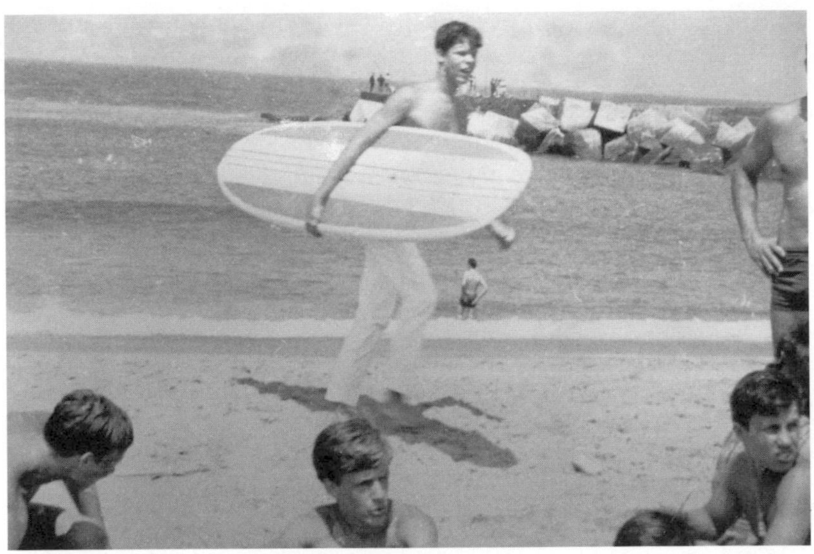

Arnaud était fan du *spot* mythique de La Barre (Anglet).
(© Collection Famille de Rosnay)

chercheur en sciences de la vie n'a qu'une hâte, se changer les idées dans les vagues de l'Atlantique. Or, ses cousins de la Sota et de Villalonga lui ont révélé quelque chose d'incroyable : on surfe à la Côte des Basques! Un certain Jacky Rott s'essaye le dimanche sur une planche. Et on y a même aperçu, à plusieurs reprises, un Américain dévalant les rouleaux au pied de la Villa Belza.

Joël n'ose croire au miracle. L'hiver précédent, il a assisté à la projection d'un film, salle Pleyel à Paris : «Hawaï, îles de rêve». Ce documentaire en technicolor lui a tout bonnement tourné la tête, en particulier la séquence de surf. Dans les années 1950, les images de surf sont rarissimes en France, où l'on ne compte alors qu'une seule chaîne de télé en noir et blanc. Les DVD, Internet et *Youtube* sont encore pure science-fiction. Si l'on veut découvrir des

À 15 ans, l'ado rêveur.
(© Collection Famille de Rosnay)

images ou des nouvelles du bout du monde, il y a la presse écrite et les soirées-conférences du type « Connaissance du monde ».

Ce soir-là, après la projection, au moment des incontournables questions avec le public, Jacques Chegaray, auteur du « Tour du monde en bateau-stop » et réalisateur du film sur Hawaï, dialogue quelques instants avec Joël. « Pensez-vous qu'il est possible d'implanter le surf à Biarritz ? » lui demande le jeune homme. Sûr de lui, d'un ton définitif, Jacques Chegaray répond : « N'y songez même pas. Vos vagues ne sont pas assez longues, et en plus elles cassent sur les rochers ! »

Avec le recul, cette affirmation péremptoire fait sourire Joël. Les spots du Pays basque sont désormais classés parmi les meilleurs du monde et attirent des milliers d'aficionados. Déçu par cette révélation, le jeune homme ronge son frein, croyant alors que le plaisir de taquiner les vagues était réservé aux seuls Australiens, Hawaïens ou Californiens. Aussi, dès son arrivée à Biarritz, Joël veut en savoir plus et fonce vers la plage en Vélo Solex.

« Passé le virage de la Villa Belza, se souvient Joël, j'aperçois un type dans l'eau. Il se tient debout sur une planche et glisse sur une vague ! Quand il sort de l'eau, je vais à sa rencontre, on se présente. Il est cinéaste et s'appelle Peter Viertel. Le courant passe immédiatement. »

Coup de bol, le mari de la comédienne britannique du film, Deborah Kerr, connaît très bien son oncle, Mariano de Villalonga, grand sportif, fin et cultivé. Les deux hommes se sont rencontrés à Klosters en Suisse, et sont devenus amis. Cela va bien arranger les choses. Au détour de la conversation, Joël apprend que Peter Viertel est sur le point de partir plusieurs semaines en Espagne. « Il me propose alors de garder sa planche en son absence, poursuit Joël. C'était tout bonnement inespéré. Cette rencontre allait surpasser mes espérances et bouleverser mon existence, ainsi que celle d'Arnaud, que j'entraînais toujours dans mon sillage. »

Après avoir reçu les conseils d'usage, Joël se trouve en possession de la fameuse planche zébrée. Son nez (*nose* en langage surf) a été cassé à la fin de l'été précédent dans les rochers de la Côte des Basques, lors des premiers essais sur les vagues biarrotes effectués par Peter Viertel et les fameux *Tontons Surfeurs*, épisode qui a marqué les débuts du surf en Europe. On n'utilisait pas encore de *leash* (attache élastique) pour retenir la planche à la cheville du surfeur, et chaque chute était donc sanctionnée par un retour forcé au bord, à la nage, afin de récupérer la planche. Autant dire qu'il valait mieux être endurant et bon nageur ; chaque vague se méritait.

Ce jour-là et les deux semaines suivantes, Joël s'essaya au surf. Les débuts furent laborieux. « Je n'arrêtais pas de chuter. Heureusement un jour, je croisai la route de deux jeunes Californiens venus étudier pendant l'été à l'Université américaine de l'avenue de Verdun. Ils m'ont livré quelques astuces bien utiles… D'abord, mettre mes pieds de travers légèrement décalés et non de face quand je me levais. Ensuite, enduire la surface de la planche avec un produit antidérapant afin d'éviter qu'elle ne devienne une savonnette une fois mouillée. Il n'y avait pas de *wax* à l'époque, et en guise de cire, on se servait de bougies ou de la paraffine que nos grands-mères utilisaient pour boucher hermétiquement leurs pots de confiture. »

Fasciné, Arnaud ne loupe pas une miette des progrès de son frère. Pour l'instant, il observe, tout en jouant les *caddies*, tâche qui consiste à récupérer la planche au bord quand elle revient toute seule. Le plus clair du temps, le jeu se déroule au pied de l'Hôtel du Palais, où les familles de Rosnay et de Villalonga louent chaque été une « cabana ». C'est dans les vestiaires du palace, sous les toiles des tentes frappées du « N » de Napoléon et ornées de l'aigle impérial, que Joël installe son premier « surf camp », improvisé mais luxueux. La cohabitation avec la clientèle ultrachic est cocasse, surtout lorsque le jeune homme sort par le portail monumental donnant directement sur la plage, sa planche zébrée sous le bras, salué bien bas par le personnel en livrée. Intrigué, Jean Brana, guide-baigneur de l'Hôtel du Palais, sera rapidement initié aux plaisirs de la glisse.

C'est à cette période que Joël va rencontrer ceux qu'on appellera les *Tontons Surfeurs*, dont Henri Etchepare, Jacky Rott, Bruno Reinhardt ou les très inventifs Michel Barland et Georges Hennebutte. Ces deux derniers interviendront vingt ans plus tard aux côtés d'Arnaud, quand il se lancera dans ses aventures en *speed-sail* ou en planche à voile. Quoi qu'il en soit, à la fin de l'été 1957, Joël suit les vagues convenablement et sûrement. Quant à Arnaud, il a enfin surfé ses premières mousses.

Le retour à Paris, mi-septembre pour la rentrée des classes, est plutôt rude pour le jeune garçon, privé d'un seul coup du contact euphorisant de l'océan et du surf. Maigre consolation, Arnaud a plein d'aventures fantastiques à raconter à ses copains. Dans la France de la fin des années 1950, ce qui lui arrive est si unique et extravagant qu'inévitablement, certains fâcheux n'y croient pas. D'autant qu'Arnaud aime enjoliver et en rajouter un peu.

Tout au long de sa brève existence, il sera confronté à ces soupçons de vantardise ou d'affabulation. Heureusement, Arnaud a des

Arnaud (au centre), son frère Joël et sa belle-sœur Stella (debout derrière lui), et toute la bande du Surf Club de France à la Chambre d'Amour, au milieu des années 1960.

(© Collection Famille de Rosnay)

Joël initiant Catherine Deneuve au surf. *(© Collection Famille de Rosnay)*

preuves de ce qu'il raconte, avec de belles photos en noir et blanc signées en particulier *Atomic*, célèbre studio biarrot. Le gamin va les admirer tout l'hiver en peaufinant déjà ses prochains exploits dans ses rêves... et même dans sa baignoire ! En effet, pour s'accoutumer à rester dans l'eau froide en vue des sessions de surf d'automne, il s'y immerge régulièrement avec des blocs de glace, au grand dam de ses parents.

Durant l'été 1958, Arnaud et son frère Joël poursuivent leur initiation aux vagues à Biarritz, entraînant quelques copains avec eux, dont une joyeuse bande de garçons et filles issus de familles plutôt

Arnaud, meilleur junior à la Côte des Basques. *(© Collection Famille de Rosnay)*

aisées, parisiennes pour la plupart. En septembre 1959, ils formeront le très chic Waikiki Surf Club à la Côte des Basques. La paternité du projet revient à un certain Carlos Dogny Larco. Ce séduisant millionnaire péruvien est devenu l'un des piliers du surf à Biarritz, depuis qu'il occupe un poste d'attaché diplomatique à Paris. Il s'est lancé dans les vagues après avoir rencontré, vingt ans plus tôt à Hawaï, le légendaire Duke Kahanamoku, qui l'a initié à l'art du *surf-riding* ou planche hawaïenne comme on dit au Pérou, sur la fameuse plage de Waikiki. Joël de Rosnay sera le deuxième surfeur inscrit au club. Détail amusant, Arnaud 13 ans, en deviendra le plus jeune membre et son père Gaëtan, alors âgé de 55 ans, en sera le doyen.

Joël fascine son petit frère avec ses exploits en surf, son aisance, ses relations. Un jour, il initie Catherine Deneuve dans les vagues, sur la Grande Plage de Biarritz. Arnaud est rudement fier de son aîné. Il le suivra quelques années plus tard au Surf Club de France, créé en 1963 à la Chambre d'Amour d'Anglet. La marraine du club n'est autre que la comédienne Deborah Kerr, inoubliable héroïne du film *Tant qu'il y aura des hommes* et compagne de Peter Viertel.

En août 1958, une rencontre (relatée par Alain Gardinier dans son livre *Les Tontons Surfeurs*) va créer un véritable déclic dans la petite communauté de pionniers et envoûter un peu plus le jeune Arnaud, déjà sévèrement atteint par le virus du *surfing*. Georges Hennebutte est à l'origine de ce mini-séisme. En plus d'être l'un des premiers surfeurs locaux, l'homme est réputé pour avoir conçu et commercialisé des équipements d'avant-garde pour la sécurité maritime. Il est notamment le génial inventeur en 1947 du premier gilet de sauvetage pliant avec bonbonne de gaz. On lui doit aussi l'Espadon, canot de sauvetage capable de passer des vagues de plus de 4 mètres, qui sera adopté par plusieurs armées du monde. Hennebutte sera également le premier à mettre au point le *fil à la patte*, l'ancêtre du *leash*, pour éviter de perdre sa planche de surf. La fréquentation de ce bonhomme génial allait sérieusement déteindre sur Arnaud qui, quelques années plus tard, se montrera, lui aussi, très inventif.

Ainsi, en cette fin d'été 1958, Georges Hennebutte reçoit à Biarritz une équipe de solides Australiens appartenant à la Fédération australienne de sauvetage et de surf, pour une rencontre et un échange de compétences et de savoir-faire avec les as français du Sauvetage aéromaritime. Ces sauveteurs et surfeurs australiens

Arnaud et Colette Duval, mannequin et parachutiste. Déjà la fascination de l'extrême.
(© Collection Famille de Rosnay)

étaient ce qu'on appelle aujourd'hui des *watermen* accomplis, des hommes dont la mer est la seconde patrie. Arnaud observe leurs entraînements les yeux écarquillés, notamment leurs évolutions au large avec la *rescue board*, énorme planche équipée de poignées en corde, qui ressemble fortement aux *surfboards* hawaïennes des années 1930. Les *Aussies* ont également une facilité insolente à *bodysurfer* les vagues.

Le dernier jour de leur passage à Biarritz, Arnaud se trouve aux premières loges pour assister à leur exhibition finale, dans le cadre du « Super rallye des vedettes » organisé par la Municipalité du sénateur maire Guy Petit. La Grande Plage est noire de monde pour ce show assez kitsch, qui mêle grand spectacle et défis sportifs. Un hélicoptère Alouette de l'armée de l'Air donne le top-départ en déposant sur la plage une blonde à la poitrine opulente, l'actrice américaine Jayne Mansfield, archétype de la *pin-up*, qui allait disparaître neuf ans plus tard accidentellement dans son cabriolet rose Buick Electra. Le clou du spectacle est un saut en parachute au-dessus de l'océan, effectué par le cascadeur automobile Gil Delamare et sa compagne Colette Duval. Cette dernière est une célébrité pour l'époque, à la fois mannequin haute couture et parachutiste de l'extrême. Après son saut, le duo est récupéré par un canot Espadon d'Hennebutte, et déposé sur la plage.

C'est Arnaud qui est chargé de remettre une couronne de fleurs à Colette Duval lorsqu'elle mettra le pied sur le sable avec Gil Delamare ! Les guides-baigneurs français et les *lifesavers* australiens assurent la haie d'honneur. Le gamin tout mignon a droit à la bise de la belle brune qui s'illustrera notamment en effectuant un saut de 12 000 mètres dans la baie de Rio de Janeiro, depuis un *Superfortress* B29..

Certes, Arnaud n'a que 12 ans, mais le voilà déjà aimanté par les héros de l'extrême et la compagnie des jolies femmes. Ce jour-là pourtant, il n'a guère le temps de badiner, car sitôt les parachutes repliés, les sauveteurs australiens entament un show époustouflant, montrant au public biarrot des techniques de sauvetage côtier qui ne seront popularisées qu'au début des années 2000 en France! Voyant là des vagues idéales, ils empruntent aux locaux leurs planches de surf. Les Australiens surfent alors les vagues françaises comme jamais personne ne l'avait encore fait, effectuant une succession de figures jusque-là inconnues, comme le *bottom turn* (virage au bas de la vague) ou le *nose riding* (surf en plaçant ses pieds au bout de la planche). «Un certain Mike Hall se permit même de démarrer avec la dérive de la planche à l'avant et de faire ainsi pivoter la planche de 180 degrés, *raconte Alain Gardinier*. Sur la même vague, il put rejoindre un autre surfeur en pleine action, et ils échangèrent leurs planches tout en traversant l'eau verte.»

Cette nuit-là, Arnaud rêva qu'il dansait sur l'eau, acclamé par une foule en liesse, une foule si dense qu'on ne voyait plus le moindre grain de sable sur toute la Grande Plage de Biarritz. Plus tard, lui aussi deviendrait un *waterman*…

« Ma fibre remuante »

L'aube se lève à peine lorsque le cargo-mixte *Ferdinand de Lesseps*, des Messageries Maritimes, se présente à petite vitesse devant le canal de Suez, mais la famille de Rosnay est déjà accoudée au bastingage. Émerveillés d'arriver aux portes de l'Afrique et de l'Orient, tous contemplent le paysage magique qui se découvre par touches successives. Arnaud n'a que sept ans lors de ce premier grand voyage, événement fondateur qui va le ramener à Maurice, l'île de ses ancêtres, via la Méditerranée, la mer Rouge et l'océan Indien.

Tandis que le pilote égyptien monte à bord, Arnaud n'en finit pas de dévorer le paysage des yeux. Dans les brumes du petit matin, Port-Saïd, la ville fondée par Saïd Pacha, se révèle à l'enfant sous la lumière encore chaude de l'automne, avec ses bruits, ses parfums, ses promesses et ses mystères. Les maisons anciennes, les palmiers, les minarets, les grues et les bateaux amarrés, les dockers qui s'affairent sur les quais, les sirènes qui rugissent, la fumée noire des remorqueurs, le halètement des locomotives à vapeur tractant des trains entiers remplis de balles de coton, tout, absolument tout, le fascine. Au loin, Arnaud aperçoit Port-Fouad sur la rive orientale du canal. L'Asie commence ici. Il a hâte de découvrir le désert dont lui a tant parlé sa grande sœur Zina. Demain, il longera le Sinaï, avant d'entrer en mer Rouge, après une douzaine d'heures de navigation. Dans moins de deux semaines, si tout va bien, leur navire accostera enfin à Port-Louis.

En cette année 1953, le canal de Suez n'a même pas cent ans, et Arnaud vit encore au temps de l'enfance et de l'innocence. Pourtant, il éprouve déjà l'appel du grand large. Le monde est vaste, les mers et les océans sans limites l'attirent, et Arnaud sent qu'il appartient corps et âme à cette nature sauvage où tout semble possible, ou presque.

Sa vocation d'aventurier en herbe remonte à sa plus tendre enfance, dès que son père, Gaëtan, et sa mère, Natacha, ont pris le

Arnaud gamin, dans le sillage de son père à l'île Maurice sur leur petit voilier.
(© Collection Famille de Rosnay)

temps de lui détailler l'histoire de ses origines et le destin fabuleux de ses ancêtres, qu'ils soient franco-mauriciens du côté paternel, ou russes du côté maternel. Arnaud a retenu que ces derniers n'ont pas hésité à traverser les mers et à braver bien des dangers afin de préserver ce qu'ils avaient de plus cher, leur vie, celle de leurs enfants. Mais aussi, et surtout, leur destin, leur liberté. Jamais il n'oubliera cette leçon. La fièvre de l'aventure coule dans ses veines, aiguise sa curiosité et son imaginaire, précocement éveillés. Ses racines cosmopolites distinguent Arnaud des autres enfants de son âge, dans la France de l'immédiat après-guerre, où voyager outre-mer reste un luxe ou une exception.

Dans son autobiographie, *Tout m'est défi*, parue quatre ans avant sa disparition, Arnaud évoque ses racines, et ce qu'il appelle «ma fibre remuante» : «Mes parents et mes ancêtres, à leur manière et parfois contre leur gré, étaient déjà des voyageurs. À la suite de la révolution de 1789, ma famille avait émigré à l'île Maurice. Ma mère, née Natacha Koltchine, a fui la révolution russe en 1917. Il est resté un peu de cette fibre remuante en moi, atavisme renforcé par mon enfance trépidante qui m'interdisait de nourrir une amitié durable, de nouer des rapports stables avec mes compagnons. Je dois avouer que cette situation trouvait en moi un spectateur passionné, fasciné par ce kaléidoscope que j'absorbais avec avidité, toute cette matière qui se déroulait devant mes yeux, tellement plus riche que dans les livres de classe!»

Après ce premier grand voyage, rien ne sera plus jamais comme avant. En effet, comment se contenter de l'ordinaire quand on a, si tôt, tutoyé le sublime? Les parents d'Arnaud profitent de ces voyages pour faire découvrir les beautés de l'Égypte à leurs trois enfants. Ensuite ce sont les îles de l'océan Indien, Madagascar, Les Seychelles, La Réunion et enfin, Maurice, autant de joyaux encore méconnus des foules de touristes.

Pour l'heure, accoudé au bastingage du *Ferdinand de Lesseps*, le jeune Arnaud savoure l'instant présent. Sous l'œil bienveillant de ses parents, il s'imprègne de ce paysage follement exotique, les quais grouillants et colorés de Port-Saïd, l'ancienne Péluse des Grecs, la Sin du livre d'Ezéchiel. Tous les deux ans environ, quand vient l'hiver, la famille embarque sur un bateau pour rallier l'île Maurice. En cette année 1953, le *Ferdinand de Lesseps*, qui assure la liaison entre Marseille et l'océan Indien, accueille la famille de Rosnay au grand complet. C'est un cargo-mixte flambant neuf, que

Vers 10 ans avec son père Gaëtan, Arnaud goûte à la douceur de l'océan Indien.
(© Collection Famille de Rosnay)

Villeneuve-sur-Yonne (Bourgogne), le fief des de Rosnay par Gaëtan.
(© Collection Famille de Rosnay)

les Messageries viennent de réceptionner des Forges et Chantiers de la Gironde. Il peut recevoir 78 passagers en première classe, où Arnaud et sa famille ont pris leurs quartiers, dans de confortables cabines. Ils sont même accompagnés par la grand-mère, Marie-Philomène-Simone Fromet de Rosnay, alias Mamie Simone, et son inséparable gouvernante, Mademoiselle Chauvet.

Plus tard, au début des années 1960, l'avion prendra le relais du bateau et une bonne part de la magie du voyage s'évaporera du même coup. Mais Gaëtan, le père d'Arnaud, doit régulièrement passer de longs mois à l'île Maurice, afin d'y gérer les affaires du domaine familial, qui comprennent des hectares de plantations de cannes à sucre, *The Mount Sugar Estate*, plus importante usine

A Klosters (Suisse), Gaëtan de Rosnay fréquentait les artistes, dont l'écrivain Irwin Shaw.
(© Collection Famille de Rosnay)

sucrière de « l'Isle de France », comme on disait alors et surtout le magnifique château de la Villebague.

Né à Paris le 9 mars 1946, moins d'un an après la fin de la guerre, Arnaud n'a connu, jusque-là, que les rues grises de la capitale et les plages de Biarritz durant l'été. Ce premier retour au pays de ses ancêtres est, bien sûr, l'occasion de mieux connaître ses racines, mais c'est avant tout une véritable révélation. Le voyage à lui seul est un moment privilégié de pur bonheur, une parenthèse bienheureuse, comme le raconte Arnaud : « Le voyage durait environ quatre semaines et pour un petit garçon, c'était une source d'aventures extraordinaires. Les navires des Messageries Maritimes nous révélaient des lieux fascinants, le volcan Stromboli, Alexandrie, Djibouti, porte de l'Afrique profonde, où des gamins de mon âge plongeaient pour ramasser les pièces de monnaie que nous leur jetions. Suivait une longue descente vers le sud : Dar-es-Salam, Mombassa, Madagascar, Diégo-Suarez, Tamatave, la Réunion, l'île Maurice enfin. »

Tout au long de sa vie, cette île sera pour Arnaud un Éden rêvé, un paradis perdu. Mais pour bien comprendre cet attachement, il faut remonter à la source et faire connaissance avec ceux qui lui ont transmis sa « fibre remuante ». À commencer par son père, Gaëtan.

Arnaud a toujours présenté son père comme l'héritier d'une famille d'aristocrates ayant fui la France pour l'île Maurice lors de la révolution de 1789. La légende est belle, mais la réalité l'est sans doute plus encore. Les de Rosnay sont originaires de Champagne et de Bourgogne (Yonne). Gaëtan et Natacha firent l'acquisition d'une charmante maison de campagne en 1951, non loin de Villeneuve-sur-Yonne, où ils reposent désormais, dans le petit cimetière communal de Bussy-le-Repos. Une plaque à la mémoire d'Arnaud a même été apposée depuis sur leur caveau.

Les de Rosnay appartiennent à la noblesse issue des premiers féodaux, contrairement à ce que prétendaient certains polémistes ayant laissé planer le doute sur l'authenticité de leurs titres, notamment celui de baron (qu'Arnaud avait – il est vrai – utilisé un peu prématurément), l'usage voulant que le titre restât à son père tant qu'il était en vie. Étymologiquement, « baron » signifierait : homme libre. Une qualité qui sied bien à notre aventurier.

L'histoire des ancêtres d'Arnaud est marquée du sceau des larmes et du sang. En 1625, sa famille tout entière est passée au fil de l'épée par des soldats de Louis XIII, parce qu'elle a le tort d'être calviniste. Une partie de la lignée a déjà été obligée de fuir en Afrique du Sud. La France vit alors ses dernières révoltes huguenotes. Le petit Pierre de Rosnay, tout juste âgé d'un an, est le seul survivant du massacre.

Autoportrait de Gaëtan de Rosnay.
(© Collection Famille de Rosnay)

Il est recueilli chez un artisan nommé Fromet, qui se réfugie à Blois avec son épouse et ses enfants. Élevé comme un fils par ce père d'adoption, Pierre de Rosnay va connaître un destin brillant : trente ans plus tard, devenu un redoutable guerrier, il se distingue au combat avant d'être fait baron. Il n'oublie pas son père nourricier et c'est ainsi qu'il rajoute à son propre nom celui de Fromet. Arnaud adorait l'histoire de ce glorieux ancêtre qui lui a peut-être légué sa grandeur d'âme et son caractère impétueux.

Mais comment les de Rosnay se retrouvèrent-ils à l'île Maurice ? En 1806, le baron, âgé de soixante-quatre ans, épouse Louise-Amélie Dubois de Courval, jolie veuve de vingt-six ans. Ils auront quatre enfants et la famille embarquera pour l'île Maurice dix-neuf ans plus tard. Lorsqu'ils s'y installent en 1827, l'île est sous possession anglaise depuis dix-sept ans. Cet exil familial n'est pas une fuite, mais plutôt la volonté d'entreprendre et de provoquer la bonne fortune. Pierre-Alexis Fromet de Rosnay, petit-fils du fameux Pierre Fromet de Rosnay, en sera à l'origine, et ses enfants feront prospérer la propriété de « l'Isle de France », avant de fonder la fameuse usine *The Mount Sugar Estate*. Parmi eux, on compte le futur arrière-grand-père d'Arnaud.

Les années passent dans l'ancienne colonie française. Gaëtan voit le jour le 17 mai 1912 au château de la Villebague, élégante demeure

coloniale au passé prestigieux, devenue la maison des de Rosnay. Elle porte le nom de René Magon de la Villebague, ancien gouverneur de la Compagnie des Indes. Mahé de la Bourdonnais, l'un des pères fondateurs de Maurice, l'a construite en 1740. Situé au nord-est de l'île, non loin du lac de la Nicolière et de Grande Rosalie, ce château existe toujours. Arnaud en était particulièrement fier. Il y emmènera plus tard ses amis et relations. C'est là aussi qu'il célébrera ses noces avec Jenna en 1981. Mais nous n'en sommes pas encore là...

Deux ans à peine après la naissance de Gaëtan, l'Europe s'embrase dans le premier grand conflit mondial, le 2 août 1914. À l'île Maurice, les Français de cœur ne restent pas les bras croisés. Quand on est un de Rosnay, on a du panache ! Le grand-père d'Arnaud, Louis-Albert Eugène Fromet de Rosnay, s'embarque pour la France et s'engage à trente-huit ans dans la Grande Guerre. Son épouse Simone et leurs enfants font également le voyage et s'installent à Paris. Les quatre années de guerre seront une période dure et sombre qui marquera profondément le petit Gaëtan. Heureusement, il y a la chère « Nénène », sa nourrice créole à la peau d'ébène, qui le console un peu en lui racontant les merveilles de son île natale, bordée de lagons vert émeraude.

Après guerre, la famille Fromet de Rosnay reste à Paris. Le futur père d'Arnaud étudie au collège jésuite Franklin puis à l'école Gerson. C'est l'époque de Montparnasse, des Années folles et de l'Art déco. Gaëtan développe une grande sensibilité artistique et se révèle doué pour la peinture et le dessin, qu'il apprend dans l'atelier de Paul Colin, célèbre affichiste parisien. Les escapades estivales de sa famille au Pays basque lui fournissent autant de sujets que l'île Maurice où il s'installera en 1934. Il cherche l'inspiration dans l'âme et la lumière de son pays, où le grand peintre et architecte

Le Vieil Indien, un tableau saisissant de Gaëtan de Rosnay, peint à l'île Maurice.
(© Collection Famille de Rosnay)

mauricien Max Boullé, chez lequel il va poursuivre son apprentissage, l'incite à peindre des paysages, des personnages de la vie ordinaire croisés dans les champs de canne et sur les marchés de Curepipe ou Rose-Hill. Son ami poète, Malcolm de Chazal l'encourage aussi, séduit par la palette lumineuse du jeune artiste.

Selon Zina, la grande sœur d'Arnaud, « Gaëtan Fromet de Rosnay était un homme d'un autre temps, fin, raffiné, élégant, drôle, très pince-sans-rire avec un grand talent de conteur ». Arnaud l'adorait. Il buvait ses paroles, fasciné par ce père presque idéal qui devait lui transmettre sa rigueur et sa droiture morale. Gaëtan lui avait aussi légué son sens artistique et esthétique, qui s'est manifesté dès la fin de son adolescence dans sa carrière de photographe, puis dans ses projets cinématographiques.

Gaëtan de Rosnay était également un danseur hors pair. Il avait appris le fandango et jouait à la pelote durant ses vacances au Pays basque, d'où était originaire l'une de ses grands-mères. « Au début des années 1930, avant son retour à Maurice, Gaëtan s'était également distingué en devenant champion de France de patinage de vitesse sur glace », se souvient encore Zina. Surprenant pour un créole élevé sous les cocotiers et les filaos !

Le père de Gaëtan, Louis Albert-Eugène est le grand-père fascinant qu'Arnaud ne connaîtra jamais, car il décédera bien avant sa naissance. Le jeune homme étonnamment, lui doit beaucoup. Cet aïeul était ce qu'on appelle communément un personnage. On a souvent lu ici ou là qu'il avait ruiné son clan par ses folies et ses dépenses. Ce n'est pas tout à fait exact. Si la fortune des de Rosnay a connu des hauts et des bas, c'est d'abord à cause des sautes d'humeur du marché sucrier au cours de la première moitié du XXe siècle, moins en raison des caprices du grand-père. « Il avait toutefois un côté grand seigneur. Il adorait les belles choses, le luxe, et avait installé un temps toute sa famille dans un hôtel particulier, avenue

Raphaël. On dit même qu'il se faisait broder des couronnes de baron sur ses chaussettes ! Il est certain qu'il dépensait sans compter pour satisfaire sa passion de la chasse », précise encore Zina.

On traquait beaucoup le gibier à l'île Maurice, sur la fameuse île aux Cerfs, notamment. Dans une lettre à son frère Joël, en juillet 1960, Arnaud écrit avoir été invité avec son père à une chasse à Case Royale. « Les chasseurs ont fait vingt pièces. Il y avait vingt fusils », écrit avec fierté l'adolescent de quatorze ans qui se targuera plus tard de savoir chasser le tigre au pistolet. Le gibier que l'on trouvait sur les bords de l'océan Indien était loin de suffire à l'appétit du grand-père. Aussi, dès septembre, lorsque la saison battait son plein en France, il n'hésitait pas à revenir en Sologne, en forêt de Rambouillet et dans la Loire, afin d'y chasser avec ses amis, emmenant son fils avec lui. C'est lors d'une de ces parties de chasse à Chambord que Gaëtan va rencontrer une magnifique jeune fille de 17 ans dont il tombera éperdument amoureux, Natacha.

Arnaud, fier de ses racines mauriciennes et de son passeport britannique.
(© Collection Famille de Rosnay)

3

Le feu sacré

Emmitouflé dans son manteau en renard de Sibérie et coiffé d'une toque de cosaque en vison du plus bel effet, Arnaud a fière allure lorsqu'il apparaît à la sortie du hall d'accueil de l'aéroport Chosseïnaïa de Leningrad. Il a fait l'acquisition de ce luxueux ensemble en fourrure en échange d'une liasse de dollars américains quelques jours plus tôt au fameux centre commercial du « Goum », sur la Place Rouge ; une excellente affaire, tout comme le caviar et les cadeaux qu'il rapporte à ses proches. C'est un reportage exclusif sur les trésors du Kremlin qui le mène, depuis quelques jours, de l'autre côté du rideau de fer, privilège rare en cette période de guerre froide et de tensions Est-Ouest, particulièrement exacerbées au cours de cette décennie 1970, qui marque l'apogée du règne de Léonid Brejnev.

Une fois les images en boîte, Arnaud décide de s'offrir une escapade à Saint-Pétersbourg pour aller se recueillir sur la tombe de sa grand-mère maternelle russe et saluer ses oncles, ses tantes et ses cousins. L'occasion est trop belle d'en savoir plus sur ses remuantes origines slaves, remonter à la source de ce feu sacré qui brûle en lui.

Le vol en Tupolev depuis Moscou-Sheremetyevo est assez court, mais pénible à cause des turbulences en altitude, dues à l'hiver qui s'éternise et à la météo exécrable. Une tasse de thé noir brûlant et quelques zakouskis servis à bord par une charmante hôtesse de l'Aeroflot à la longue chevelure noire et soyeuse, aux magnifiques yeux gris en amande, font agréablement passer la pilule. Arnaud est heureux que l'épreuve soit terminée, ravi de fouler à nouveau la terre ferme.

Muni d'autorisations spéciales pour son travail, obtenues grâce à sa débrouillardise, son charme et son culot légendaires, le jeune homme traverse sans encombre les contrôles de police sans attirer l'attention des sbires du KGB, suspicieux et nerveux lorsqu'un étranger traîne dans les parages. Il ne porte avec lui que son sac de matériel photo et une petite valise. Il est vrai qu'avec sa gueule de

Russe, il n'a guère de difficulté à se fondre dans le paysage, même s'il en rajoute un peu avec sa tenue clinquante digne d'un oligarque parvenu ou d'un « nouveau Russe ».

Quelques minutes plus tard, Arnaud s'engouffre dans un taxi, l'une de ces rustiques automobiles soviétiques de la marque « Volga » ou « Gaz », copies conformes un peu grossières des Américaines du début des années 1960. Il tend au chauffeur un papier sur lequel est inscrite l'adresse en caractères cyrilliques où il doit se rendre. À l'aide des quelques mots de russe qu'il a appris pour ce voyage, il demande à être déposé au centre-ville. Le chauffeur jette son mégot de cigarette encore fumant par la fenêtre et démarre.

En ce tout début des années 1970, Arnaud accumule les succès avec ses reportages exclusifs dans *Paris Match* sur les trésors secrets des musées du monde ; il profite de ce déplacement en Union soviétique, pour marcher sur les traces de la famille de Natacha, sa maman chérie. Sur la voie rapide qui le mène à Saint-Pétersbourg, Arnaud se dit qu'il a fallu une sacrée somme de miracles et d'heureux hasards pour que son père, d'origine mauricienne, et sa mère, d'origine russe, se rencontrent et que lui soit finalement là aujourd'hui. Ces deux-là semblaient aux antipodes, géographiquement et même de tempérament. Arnaud croit à la force du destin ; l'histoire de ses parents le fascine, car elle contient tous les ingrédients d'un roman épique, une saga sentimentale qu'il se remémore tout en traversant dans son taxi, les faubourgs de Leningrad.

Si c'est bien à Chambord que Gaëtan son père et Natacha sa mère ont fait connaissance, lors d'une des fameuses chasses du grand-père Louis-Albert Eugène Fromet de Rosnay, le véritable coup de foudre devait avoir lieu l'été suivant sur la Grande Plage de Biarritz. Gaëtan avait dix-huit ou dix-neuf ans, Natacha seize ou dix-sept ans à peine. C'était une exquise jeune fille aux yeux verts qui s'exprimait dans un français délicieusement accentué. Elle n'a d'ailleurs jamais perdu cet accent russe, ni son exubérance slave,

dont elle a joué plus d'une fois pour gourmander Arnaud, qui lui donnait, il est vrai, bien du fil à retordre enfant puis adolescent.

Arnaud s'est longtemps demandé ce que sa future mère née à Saint-Pétersbourg pouvait bien faire à Chambord, parmi ces chasseurs, et comment elle s'était retrouvée à Biarritz au bord de l'océan. Un jour, Natacha lui a raconté l'histoire de cette rencontre, et quelle histoire!

C'est qu'elle vient de loin, Natacha! Pour l'état-civil, elle est Natalya Feodorovna Koltchina, née à Saint-Pétersbourg en 1914, alors que la ville, fondée par Pierre le Grand, fut momentanément rebaptisée Petrograd avant de devenir la Leningrad des Soviets. Saint-Pétersbourg, la cité lacustre, son labyrinthe d'îlots, de ponts, de canaux balayés par le vent glacial et le brouillard de la mer Baltique, ses folies, ses mystères. Arnaud en a un aperçu par la fenêtre embuée de son taxi qui le conduit pour sa première étape au cimetière des artistes du peuple, où une stèle marque la tombe où repose sa grand-mère Natalya.

En 1917, sa mère a trois ans quand la Révolution d'octobre éclate. Quand on est la petite-fille du colonel Serge Alexandrovitch Rachewsky, mort en héros en 1904 à Port-Arthur lors de la guerre sino-japonaise, et descendant d'une famille de la noblesse militaire russe, la vie devient vite une entreprise à hauts risques à Saint-Pétersbourg. Pour ne rien arranger, la grand-mère de Natacha est la fille d'un conseiller à la cour, et sa tante Zinaïda est la maîtresse du grand-duc Boris Vladimirovitch de Russie, frère du prétendant de la dynastie Romanov et cousin germain du Tsar! Zinaïda en deviendra même l'épouse morganatique en 1919 au cours d'une cérémonie dans l'église grecque-orthodoxe de Gênes.

Natacha enfant et sa mère, la comédienne Natalya Feodorovna Koltchina, à Saint-Pétersbourg. *(© Collection Famille de Rosnay)*

En dépit du danger évident lié à ses origines aristocratiques et bourgeoises, Natalya, future grand-mère d'Arnaud, décide de rester en Union soviétique par devoir et conviction. Elle est plutôt sensible aux idées progressistes et révolutionnaires, ce qui lui vaudra la clémence de Staline. Son demi-frère deviendra plus tard colonel dans l'Armée Rouge, un autre bon point aux yeux du Tsar rouge. Mais elle s'inquiète tout de même pour sa fille adorée.

Zina, la grande sœur d'Arnaud, se souvient de cette grand-mère, rencontrée pour la première fois de leur vie à Paris en 1958, lors d'une tournée officielle du théâtre Pouchkine, puis un peu plus tard, lors de retrouvailles familiales à Paris en 1960 : « C'était une sacrée personnalité, avec un charisme extraordinaire, une grande force de caractère. Son mari, pilote d'essai, le père de notre mère Natacha, était mort dans un accident d'avion. Comédienne réputée, elle était metteur en scène et actrice dramatique au théâtre Pouchkine. En 1957, après des années de disgrâce, à cause du passé de sa famille et de la fuite de sa sœur avec le grand-duc Boris, elle fut réhabilitée par Nikita Khrouchtchev et gratifiée du titre d'artiste du peuple de la République socialiste fédérative soviétique de Russie. Elle fut l'une des premières actrices soviétiques à venir en France pendant la guerre froide, lors d'une tournée au Théâtre des Nations à Paris ; elle fut aussi l'auteur du film *Pères et fils* d'après Tourgueniev. »

Au début des années 1920, Staline entame de grandes purges qui vont saigner la société russe tout entière. Le cœur déchiré, Natalya se résout à envoyer Natacha en France, espérant lui offrir un destin plus brillant et surtout plus sûr. Sa sœur Zinaïda et le grand-duc Boris sont déjà passés à l'Ouest en fuyant par la Turquie et l'Italie. À peine âgée de 7 ans, la fillette quitte l'URSS avec sa mère pour les rejoindre à Nice sur la Côte d'Azur, où ils sont réfugiés dans des conditions plutôt confortables. Le grand-duc, qui a pu

Natacha et sa maman.
(© Collection Famille de Rosnay)

mettre à l'abri une partie des bijoux et de la fortune des Romanov, se charge d'élever la petite pour qu'elle reçoive la meilleure éducation. Elle s'installe avec son oncle et sa tante à Meudon, dans le château Sans Souci où défilent des personnalités, dont Gabrielle Chanel, une des meilleures amies de Zinaïda.

C'est ainsi que la future maman d'Arnaud se retrouve à Chambord aux côtés du grand-duc Boris, grand amateur de chasse lui aussi. C'est ainsi également, qu'elle passe ses vacances d'été à Biarritz, comme il était de tradition dans les grandes familles aristocratiques russes. Biarritz, où Arnaud et sa famille se retrouveront, bien des années plus tard.

Avant que ne s'ouvre le grand fossé de l'exil, Natalya, la mère de Natacha, souhaite immortaliser ce moment, créer à jamais un lien entre mère et fille. Un peu avant leur séparation, elle emmène donc Natacha chez un photographe de Leningrad, où elles posent côte à côte, complices, avec l'élégance de l'époque, apprêtées, mises en beauté, telles deux actrices de l'âge d'or du cinéma muet. À ce moment, ni l'une, ni l'autre, ne se doute qu'il leur faudra patienter plusieurs décennies avant de se revoir !

En revoyant la photo ancienne de sa mère des années plus tard, Natacha se dit qu'en vérité, Arnaud lui ressemblait énormément, tout comme à ses aïeuls des bords de la Neva. Le côté russe ressortait bien plus chez lui que chez son grand frère Joël, ou même Zina, sa sœur aînée. Il semblait avoir volé à ses ancêtres ses yeux bleus immenses, ses pommettes hautes, sa mâchoire volontaire et ses lèvres gourmandes, qui faisaient tout son charme.

Arnaud adorait sa mère. Il capte sa personnalité solaire à travers ce portrait, alors qu'il débute la photo. *(© Collection Famille de Rosnay)*

Le beau gosse. Anne de Villalonga, sa cousine, réalise un soir ce portrait pour Marisa Berenson, qui va devenir sa première *love story*. *(© Collection Famille de Rosnay)*

Natacha par Gaëtan.
(© Collection Famille de Rosnay)

Arnaud semblait animé par cette âme slave, que l'on dit ardente et naïve, poétique et nostalgique, parfois portée vers une certaine forme de jusqu'au-boutisme, de tentation autodestructrice. Il y a, en tout exilé russe, la nostalgie d'une époque flamboyante. Arnaud possédait ce feu sacré en lui. Mais au lieu de jeter des verres de cristal vides derrière lui, au lieu de flamber pour séduire de jolies femmes, il allait se lancer à corps perdu dans une quête du Graal à sa façon, une quête d'absolu qui le mènerait au-delà des mondanités, de l'art, du business ou du sport, au-delà de ses propres limites et même au-delà des mers.

Arnaud à l'époque de Janson de Sailly, mèche blonde de surfeur et blazer sage de lycéen. *(© Collection Famille de Rosnay)*

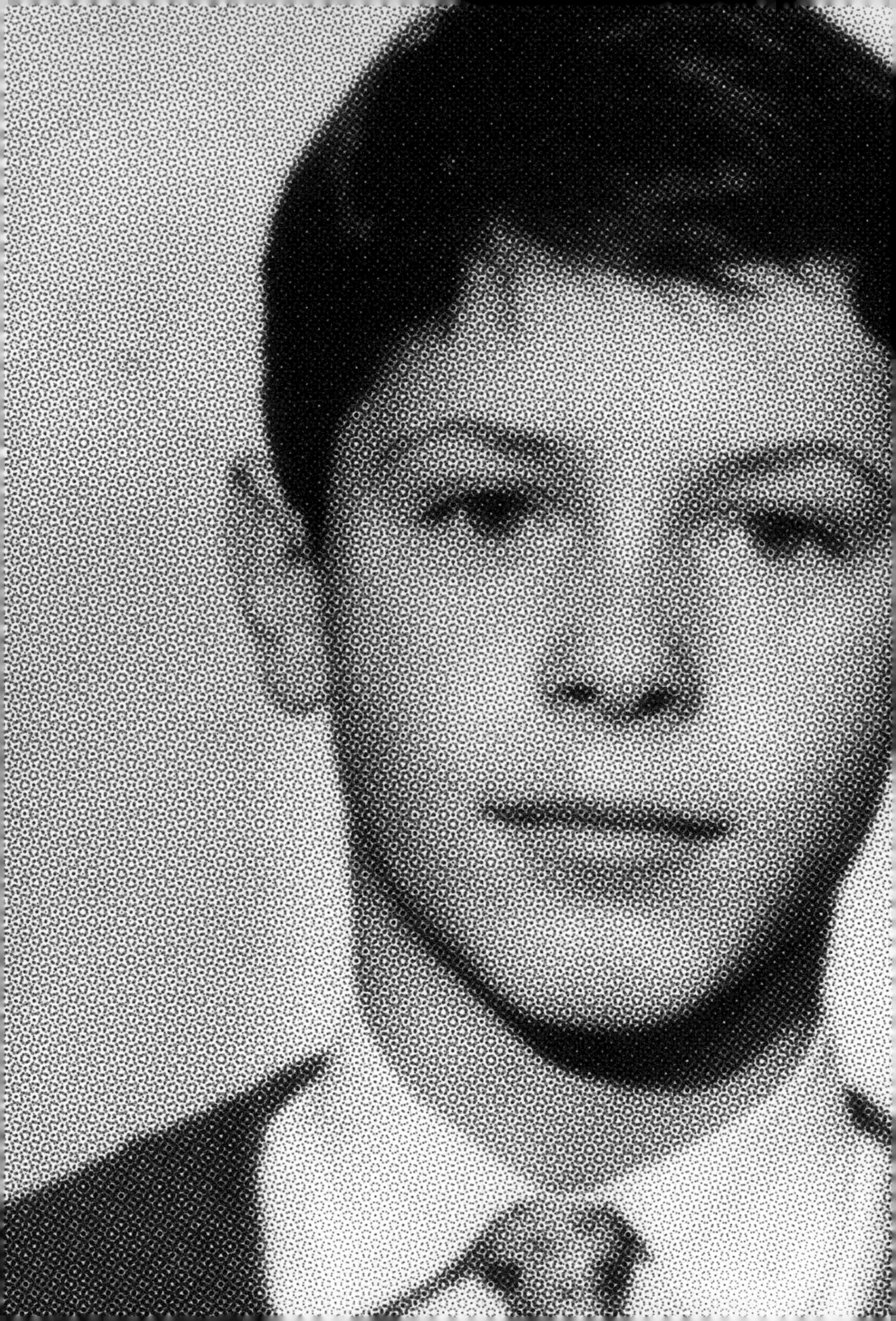

4

Le petit prince

Lorsqu'Arnaud pousse son premier cri, le 9 mars 1946, la famille de Rosnay habite depuis quatre ans à Paris, au 1 rue Charles-Lamoureux, en plein 16e arrondissement. C'est dans cet immense appartement de plus de 500 m², situé dans un immeuble haussmannien cossu, que l'aventurier en herbe va grandir dans un foyer brillant, cosmopolite et débordant d'amour. Durant les quatre décennies qui vont suivre, ce sera son port d'attache où il va bâtir ses rêves de jeunesse, ses projets les plus fous, fêter ses succès, se remettre de ses échecs, devenir ce personnage flamboyant à la *Gatsby* qui traversera les années soixante, soixante-dix et quatre-vingt, telle une comète scintillante.

L'arrivée de ce beau bébé désiré et choyé est un signe d'espoir après sept années terribles. Arnaud a été conçu l'été, dans les volutes de champagne du premier anniversaire de la Libération de Paris, tandis que le monde entier célébrait enfin l'arrêt des hostilités. Selon les témoins de l'époque, ses parents, Natacha et Gaëtan, n'ont jamais semblé aussi complices et amoureux, en dépit des tensions apportées par la guerre. Le vaste appartement dans lequel ils ont emménagé en 1942, dans des conditions rocambolesques, devient le rendez-vous des peintres et des artistes, et non des moindres : Gaëtan est l'ami de Bernard et Annabel Buffet, Louis Aragon, Paul Éluard. Le jeune peintre transforme l'un des salons en atelier, et fait partie du courant du misérabilisme, qui fait un tabac. Bientôt il réalisera les décors de théâtre des *Justes* pour Albert Camus.

Outre les de Rosnay, le 1 rue Charles-Lamoureux est aussi l'adresse de la grand-mère Simone de Rosnay et de son inséparable dame de compagnie, ainsi que de la famille de Christiane de Rosnay, sœur de Gaëtan. Cette dernière est mariée avec le comte Mariano de Villalonga, rencontré sur la plage du Miramar à Biarritz. Héritier d'une famille de riches armateurs basques de Bilbao, cet homme stylé possède un carnet d'adresses mondain des plus fournis. Le couple aura bientôt quatre filles, Armelle, Maria-Dolorès, Virginia et Anne ;

cette dernière, née en 1947, deviendra la cousine germaine préférée d'Arnaud et sa grande complice pour faire les quatre cents coups.

Tout est allé très vite, depuis les rencontres de Natacha et Gaëtan à Chambord, puis sur les plages de Biarritz au début des années 1930. Les deux amoureux se sont dit oui le 17 avril 1934, en l'église de Meudon-Bellevue. C'est le grand-duc Boris Vladimirovitch de Russie qui conduit la mariée à l'autel. Le grand-père, Louis-Albert Eugène Fromet de Rosnay, a donné son consentement aux noces, à condition que le couple prenne dans la foulée la direction de l'île Maurice, où la crise économique de 1929 a mis à genoux l'exploitation sucrière familiale. Gaëtan accepte la mission. Cinq ans durant, il va se retrousser les manches, se muer en contremaître et délaisser la peinture pour le labeur des champs ou la conduite de l'usine *The Mount Sugar Estate*. Ce séjour est l'occasion de découvrir son pays, de s'éveiller artistiquement à un monde lumineux et coloré, de se laisser gagner par une palette aux tons violents. « La couleur comme un ressac inonde alors ses toiles », écrira un critique du *Figaro*. « J'étais Gauguin en tout », confiera-t-il plus tard à Roger Bouillot, auteur d'un livre sur son parcours de peintre.

En 1939 enfin, l'exploitation de l'île Maurice est redressée, les finances rétablies. Gaëtan songe alors à franchir un palier en peinture. Il a envie de voir des expositions, de courir les galeries, de rencontrer d'autres artistes. En dépit des nuages noirs qui s'amoncellent sur l'Europe en provenance de l'Allemagne nazie, Gaëtan décide de rejoindre Paris avec sa famille, qui compte désormais deux enfants, Zina, née en 1936 et Joël, en 1937.

C'est à Biarritz, où ils sont venus passer l'été, que la guerre les surprend, en plein mois d'août 1939. La famille de Rosnay se retrouve coincée dans la superbe Villa Nerba, de style néobasque, louée non loin du phare. Une cage dorée, certes, mais une cage tout de même, surtout à compter de l'été 1940, lorsque les Allemands

occupent la Côte basque. Brièvement mobilisé, Gaëtan revient du front. Son statut de citoyen britannique, sujet d'un dominion, lui vaut tous les tracas. La Wehrmacht débarque tous les quatre matins chez lui. La Gestapo le surveille. Bien qu'alors âgée de quatre ans, Zina se souvient d'une scène cocasse, lorsque la grand-mère Simone, qui ne se laissait jamais démonter, envoya sur les roses les soldats SS venus fouiller la maison.

Quand Gaëtan est convoqué en Allemagne au titre du STO (Service du Travail Obligatoire), la tension devient trop forte ; il craque. Sombre-t-il en dépression ? Est-ce plus grave ? Zina se souvient qu'il fut obligé d'aller se faire soigner à Paris. Là, dans la ville lumière, le peintre retrouve santé et sérénité. La métropole est le meilleur endroit pour se cacher, se noyer dans l'anonymat. La famille débarque donc rue Charles-Lamoureux, dans un grand appartement vide. La solidarité entre artistes joue à plein. On prête des matelas, des tables, quelques meubles de fortune. L'argent des de Rosnay, qui transite par la Barclay's Bank britannique, est bloqué à Maurice, aussi un ami de la famille, Pierre Bermond – propriétaire entre autres du Royal Monceau à Paris, et du Miramar à Biarritz – leur avance de quoi vivre. Du haut de son appartement, Gaëtan peint les toits de Paris, utilisant, en guise de toiles, les draps que la grand-mère Simone lui offre. Créer est une forme de résistance. La famille cache néanmoins des aviateurs mauriciens abattus lors d'une mission, avant qu'ils ne regagnent l'Angleterre par voie clandestine.

Quand le cauchemar de la guerre prend fin, Arnaud surgit, telle une tornade d'amour et d'énergie, mais aussi de tendresse. Boucles blondes, grands yeux bleus, visage de Cupidon, il est le Petit Prince incarné. Toute la famille se pâme devant ses premiers sourires, ses moindres faits et gestes.

Biarritz, septembre 1946. Arnaud dans les bras de sa maman, avec Zina 11 ans, Joël 9 ans, et le chat. *(© Collection Famille de Rosnay)*

« Il a été très gâté. On lui passait tout. Après la guerre, les privations, les épreuves, ses parents ont un peu lâché la bride. Je suis persuadée que c'est cette absence de limites qui le conduira plus tard à tous ses excès », estime avec le recul Stella, qui épousera, en 1959, son grand frère Joël, alors qu'Arnaud n'avait que treize ans. Joël et Stella vivront huit ans dans une aile du 1 rue Charles-Lamoureux libérée par la famille de Villalonga, avant que Joël, le futur docteur ès sciences, ne parte en famille de 1967 à 1975 pour Boston en qualité d'enseignant-chercheur au prestigieux MIT (Massachusetts Institute of Technology). Huit années au cours desquelles Stella voit évoluer Arnaud au quotidien, avec ses exploits et ses facéties.

Le jeune Arnaud est d'un tempérament frondeur, « parfois indiscipliné et entêté » souligne sa cousine, Anne de Villalonga. « Il aime s'affirmer par tous les moyens, même en faisant de grosses bêtises. Il manifeste en permanence un grand besoin d'être aimé et reconnu. »

Sa grande sœur Zina se souvient d'un bambin qui « n'arrive pas à manger assis à table. Il faut toujours l'installer devant la fenêtre afin qu'il observe le spectacle dans la rue. Petit, Arnaud se disait souvent malade. Il voulait qu'on prenne soin de lui, qu'on lui donne des médicaments, des sirops. Son plus grand plaisir, jusqu'à l'âge adulte, était d'aller se faire câliner dans le lit parental, entre Gaëtan et Natacha ».

L'impétueux garçon n'était cependant pas sans peurs : « Arnaud détestait les films d'horreur et il avait aussi une phobie des orages qui éclataient, notamment l'été au Pays basque. Il venait toujours se blottir dans mon lit, ou celui de sa cousine, pour y finir la nuit », raconte Zina.

Marche nuptiale à Meudon, le 17 avril 1934.
Natacha au bras de son oncle, le grand-duc Boris de Russie. *(© Collection Famille de Rosnay)*

Anne de Villalonga se remémore un joli rituel familial : « Tous les samedis soir, nous allions passer la soirée dans les appartements de notre grand-mère. On y mangeait toujours un délicieux dessert, et nous pouvions même veiller jusqu'à 10 heures au lieu des 8 heures de notre horaire habituel. Pour nous endormir, la dame de compagnie nous bordait, puis nous caressait longuement le dos, les bras et les jambes. »

Arnaud fait déjà preuve d'une grande curiosité, il aime expérimenter, pousser le curseur le plus loin possible, et ça passe ou ça casse. Le jour où il décide de jouer aux Indiens avec sa cousine, les deux enfants entament la construction d'un tipi Peau-Rouge à l'aide d'un balai, de draps et de couvertures. Mais comme le résultat ne convient pas à Arnaud, il veut compléter le décor par un feu de camp... En dépit des mises en garde de sa cousine, il chaparde les allumettes dans la cuisine et met le feu à des tapis ! Inévitablement, le foyer se propage au matelas de sa sœur, avec laquelle il partage cette chambre. Autant dire que l'expérience s'est terminée par des cris et un vent de panique.

Un hiver, Arnaud se casse une jambe au ski. Enragé d'être privé de mouvements avec son plâtre, il se fabrique une sorte de carriole pour se déplacer à fond dans les rues, au risque de se casser le cou. Sa grande sœur Zina se souvient des multiples personnages qu'il aimait incarner. « Il se promenait dans les rues et les magasins du quartier en Davy Crockett, sans la moindre honte. Quand il a rencontré notre grand-oncle colonel dans l'Armée Rouge, il lui a même piqué sa casquette et sa grande veste pleine de médailles pour pouvoir se déguiser ! Il était drôle et émouvant. On finissait toujours par craquer... »

Église de Meudon-Bellevue : les parents d'Arnaud, Gaëtan de Rosnay et Natacha Koltchine viennent de se dire « oui ». *(© Collection Famille de Rosnay)*

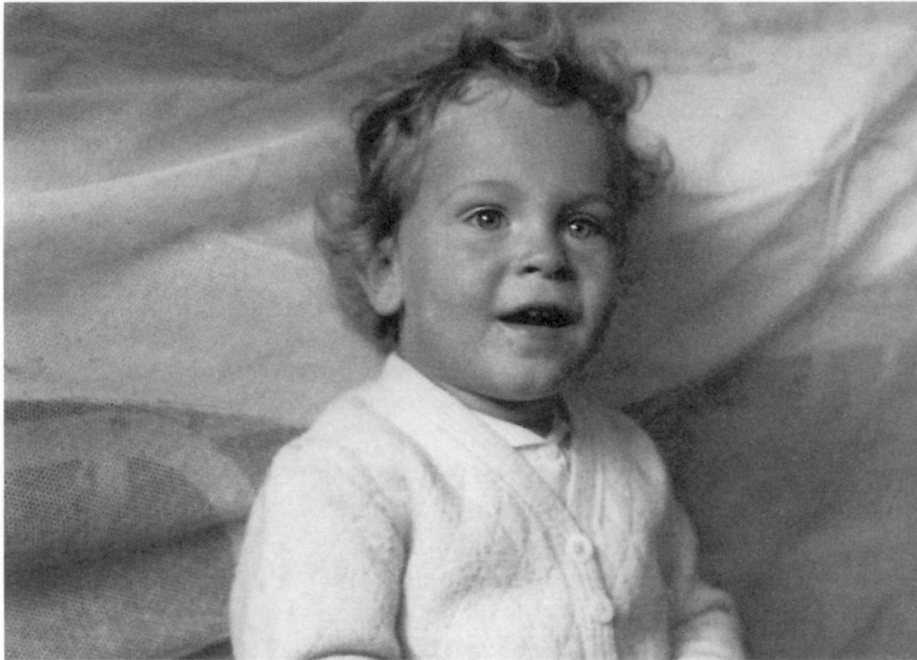

Été 1947. Un beau bébé déjà plein de vie.
(© Collection Famille de Rosnay)

Arnaud hérite d'un étrange surnom, « Nanss », qui le suivra toute sa vie. Côté occupations, le petit garçon n'est guère attiré par les jeux de société. Cela ne vient que plus tard. Il lui faut en permanence de l'action, du mouvement, du frisson. Sportif, il passe son temps à jouer au ballon avec ses copains d'école, à pédaler sur son vélo, à faire du patin à roulettes. L'hiver, il skie et patine, mais il aime également chasser et possède sa propre carabine à plomb.

En bon *public-relation* précoce, il développe une capacité de négociation et de persuasion ainsi qu'un aplomb qui désarment les

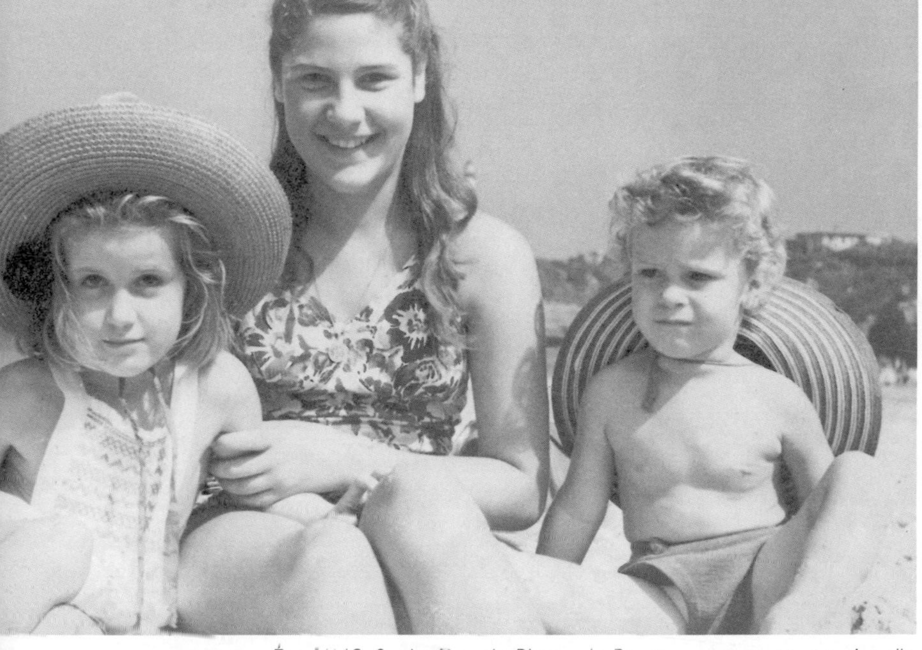

Été 1949. Sur la Grande Plage de Biarritz, avec sa cousine Armelle et sa sœur adorée, Zina. (© Collection Famille de Rosnay)

adultes les plus endurcis, comme ce jour où Arnaud s'est enfermé avec sa cousine Anne dans l'atelier de son père… « L'endroit n'était pas interdit. Mais on n'avait pas le droit d'y aller non accompagnés », se souvient Anne de Villalonga. « C'était un lieu fascinant, plein de masques, de toiles, de photographies, de pots de peinture et de pinceaux. Je ne me rappelle plus à quel jeu on jouait, une nouvelle bêtise, sans doute ! À un moment donné, un adulte a voulu nous faire sortir de l'atelier, mais Arnaud avait verrouillé la porte. Devant les menaces, il a déclaré que si jamais nous étions punis, ou que la porte était forcée, il m'ordonnerait de sauter par la fenêtre,

du troisième étage. Je n'avais pas conscience du danger, mais si Arnaud me l'avait demandé, je l'aurais fait... ». Paniqués, les adultes se précipitent dans la cour intérieure pour constater qu'Arnaud disait vrai. Anne était carrément assise sur le bord de la fenêtre, les pieds dans le vide ! Cette fois, les deux enfants s'en tirent avec des réprimandes.

Ce ne fut pas toujours le cas, comme le raconte encore sa cousine Anne : « Cet été-là, à Biarritz, nous avions treize ou quatorze ans et nous avons voulu nous venger de la dame de compagnie de grand-mère Simone. On en avait marre qu'elle aille rapporter toutes nos bêtises. Nanss (Arnaud) était allé acheter des pétards sifflants, puis il les a allumés et balancés dans la chambre de Mademoiselle Chauvet. Elle a été à deux doigts de faire une crise cardiaque. On s'est pris chacun une bonne gifle de ma mère. Arnaud était terrible à ce moment-là. Il tenait tête aux adultes, les provoquait, n'hésitait pas à montrer l'autre joue. Aucune autorité ne lui faisait peur. »

Été 1948 à Arcangues (Pays basque). Arnaud, déjà très indépendant avec ses cousines, Joël, Zina, sa tante et la dame de compagnie.
(© Collection Famille de Rosnay)

L'ultimatum

En ce matin de septembre 1962, un garçon de seize ans franchit d'un pas nonchalant les imposantes portes en chêne du lycée parisien Janson de Sailly. Arnaud est grand comme un arbre qui aurait poussé trop vite. Son visage aux traits volontaires est bronzé, radieux. Ses cheveux courts, coiffés avec une raie sur le côté, style Beatles première époque, sont décolorés par le sel des vagues, le vent et le soleil du Pays basque. Voici qu'un surfeur débarque rue de la Pompe, dans l'enceinte scolaire la plus BCBG de Paris.

Son ami Alain Bernard se souvient : «J'ai tout de suite remarqué Arnaud dans la cour d'honneur du lycée, impérial et sûr de lui. On ne pouvait pas le louper. À l'époque nous étions obligés de porter veste et cravate. Arnaud avait toujours le petit truc en plus. Il se débrouillait pour assortir ses blazers d'une grosse pochette colorée insensée. Il avait de l'allure et du style, tout simplement.»

La classe de seconde d'Arnaud de Rosnay et d'Alain Bernard compte pas moins de quarante et un élèves, chiffre courant à l'époque. La discipline dans les établissements scolaires reste encore quasi militaire. Pendant les cours, on entend presque les mouches voler. En attendant que la cloche batte le rappel, Arnaud entame la conversation avec son nouveau condisciple. Il lui parle du surf auquel il est accro, de son grand frère Joël, qui l'a initié à ce sport fantastique et dont il est si fier. Il évoque sa famille franco mauricienne, sa mère russe, s'enflamme pour ses voyages dans l'océan Indien, les vagues de Biarritz, évoque ses passions pour le sport, la musique, les maquettes de bateau téléguidées qu'il teste dans sa baignoire et dans les bassins des Tuileries. «Arnaud voulait nous en mettre plein la vue avec son passeport britannique. L'illusion a fait long feu quand on s'est rendu compte qu'il était bon dernier de la classe en anglais», s'amuse Alain Bernard.

Une grande complicité s'installe entre les deux garçons. «Moi qui étais le roi des insolents, j'avais trouvé mon alter ego. Il aimait

Octobre 1962, Arnaud, déjà fâché avec les études, fait sa rentrée.
(© Collection Famille de Rosnay)

chambrer, faire de grosses blagues mais en réalité, il n'avait pas beaucoup d'humour. Il était même parfois un peu lourdingue. Il pouvait s'avérer prétentieux et détestable, chaleureux et amical, timide et extravagant. À cette époque déjà, Arnaud était tout et son contraire. Mais j'ai le souvenir d'un type globalement époustouflant. »

Alain Bernard a sept frères et sœurs. Il vient d'une famille de la haute bourgeoisie bien comme il faut où l'on est ingénieur, centralien ou polytechnicien de père en fils. Son oncle est le professeur

Alain Bernard (au premier plan à droite), le grand pote d'Arnaud, Marisa et des amis.
(© Collection Anne de Villalonga)

Jean Bernard, résistant de la première heure, cancérologue, sociétaire de l'Académie française, président (entre autres) de l'Académie des sciences et du Comité consultatif national d'éthique. On ne rigole pas tous les jours chez les Bernard. « Nous étions heureux et l'on ne manquait de rien. Le contraste était néanmoins saisissant avec les de Rosnay. Cette famille d'artistes, de gens originaux me distrayait et me fascinait » reconnaît Alain, futur producteur audiovisuel. « J'aimais la folie de grand d'Espagne d'Arnaud. Il appréciait mon humour et ma fantaisie. On s'est tout de suite bien entendus. »

Inséparables, les deux garçons courent chaque week-end les rallyes de Neuilly-Auteuil-Passy où ils dansent, s'amusent et flirtent.

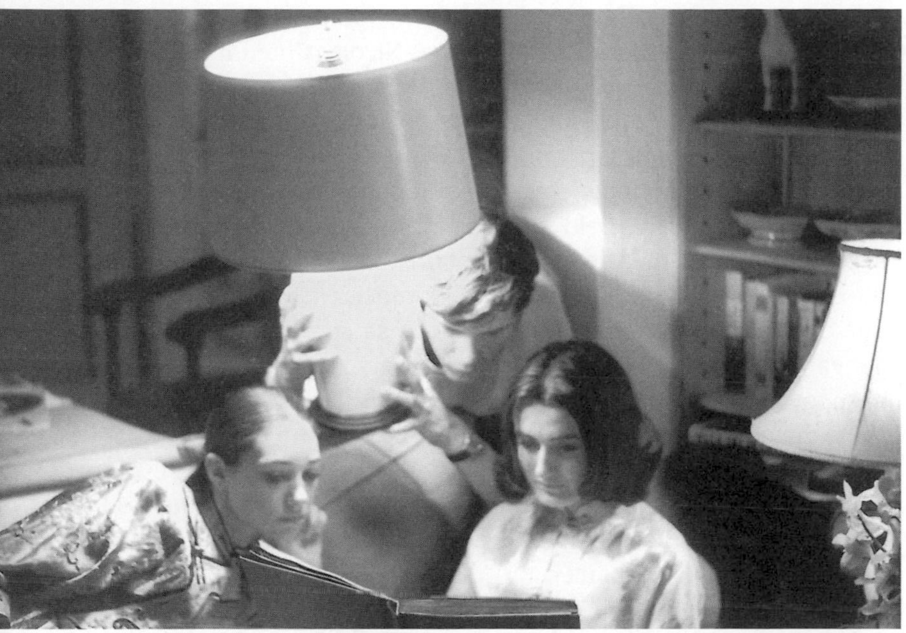

Marisa Berenson, Arnaud, Anne de Villalonga : un trio très complice.
(© Collection Anne de Villalonga)

« Avec son visage poupin, Arnaud avait un franc succès, d'autant qu'il dansait comme un dieu. Il n'avait guère besoin de se forcer pour séduire les plus jolies filles, c'était notre seul vice. On ne se noyait pas dans l'alcool. Arnaud n'aimait pas les excès. Il était sportif dans l'âme. »

Tous les dimanches, Arnaud et ses parents vont à la messe, où ils croisent Alain Bernard et sa famille. « On y allait de bon cœur avec une arrière-pensée pas très catholique. Après la bénédiction, nous courions voir les filles qui étaient là, elles aussi, avec leurs papas et mamans. On se retrouvait tous dans un bar brasserie place Victor Hugo, le Scossa, où nous avions nos habitudes. »

Arnaud papillonne, fait le joli cœur avec de ravissantes demoiselles prénommées Monique, Christine, Nicole, Chantal ou Françoise, la génération des baby boomers. Mais depuis quelque temps déjà, il en pince pour une jeune fille de son âge sublimement belle, drôle, pétillante et pour l'instant inaccessible. Elle s'appelle Marisa, fréquente des pensionnats chics suisse et anglais comme Tournesol à Gstaadt ou Heathfield à Ascot avant d'étudier l'histoire de l'art, la musique, le théâtre et la littérature à la Villa di Poggio Imperiale et à l'institut Corso di cultura de Florence en Toscane. « C'était l'une de mes meilleures amies », explique sa cousine Anne de Villalonga. « Nos parents s'étaient liés à Klosters, dans les Grisons, où chacune de nos familles possédait un chalet. Quand son père est tombé gravement malade, Marisa est venue vivre un moment chez nous avec sa sœur Berry à Biarritz. C'est en venant skier à Klosters qu'Arnaud l'a rencontrée. Il est tout de suite tombé sous son charme fou. Marisa semblait plus réservée, mais j'ai vite compris que mon cousin la troublait. »

Les deux adolescents dévalent les pentes enneigées des Grisons, prennent des nouvelles les uns des autres par cousine interposée, se croisent dans les surprises-parties chics l'été à Biarritz. Une complicité teintée sans aucun doute d'une pointe de fascination réciproque s'installe entre ces deux diamants bruts. Cela n'est pas encore de la passion, juste une tendre amitié. « Arnaud a commencé à me faire la cour avec assiduité. J'étais une jeune fille de bonne famille. J'ai repoussé ses avances. Il s'est accroché », raconte Marisa en souriant à l'évocation de ce doux souvenir. De longs mois durant, tous deux vont jouer à cache-cache avec leurs sentiments avant d'entamer, plus tard, une folle histoire d'amour.

Sur les pentes de Klosters (Suisse), Arnaud en quête de glisse et de vitesse.
(© Collection Famille de Rosnay)

Arnaud et le vieux fourgon du Surf Club de France en *surfari* à La Barre.
À noter la combinaison de plongée pour surfer plus longtemps à la saison froide.
(© Collection Famille de Rosnay)

Arnaud et ses potes devant le tube Citroën du Surf Club de France.
(© Collection Famille de Rosnay)

En 1962 et 1963, Arnaud piétine sur les bancs du lycée, où ses résultats scolaires ne sont guère flatteurs. « Je crois qu'il s'y ennuyait ferme. Cela ne bougeait pas suffisamment pour lui. Il estimait déjà qu'il avait bien mieux à faire de sa vie que de rester sur un banc à apprendre des leçons », estime Anne de Villalonga, sa plus proche confidente. Les deux cousins s'amusent alors dans le laboratoire de développement photo qu'Arnaud a installé dans une des salles de bains de l'appartement familial.

Comme le raconte son frère Joël : « Arnaud était de plus en plus passionné par la photographie. Il se renseignait auprès des artistes et photographes qui passaient dans l'atelier de notre père, Gaëtan. Chaque jour il progressait dans la technique et la prise de vue. Arnaud a très vite compris qu'une image devait surprendre et aussi raconter une histoire. »

Joël de Rosnay et Alain Bernard émergent du tube Citroën lors d'une expédition épique depuis Paris. *(© Collection Famille de Rosnay)*

La photo, le surf. Sur les bancs de Janson de Sailly, Arnaud a vraiment la tête ailleurs, comme il le confie dans son livre *Tout m'est défi* : « Durant les mois d'été, je pouvais me livrer sans retenue à ma passion. Pendant les mois d'hiver, loin des plages où éclatent les rouleaux, je me languissais du surf. Plus grave que tout à mes yeux, je perdais les bénéfices de mon entraînement à poursuivre des études dans la grisaille de Paris. Ce handicap ressenti comme épouvantable me taraudait. »

Arnaud finit par entraîner Alain Bernard dans les vagues : « À Biarritz, nous avons dévalé des jours entiers les vagues en *body-surf*, ricochant devant les crêtes sur le ventre, les cuisses, la poitrine, les éléments. La passion du surf m'a emporté. Nous formions un groupe intrépide, tout un petit cercle de copains. Et ce fut la découverte de l'océan, l'apprentissage et la maîtrise des courants, les essais répétés jusqu'à vaincre cette peur primitive du surfeur, de l'homme, face à la barre qui défend le large d'abord, le rivage ensuite. C'est à Biarritz que j'ai appris à ne plus trembler au moment d'affronter le rouleau, et à sortir dans n'importe quelle mer. »

Pour tromper les longues trêves hivernales, Joël organise ce qu'il appelle des *surf safaris* (ou *surfaris*) au Pays basque depuis Paris, avec le tube Citroën en tôle ondulée du Surf Club de France, créé en 1963. « Nous partions le vendredi dès la fin des cours et rentrions le dimanche soir, tard dans la nuit, *se souvient Joël.* Étant le seul à avoir le permis, je conduisais toute la nuit avec mon épouse Stella à mes côtés. Arnaud et ses copains se calaient tant bien que mal à l'arrière avec les planches de surf, les combinaisons, des matelas et même des tapis persans que nous avions empruntés à nos parents, afin de rendre le plancher plus douillet. »

Pas de vagues ? Peu importe, Arnaud surfe la Seine, tracté par un bateau à moteur !
(© Collection Famille de Rosnay)

CLUB de

On surfe à l'embouchure de la Bidassoa, Arnaud mitraille. *(© Collection Famille de Rosnay)*

Un soir de novembre sur la RN10, le tube Citroën, qui file péniblement à 90 km/h vers le Sud-Ouest, se fait arracher accidentellement tout le côté gauche par un camion au cours d'un dépassement hasardeux. « Le routier était furieux », *raconte Joël en souriant.* Quand on s'est arrêtés, j'ai cru qu'il allait en venir aux mains. Quand il a vu les portes arrière s'ouvrir et cinq gaillards en sortir, il s'est aussitôt calmé. »

À l'aube, le tube Citroën s'arrête enfin à Anglet, Biarritz ou Hendaye, selon les conditions de mer. « Nous arrivions au bon moment pour profiter des vagues et du vent de terre, qui souffle en général le matin et lisse la houle comme un miroir, le *must* pour un surfeur. » Après un bon chocolat chaud, Arnaud et ses copains partaient à

Joël et ses potes s'amusent. Une autre bonne photo pour Arnaud. *(© Collection Famille de Rosnay)*

l'eau et s'enivraient de vagues pendant des heures sur leurs planches, jusqu'à ce que leurs épaules et leurs torses endoloris demandent grâce. Arnaud immortalisait les exploits de ses copains avec son appareil photo, comme lors d'une session à l'embouchure de la Bidassoa, où il réalise des clichés somptueux.

Quand il était impossible de faire la route jusqu'au Pays basque, Arnaud se consolait en surfant le béton de Paris. Début 1964, il fut l'un des premiers en France à s'essayer au *skateboard*, grâce à une planche à roulettes rapportée par son frère d'Australie. Toujours en pointe sur les sports de glisse, les frangins de Rosnay choisissent l'esplanade du Trocadéro pour glisser avec élégance, en vestes et cravates, comme on s'habillait à l'époque.

Arnaud, reporter stylé lors de cette série sur Paris pour *Skateboard Magazine*.

Joël, loin des *skaters* débraillés actuels. *(© Collection Famille de Rosnay)*

«Une seule autre passion équilibrait ma fureur pour le surf : mon admiration pour les États-Unis, l'Amérique me fascinait, avoue Arnaud dans son autobiographie. C'est de là-bas que venaient les meilleures planches, c'est là qu'on trouvait les plus beaux spots connus alors... Cette civilisation, déjà orientée vers toutes les formes de loisirs, d'activités corporelles, m'appelait.»

À la rentrée 1964, Arnaud, qui vient de passer un nouvel été dans les vagues, va jouer un des premiers coups de poker de sa vie. Décidant d'abandonner ses études pour se lancer dans le monde, il soigne sa sortie, comme au théâtre : «Le premier bac passé sans éclat, je suis rentré en Sciences Ex (Sciences expérimentales, l'actuel Bac "S"). Au bout d'une heure du premier cours, j'ai regardé le professeur, j'ai regardé tous mes amis, je me suis levé, leur ai dit "Au revoir, c'est la dernière fois que je mets les pieds dans une classe !", je leur ai serré la main, et je suis parti.»

Arnaud est ensuite allé voir son père pour lui apprendre la nouvelle : «Je ne remettrai plus les pieds en cours, je veux faire des photos, tracer ma voie moi-même, en adulte.»

Gaëtan l'écouta attentivement avant de lui répondre très calmement : «Arnaud, mon fils, c'est bien... Tu as six mois pour faire tes preuves. Passé ce laps de temps, si tu n'as pas trouvé de travail, je t'ignore.» Arnaud encaisse le choc : «Après une vie plus ou moins irresponsable d'étudiant, je me retrouvais avec un sursis de six mois pour affronter la vie.» Ce véritable ultimatum allait donner un gros coup d'accélérateur à la brève existence d'Arnaud, le faire entrer d'un coup, à dix-huit ans, dans la vraie vie.

Toujours à l'avant-garde, Arnaud en 1964 *cruisant* sur les Champs-Élysées en *skate*.
(© Collection Famille de Rosnay)

partie 2

—

LE JEUNE LOUP

(1964-1979)

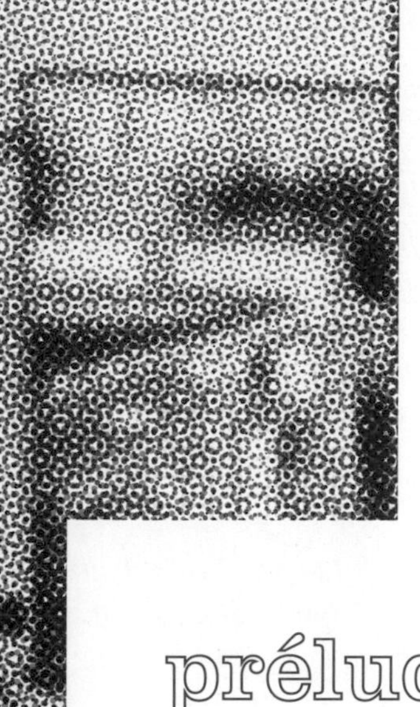

prélude

La fureur de vivre

C'était complètement dingue... Je me suis mis debout, pour mieux presser des deux pieds sur le frein, mais la Jag' est partie en tête-à-queue. Tout ce que je voyais, c'étaient les marques de bière et de limonade inscrites sur le côté du camion de vingt tonnes que je m'apprêtais à percuter de plein fouet. « Bye bye Arnaud », pensai-je, me voyant déjà encastré dans les tessons de bouteilles et l'odeur de limonade. J'aurais préféré un chargement de champagne millésimé, mais, que voulez-vous, on ne choisit pas sa mort...

Bizarrement, j'ai d'abord eu une pensée émue pour ma belle bagnole, ma Jaguar E toute neuve avec ses six cylindres, ses 240 chevaux sous le capot, qui allaient sans doute m'envoyer à la morgue. Mais bon sang, que fait ce putain de camion sur ma trajectoire?

J'entends déjà Henri, qui va s'en vouloir toute sa vie. Ils n'avaient qu'à pas me provoquer, lui et son beau-frère. Henri savait bien que je ne me laisserais pas faire. Je me souviens encore de sa tête quand je me suis garé avec la Jag' juste devant son magasin de disques à Biarritz, à côté du «Sonny's». Faut dire que mon pote Henri Caruso est pilote de compétition et moi j'ai toujours adoré conduire pied au plancher. Il y a quelque temps, je l'ai défié au karting de La Barre sur douze tours, mais Henri est parti en avance et il m'a empêché de le doubler. En essayant de le passer, j'ai fait deux tonneaux avec mon kart, mais je m'en suis bien tiré. Et voilà que ça recommence!

Henri est arrivé avec son beau-frère, Gérard Pinel, qui frime au volant de sa nouvelle Porsche 911, l'une des premières de la Côte basque bichonnée par le garage Villanueva. Il fait beau en ce matin estival, la route est dégagée, et évidemment, je n'ai pu m'empêcher de jouer le jeu : je les ai défiés sur le trajet Biarritz-Bayonne. Henri a d'abord fait mine de refuser, prétextant que c'était beaucoup trop risqué sur la route. Quand il m'a proposé de nous retrouver sur un circuit, j'ai éclaté de rire et j'ai démarré à fond sur la route du Phare, vers Anglet, en leur lançant : «À tout à l'heure!»

Je savais par où ils allaient passer et je les ai attendus au feu rouge des Cinq Cantons. Là, les voilà qui s'arrêtent ; Henri, au volant, essaye de me calmer : « Ne joue pas à ce petit jeu, Arnaud, c'est trop dangereux ! » Pour toute réponse, j'ai fait rugir les six cylindres de la Jag', et dès que le feu est passé au vert, j'ai démarré pied au plancher. Je savais que Gérard, lui, ne pourrait pas résister, et dans le rétro j'ai vu qu'il disait à Henri de se lancer à ma poursuite.

Ah, les salauds, ils m'ont donné du fil à retordre avec leur Porsche à la noix. Nous avons dû pulvériser le chrono Biarritz-Bayonne, c'est clair. Les autres conducteurs doublés ne s'en sont sûrement pas remis. Fallait voir leurs têtes d'ahuris au volant de leurs Peugeot 404, Renault 16, Citroën DS et autres Simca 1000, qui se traînaient sur la route, quand nous les avons doublés à fond la caisse dans un concert d'avertisseurs. Je me félicite d'avoir équipé la Jag' d'un gyrophare et d'une sirène de police américaine, c'est du plus bel effet ! Je la pousse, je l'encourage, je la fais cracher et nous nous doublons à tour de rôle avec la Porsche, en frôlant les 180 km/h. Son seul défaut : elle est un peu lourde et tangue sévèrement dans les courbes. J'ai pu mesurer à mes dépens les foudroyantes accélérations de la Porsche, sa tenue de route diabolique, sa capacité à se faufiler dans les trous de souris. Mais une fois lancés, je les tenais, Henri et son beau-frère ! Je les avais dans ma ligne de mire, les coquins, tel un pilote de jet, prêt à balancer ses missiles sur sa proie. Je tenais ma revanche ! Au karting, Henri m'avait mis dans le vent et j'avais terminé dans la butte. Le patron du karting n'avait jamais vu ça. Un kart qui décolle et se scratche, il n'y a qu'à moi que ça arrive. Je m'en étais tiré sans bobo, mais revanchard. Et là, tandis que nous nous faufilons dans la circulation d'Anglet, voilà qu'Henri me fait un bras d'honneur en me doublant. Trop, c'est trop, il va voir de quoi je suis capable, tout pilote de rallye qu'il est ! La rage au ventre, j'attaque l'asphalte pour les rattraper. Tu vois, Henri, tu n'aurais pas dû me faire ce bras d'honneur. C'est pour ça que j'ai pris tous les risques, une fois encore. Je t'en veux, espèce de fourbe ! Tu sais bien que j'ai horreur de perdre ou de m'avouer vaincu.

Voilà pourquoi, il y a trois secondes à peine, j'ai pris une très mauvaise décision. Je pensais pouvoir doubler la Porsche après le passage à niveau, dans ce virage de la mort, à l'entrée de la zone industrielle de Bayonne. Il n'y avait aucune visibilité à cet endroit, nada, mais le ruban d'asphalte semblait bien dégagé. Il fallait être frappé pour tenter un tel dépassement. Mais ça en valait la peine! Je tenais enfin ma victoire. En cet instant, rien d'autre ne comptait que de gagner ce pari, montrer que j'étais le meilleur, le plus rapide…

J'ai 21 ans et je vais mourir dans ma bagnole, à la James Dean. C'est beau, peut-être, mais c'est con! Et je n'ai aucune envie que ça s'arrête déjà! Juste quand la vie commence à me sourire. Je suis lancé dans la photo, je voyage, je gagne de l'argent, je rencontre des gens extraordinaires et depuis quelque temps, je partage la vie de la plus belle fille du monde. D'ailleurs Marisa m'attend et je vais aller la retrouver. Sauf… Sauf si la Jaguar va s'encastrer contre ce camion.

Au deuxième tête-à-queue, la voiture s'écrase avec fracas contre les roues du poids lourd, tandis que l'avant s'enfonce sous le châssis. Le choc est très violent. Je suis complètement sonné, j'ai mal au cou et suis sur le point de tomber dans les pommes, mais une odeur écœurante m'empêche de sombrer. Ça pue le gas-oil et l'essence à plein nez, mais je n'arrive plus à bouger, coincé dans mon siège. Suis-je mort? Blessé? J'entends des cris. Je reconnais la voix d'Henri. Il gueule à son beau-frère de s'en aller dare-dare et je devine qu'il vient d'arracher mon gyrophare avant l'arrivée de la police.

« *Live fast, die young* » telle était la devise d'Arnaud à 25 ans.
(© Collection Famille de Rosnay)

Mais je crois bien que ma belle Jag' est bousillée. On ne peut même plus ouvrir la portière, je suis coincé sous cet amas de tôle. Je m'en veux. Comment ai-je pu être aussi stupide ?

Les pompiers arrivent, me sortent de là. On dirait que je suis encore entier, mais ils m'emmènent tout de même à l'hôpital de Bayonne, en observation. Heureux que je ne sois pas blessé, Henri contemple, incrédule, la carcasse déchiquetée de ma belle voiture. Le toit a été coupé net. J'ai plongé instinctivement sur le côté juste avant l'impact : « Comment peux-tu sortir vivant d'un pareil tas de ferraille ? » me demande-t-il, encore secoué. Puis, avant que je parte avec les pompiers, il me dit : « Tu es comme les chats, Arnaud, tu as plusieurs vies ! »

La Rolls, un bureau roulant, le fantasme absolu. *(© Collection Famille de Rosnay)*

Marisa, New-York et moi

« My name is Arnaud, Arnaud de Rosnay », se présente crânement le jeune homme en tendant la main à son interlocutrice. « Ali MacGraw, enchantée », répond la jeune femme en souriant. Elle est alors l'assistante de Diana Vreeland, une fille encore inconnue, au charme vénéneux, qui l'accueille dans l'antichambre du bureau de la papesse de la mode. Arnaud la regarde, impressionné par ses jambes fuselées, mises en valeur par une minijupe à la Mary Quant, et par ce beau visage avec sa chevelure très brune. Depuis son entrée dans le luxueux siège de Condé Nast, au cœur de Manhattan, pour ce rendez-vous avec la rédactrice en chef de *Vogue* USA, le photographe *frenchy* a été époustouflé par le charme, l'éclat, la distinction et la sophistication des femmes qu'il a pu croiser à tous les étages.

« Monsieur de Rosnay, asseyez-vous s'il vous plaît. Madame Vreeland ne va pas tarder à vous recevoir », ajoute poliment la ravissante assistante. Elle l'invite à prendre place dans l'un des fauteuils design disposés face à son bureau. Puis elle va se rasseoir prestement afin de poursuivre son travail. La future héroïne du film *Love Story*, qui deviendra quelques années plus tard Madame Steve McQueen, jauge discrètement le Français de ses grands yeux de biche, marron foncé. Grand, beau garçon, habillé avec élégance, on dirait un adolescent à peine sorti des bancs de l'école. On lui donne dix-huit ans, pas plus. Elle le regarde, incrédule, songeant qu'il doit y avoir erreur. Il ne peut s'agir de ce photographe prometteur dont, à Paris, on a tant vanté les mérites à sa patronne…

Diana Vreeland fait entrer Arnaud dans son bureau directorial, décoré avec beaucoup de goût. Elle n'a pas l'air surprise par son apparence juvénile. Des toiles de maîtres contemporains à plusieurs millions de dollars sont accrochées sur les murs. La vue plongeante sur Times Square est à couper le souffle. La patronne du plus grand magazine de mode du monde toise Arnaud, qu'elle fait asseoir devant un bureau ambassadeur des années 1920 signé

Ruhlmann, impeccablement rangé. Elle en impose, avec son air strict et sa robe noire. Le jeune homme n'est nullement intimidé. Il croit même deviner sur le visage dur de Diana Vreeland, l'ombre d'un sourire bienveillant.

L'entretien se déroule en français, langue que la journaliste, née à Paris, maîtrise parfaitement. Après les amabilités d'usage, Arnaud entre dans le vif du sujet. Il tend son *book* à la rédactrice en chef qui tourne les pages sans émettre de commentaire. Elle s'arrête sur certaines photos, pose quelques questions, écoute silencieusement. Arnaud ne se démonte pas, conscient qu'il a en face de lui l'une des femmes les plus influentes de la mode. Il sait aussi qu'il n'a rien à perdre, bien au contraire. Diana Vreeland a été la conseillère vestimentaire de Jackie Kennedy. Elle a lancé et défait des réputations, depuis ses premiers billets dans *Harper's Bazaar*, et c'est elle qui a dit que « le bikini est la chose la plus importante depuis la découverte de la bombe atomique ».

Diana Vreeland est surtout en phase avec son époque. Dès 1964, elle publie la première photo de Mick Jagger, popularise la fameuse Twiggy, mannequin vedette des *sixties*. Elle lance le chausseur Manolo Blahnik, les couturiers Oscar de la Renta et Diane von Furstenberg.

L'entretien se termine... Arnaud sait qu'il a du talent, c'est un bosseur, il doit saisir sa chance. Mais il ne sait sur quel pied danser. Hésitant, il remercie Diana Vreeland de l'avoir reçu, reprend son *book*, se lève. Au moment de prendre congé, l'icône du glamour l'arrête et lui glisse : « Je compte sur vous dès la semaine prochaine, Arnaud, pour un *shooting* mode, destiné au prochain numéro de *Vogue*. Ensuite, je vous envoie à Paris avec Marisa Berenson. »

Arnaud exulte, fou de joie ! Il aimerait sauter au cou de Diana Vreeland, mais se retient, naturellement. En sortant, il ne manque pas d'adresser un sourire entendu à Ali MacGraw, qui le regardait un peu de haut tout à l'heure. «Je suis sûr qu'on se reverra», se dit-il en son for intérieur. Avant de rentrer dans l'appartement de sa fiancée, Arnaud s'arrête chez le fleuriste du quartier et y achète un beau bouquet de roses avec les derniers dollars qu'il a en poche, pour l'offrir à celle qu'il aime. Il lui doit bien ça. Ce premier job tombe à pic pour se renflouer.

Depuis son arrivée à New York, le jeune homme s'est installé chez Marisa Berenson, avec laquelle il partage sa vie depuis deux ans déjà. Un studio tout simple, tapissé de bleu et de blanc, situé *Midtown* en haut d'un building planté sur la 53e rue, entre la 2e et 3e avenue. Cette charmante bonbonnière de jeune fille est meublée d'un grand lit à baldaquin, d'une télé, d'une radio. Dans un coin, deux petits cadres photo, dont l'un contient un portrait d'Arnaud, pris par sa cousine Anne, un ou deux ans plus tôt à Paris. «Je n'avais que dix-huit ans et j'étais fière de payer déjà mon loyer et de rentrer l'argent de la maison», se souvient Marisa, la future Lady Lyndon de Stanley Kubrick.

Quant à Arnaud, il avoue : «Marisa Berenson, qui était encore mannequin avant de devenir une star de cinéma, allait jouer un grand rôle dans ma vie.» Depuis sa décision de quitter le lycée en septembre 1964 sans diplôme et sans un sou vaillant, le jeune photographe s'est débrouillé pour se faire connaître dans la presse parisienne, en devenant un collaborateur apprécié de «journaux voués au culte des pop-stars, des vedettes de la chanson et du show-biz», dont *Formidable* ou *Salut les Copains*. Ce qui amène Arnaud à inviter chez sa grand-mère, à Biarritz, le chanteur Michel Polnareff. Une terrible faute de goût aux yeux de Mamie Simone, qui les vire tous les deux dans la seconde. «Polnareff n'avait pas encore montré ses fesses, s'amuse Anne de Villalonga, mais Mamie Simone ne supportait pas les chevelus débraillés.»

Arnaud et Marisa (à droite). Elle l'introduisit chez *Vogue USA*. (© Collection Famille de Rosnay)

Arnaud a aussi vendu des photos de *surf* et de *skate* à des magazines français et américains, et il s'est fait connaître auprès de Roger Thérond, le directeur de la rédaction de *Paris Match*, qui lui a commandé des reportages. Mais ces quelques piges prometteuses ne constituaient pas encore un passeport suffisant pour le conduire à *Vogue*, ni connaître un début de reconnaissance internationale. Son meilleur atout de l'époque, c'était bien Marisa Berenson. Elle était sa muse, son ambassadrice, et même un peu son mécène. C'est elle qui a décroché ce rendez-vous décisif avec l'intouchable Diana Vreeland. Un tournant de sa vie en cette année 1966 où il vient à peine de fêter ses vingt ans.

Marisa dans son studio à Manhattan, alors qu'elle entame sa carrière de *top model*. Bien en vue, un portrait d'Arnaud son *french-lover*. (© Collection Marisa Berenson)

La délicieuse Marisa doit à sa grand-mère, la célèbre couturière Elsa Schiaparelli, d'avoir effectué ses premiers pas dans la mode, trois ou quatre ans plus tôt. Elle avait alors quinze ou seize ans et suivait des études d'architecture et de décoration intérieure à Londres. Lors du bal des débutantes, à New York, *Schiap* comme l'appelle familièrement Marisa, lui avait confectionné une toilette divine. Diana Vreeland, qui passait par là, fut instantanément conquise par cette jeune biche aux yeux verts. Marisa Berenson se souvient de cette époque bénie :

« Diana, une amie de la famille, m'avait connue toute petite. Elle était une sorte de marraine, de seconde grand-mère. Elle me couvait et croyait très fort en moi. Très vite, elle m'a envoyée à Paris, poser devant l'objectif du grand Richard Avedon, pour le numéro spécial haute-couture. C'était le rêve de tous les mannequins ! Arnaud en a profité. Lui aussi, avait un œil et un vrai talent pour la photo. Je n'étais pas étrangère à son succès naissant, en le présentant à des photographes comme Henry Clarke ou Richard Dick Avedon, qui l'ont pris chacun quelque temps sous leurs ailes comme assistant, même si l'expérience tourna rapidement court avec ce dernier. Arnaud ne pouvait s'empêcher de donner son avis et ça avait agacé Dick. Il était comme ça, Arnaud ! Mais il absorbait tout très vite, avait un instinct sûr, un vrai don. Henry et Dick lui ont appris l'éclairage, la technique, la direction de mannequin, comment maîtriser une photo de mode. Ses progrès ont été fulgurants. »

Pierre Cardin, Arnaud et Marisa juste avant de s'envoler pour l'Australie afin de réaliser un numéro spécial dans *Vogue USA*. (© Collection Marisa Berenson)

C.S.A.
FINNAIR
AFRICAN AIRWAYS
IRAN AIR

En 1966, Arnaud et Marisa réussissent un très joli coup ensemble. « Des informations m'avaient appris que le *Saint-Géran*, le bateau de *Paul et Virginie*, avait été retrouvé à l'île Maurice », raconte Arnaud dans son autobiographie. « Aussitôt, je mets en scène toute l'aventure des malheureux sacrifiés à la pruderie d'une époque, avec en vedette, Virginie-Marisa. L'idée séduit *Paris Match*. Marisa de son côté obtient de *Vogue* États-Unis, toute une cargaison de robes plus extraordinaires les unes que les autres. Publié en 1966, ce reportage m'a ouvert les portes de *Vogue*, et je suis parti aux États-Unis travailler avec eux. »

C'est Marisa qui va donner le coup de piston décisif à Arnaud, en vantant ses mérites à Diana Vreeland : « Cette dernière adorait les gens jeunes, beaux, talentueux et ambitieux. Arnaud et moi représentions à ses yeux le parfait duo qui pouvait éveiller l'imaginaire de ses lectrices. Tout ce qu'elle recherchait. Elle encourageait déjà le couple, que formait alors le mannequin Veruschka et le photographe Franco Rubartelli. Cette complicité donnait des photos *glamorous* et magiques, délirantes et inspirantes. »

« Cette époque a été merveilleuse, *raconte de son côté Arnaud,* j'avais dix-neuf ans, Marisa et moi filions le parfait amour et ensemble, nous parcourions la planète. Les voyages s'enchaînaient, quatre ou cinq tours du monde par an, chaque voyage signifiant quatre ou cinq reportages à la fois, qui se retrouvaient publiés dans une dizaine de journaux. Je ne faisais d'ailleurs pas que des photos de mode, mais également du reportage. »

Le premier *shooting* d'Arnaud pour *Vogue* USA se révèle un succès. Diana Vreeland adore, et en redemande. De son côté, Marisa devient vite un *supermodel* et *truste* les couvertures et les pages mode de *Vogue*, *Harper's Bazaar* et toute la presse féminine. « Nous travaillions intensément le jour et sortions tous les soirs. On s'amusait follement dans les clubs new-yorkais, on était de toutes les *parties*. Je faisais rencontrer à Arnaud tout ce que New York compte d'artistes, de célébrités, de personnalités, comme Truman Capote, Andy Warhol et toute la faune qui traînait à la *Factory*. Arnaud aimait déjà provoquer et qu'on parle de lui. Du coup, il en faisait parfois trop. Avec certaines personnes, ça coinçait. Ceux qui ne le connaissaient pas de façon intime pouvaient même le trouver puéril, prétentieux ou vaniteux.»

Quant à la cousine d'Arnaud, Anne de Villalonga, elle dit du couple : «Tous deux avaient beaucoup de maturité pour leur âge, menant des carrières incroyables dans la mode ou la photo. Et en même temps, ils restaient très gamins, très enfantins. Il leur arrivait d'avoir des disputes homériques. Mais ils s'adoraient.»

À partir de 1966 et 1967, Arnaud et Marisa travaillent de plus en plus ensemble, même si cette dernière, très demandée, pose aussi pour de grands noms comme Horst P. Horst, Irving Penn, Henry Clarke, David Bailey, Bert Stern, Jean-Loup Sieff, Helmut Newton et Richard Dick Avedon. Les amoureux s'envolent pour la Californie, les Seychelles, l'île Maurice, l'Australie, l'Inde. Arnaud est de plus en plus créatif. Son œil s'aiguise. Son talent s'épanouit. Son regard amoureux sublime Marisa. «De Madras à Bangalore, dans tout le sud de l'Inde, Arnaud m'a fait poser dans des tenues les plus folles. Les Indiens me regardaient les yeux exorbités, croyant avoir des hallucinations devant cette femme juchée sur des éléphants», confie Marisa.

Reconnu par le milieu de la mode, Arnaud commence à très bien gagner sa vie et couvre sa dulcinée de cadeaux. Marisa lui offre la moto la plus dingue de l'époque, une Kawasaki 500 H1 Mach III de couleur verte, dont le moteur, 3 cylindres deux-temps surpuissant, produit des accélérations foudroyantes, avec un rugissement métallique qui s'entend à des lieues à la ronde. «Arnaud m'emmenait dans de folles chevauchées, toujours sur le fil du rasoir. Il était

STELLA ARTOIS
RUE DE

toujours *on the edge*, semblait attiré par le danger en tout, à croire qu'il portait en lui une espèce de *death-wish*, comme on dit en anglais. Quand il conduisait de cette façon, il me terrorisait. Lui, ça le faisait rire, et il s'amusait à en rajouter. »

Un couple mythique de la mode était né, au destin sublime et météorique, icône de ces *swinging sixties* si créatives et futiles, insouciantes et flamboyantes.

Marisa pétillante et aérienne dans Paris, photographiée par Arnaud.
Leur complicité était totale. *(© Collection Marisa Berenson)*

Sous les pavés, la plage

Mai 1968. Quatre ans déjà qu'Arnaud a claqué la porte du lycée Janson de Sailly pour se lancer dans la vie active. Devenu un jeune photographe réputé, il commence à gagner beaucoup d'argent et poursuit une liaison passionnée avec la belle Marisa Berenson. Nomades de luxe, tous deux ont déjà bouclé plusieurs tours du monde ensemble pour *Vogue* et d'autres magazines internationaux. Quelques mois plus tôt, ils ont rapporté des images incroyables d'un reportage sur les dragsters en Californie. Envoyé par *Paris Match*, Arnaud a emmené sa fiancée en plein désert afin de la photographier au milieu des bolides fumants et bondissants.

« Ce *shooting* mode fut un moment de torture insoutenable, se souvient Marisa Berenson. Les dragsters ressemblaient à des dragons de métal. Ils crachaient des flammes dans un vacarme assourdissant et me faisaient peur. Un peu sadique, Arnaud m'obligeait à poser en plein milieu des pistes avec mes tenues haute couture, au risque de me faire écraser. Mais il voulait les meilleures images, et c'est vrai que le résultat était bluffant. » Ce reportage a beaucoup de succès chez *Vogue*, où l'on n'avait encore jamais rien vu de pareil.

L'année précédente, en 1967, le couple s'était également envolé pour un long périple en Australie, en compagnie de Pierre Cardin et de son équipe. Ensemble ils ont parcouru l'île continent du Nord au Sud, et d'Est en Ouest, rencontrant des surfeurs, des rugbymen, des bergers, des cow-boys du bush australien et des chasseurs de crocodiles. Là encore, Marisa s'est plusieurs fois retrouvée dans des situations extrêmes, pour arracher des images originales. Quant à Arnaud, il a charmé Pierre Cardin qui, dès son retour, lui confectionne une tenue de moto en cuir, digne d'un pilote de jet stratosphérique. Le reportage dans *Vogue* sur l'Australie a été unanimement salué. Diana Vreeland, toujours aux commandes du magazine, est enchantée du travail de ses deux poulains.

1968, dans le désert de Californie, Marisa en *James Bond girl* dans un rassemblement de dragsters. *(© Collection Marisa Berenson)*

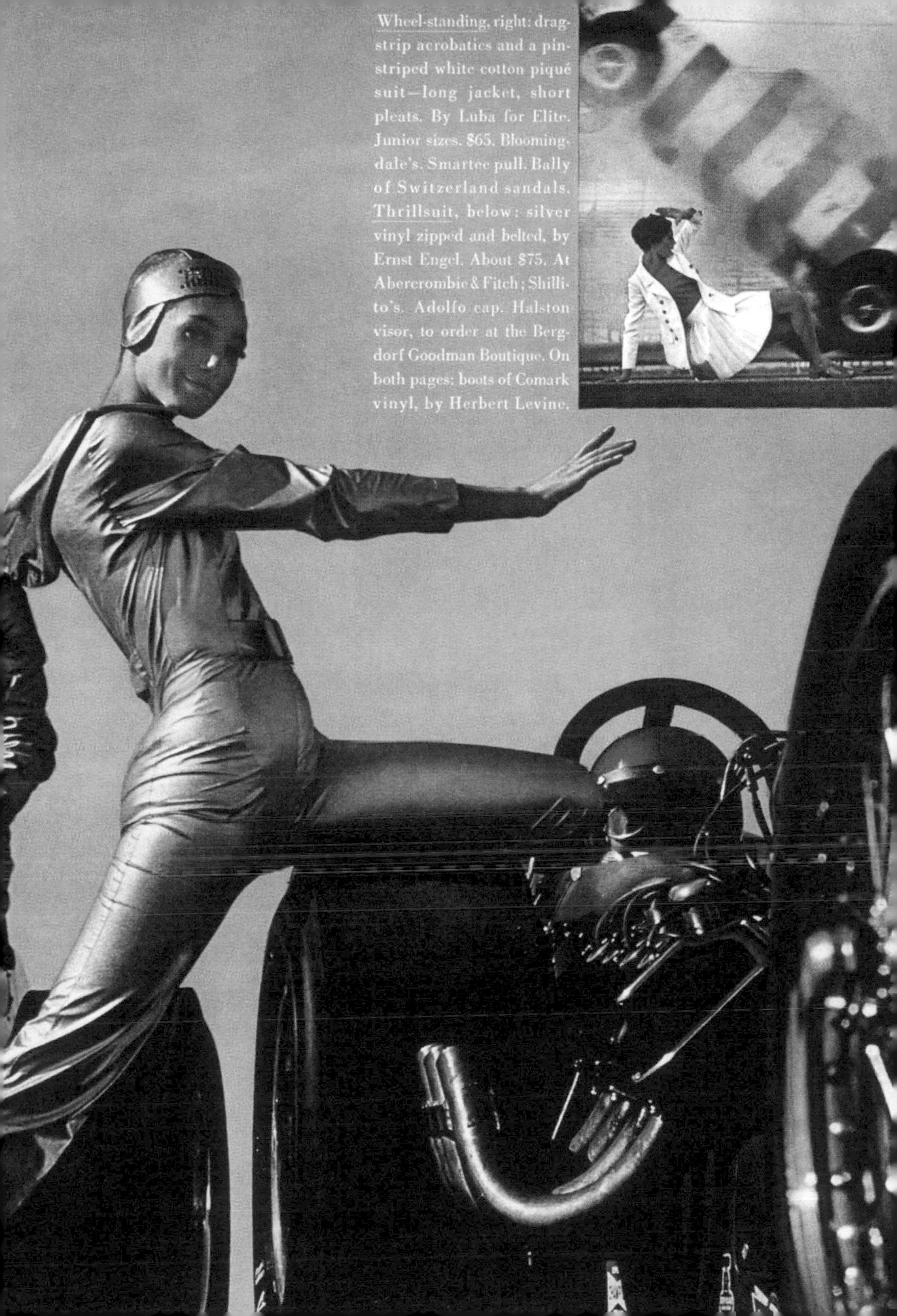

Wheel-standing, right: dragstrip acrobatics and a pinstriped white cotton piqué suit—long jacket, short pleats. By Luba for Elite. Junior sizes. $65. Bloomingdale's. Smartee pull. Bally of Switzerland sandals. Thrillsuit, below: silver vinyl zipped and belted, by Ernst Engel. About $75. At Abercrombie & Fitch; Shillito's. Adolfo cap. Halston visor, to order at the Bergdorf Goodman Boutique. On both pages: boots of Comark vinyl, by Herbert Levine.

ery nailheads. By Jeanne Campbell for Sport-irl. $35. At Bloomingdale's. Silvery sandals by rbert Levine. Matching hat, Anello for Emme.

Air cooled, I off sleeves Betsey John In junior siz sandals. Jan wit Teller. I Stop, below 'chute; the in white co headed blue Mott for Pa sizes. $75. I

Jumpsuit action, far left: strapless black-and-white stripes by Robert Rojas for Stiletto. Of Arnel and nylon (Wedgwood fabric). $35. At Lord & Taylor. Earrings by Jane Bolles, at Bonwit Teller. Sandals by Evins. Silver vinyl, left: motorcycle jacket and mini-skirt: Bob Bugnand. To order: $95, $39. Halston hat, to order: Bergdorf Goodman.

Du coup, Arnaud n'a plus guère le temps de jouer au *surf bum* sur la plage, tels ces clochards célestes qui chassent l'été sans fin et la vague parfaite. « Le surf est un monstre dévorant, il faut lui donner toute son attention et, pour être vraiment bon, il faut en vivre », estimait le jeune homme à dix-huit ans. Il se permet encore quelques escapades, comme lors de cette virée à Jersey dans l'un de ses premiers bolides, une Coccinelle équipée avec un moulin gonflé de chez Porsche.

L'un de ses amis surfeurs de l'époque se souvient de cette obsession de la vitesse et des records : « Arnaud avait un chrono avec lui et mesurait en permanence sa moyenne. Il était toujours en train de se lancer des défis. Cette fois, il voulait traverser la France le plus vite possible jusqu'au ferry pour les îles anglo-normandes », raconte François Lartigau, alias Murphy, qui l'accompagnait lors de ce périple avec son frère Jean-Marie. « Il y a des gens qui ont des vies très longues où il ne se passe rien. Arnaud a eu une existence trop courte, mais super remplie. On ne s'ennuyait jamais avec lui. »

« Une fois arrivés à Jersey, poursuit Murphy, nous avons vite plié la compétition de surf qui n'était qu'un prétexte pour aller s'amuser, voir des courses de côte et courir les boutiques d'accessoires pour automobiles. Arnaud s'était acheté un petit volant de course. Il s'amusait à doubler les gens à fond et à brandir le vieux volant par la fenêtre, comme s'il avait perdu le contrôle de la *Cox*. Il fallait voir la tête des automobilistes ! C'était un vrai gamin. Le soir, on faisait la fête. À l'époque, Arnaud ne dédaignait pas, de temps en temps, de tirer quelques bouffées d'un joint d'herbe qui fait rire... »

Le jeune homme photographiait aussi ses « camarades de vagues » sur la Côte basque. Deux ans plus tôt, en 1966, son reportage sur les surfeurs dans *Paris Match* commandé par Roger Thérond avait

« Arnaud m'obligeait à poser au milieu de ces engins qui fonçaient, j'étais terrorisée », avouera Marisa. (*© Collection Marisa Berenson)*

Nat Young et Arnaud à Hawaï, lors d'une compétition de surf. *(© Collection Famille de Rosnay)*

fait beaucoup de bruit parmi la petite communauté surf tricolore qui se cantonnait alors presque exclusivement à la Côte basque et landaise. Personne n'a oublié cette série de photos montrant l'antique Cadillac noire des frères Bégué croulant sous les planches de surf, avec une grappe de jeunes garçons et filles entassés sur le capot. « En quelques images, Arnaud avait su capter l'esprit décalé, le souffle de liberté qui animait alors le surf français. Ces photos n'ont pas pris une ride », observe l'un des piliers de la culture-surf sur la Côte basque, le journaliste Gibus de Soultrait.

De plus en plus passionné par le surf, Arnaud va également prendre part à une compétition internationale à Makaha, sur l'île d'Oahu (Hawaï), où il fait connaissance avec le champion du monde de surf australien Nat Young, qui devient un très bon ami. Ce dernier se souvient : « Je connaissais déjà son grand frère Joël,

Arnaud dans une cabanas, à l'Hôtel du Palais de Biarritz. (© Collection Anne de Villalonga)

que j'avais croisé avec Stella en 1965 au Pérou, lors des championnats du monde. Arnaud et moi avions le même âge. On a bien sympathisé quand il est venu à Hawaï, et il n'a pas manqué de me recontacter lors de son périple en Australie pour *Vogue*. C'est ainsi qu'il m'a photographié en 1967 avec Marisa sur la plage de Long Reef, au nord de Sydney, pour le magazine. »

Pris par son travail de photographe, Arnaud se languit des vagues, sans trop s'en plaindre : « Mon boulot a commencé à tellement m'absorber que, peu à peu, j'ai abandonné le surf pour me concentrer sur ce métier qui me passionnait en me permettant aussi d'aller au fond des choses. C'est alors que j'ai acquis cette discipline personnelle de toujours, toujours, toujours ramener quelque chose, une vision nouvelle, un témoignage précis, un élément concret de reportage, quoi qu'il arrive. »

Parfois, un grain de sable vient gripper la machine, au moment où l'on s'y attend le moins, comme lors de ce printemps 1968, au cours duquel Arnaud se trouve coincé à Paris, désœuvré à cause des événements de Mai 68. Tous ses contrats sont annulés ou reportés. La presse est paralysée. Les avions ne décollent plus. Du genre hyperactif, Arnaud tourne en rond. Il n'a guère envie d'aller prendre des photos sur les barricades. Lorsqu'il fréquente le Quartier latin, c'est plutôt la nuit, pour aller danser en boîte, chez Castel.

Deux jours avant la fameuse contre-manifestation du 30 mai, où de Gaulle défila sur les Champs-Élysées entouré d'un million de sympathisants, le jeune homme a un flash et décide de retourner sur les lieux de son enfance. « Le temps était sublime, se souvient son vieux copain Alain Bernard qui l'a accompagné lors de cette virée. Nous nous morfondions à Paris, alors qu'au Pays basque les vagues nous tendaient les bras. Seul hic : il était impossible de sortir de la capitale et même de traverser la France. Les pompes à essence étaient toutes fermées ou en rupture de stock. Pas question non plus de prendre le train. Les cheminots faisaient grève. Alors Arnaud m'appelle et me dit : « Prépare tes affaires, il y a de super prévisions météo. On fonce surfer à Biarritz. » Lorsque je lui demande où nous allons loger et comment il compte nous y emmener, il me répond simplement : « Ne t'inquiète pas, je m'occupe de tout. Prends juste quelques affaires. On démarre dans une heure. »

Une heure plus tard, Arnaud freine devant l'immeuble haussmannien où habite la famille Bernard, dans le 16e arrondissement, avec deux planches de surf accrochées sur le toit de sa Jaguar E, probablement des *Hap Jacobs* qu'il a importées de Californie. Sur les sièges arrière, son copain découvre des jerrycans empilés,

Nat Young et Marisa posent pour Arnaud et *Vogue*,
sur la plage de Long Reef (Australie). *(De Rosnay / Vogue ; © Condé Nast)*

Arnaud cherchant le tube à La Barre, la vague mythique de la fin des *sixties*.
(© *Collection Famille de Rosnay)*

remplis de carburant. « Comment as-tu fait ça ? » demande Alain Bernard, bluffé. « Secret défense », répond mystérieusement Arnaud.

Quelques minutes plus tard, les deux amis s'échappent de la capitale et entament leur traversée de la France à tombeau ouvert sur les nationales. Il n'y a pas âme qui vive sur le bitume, pas un gendarme à l'horizon. Seule la peur de manquer d'essence conduit Arnaud à ne pas trop lâcher la cavalerie de sa Jaguar. Le *surf safari* tourne au *road movie* de rêve. Il fait beau. Le coupé anglais est équipé d'une stéréo qui distille tous les tubes *cool* du moment, grâce aux vinyles fournis par Henri Caruso, qui tient alors une boutique de disques à Biarritz. Ce dernier est en cheville avec un

La Barre encore, Arnaud aux côtés de Nat Young qui vient d'être champion du monde de surf. *(© Henri Caruso)*

producteur qui lui fourgue en exclusivité les 33 et 45 tours plusieurs mois avant leur sortie officielle ! Fan de jazz, de rythm'n blues, de musique brésilienne ou de rock, Arnaud passe en boucle Aretha Franklin, Marvin Gaye, Otis Redding, les Stones, Jefferson Airplane et les Beatles, dont l'album blanc sortira en novembre 1968. Plus tard, Arnaud succombera aussi à Herb Alpert et son groupe Tijuana Brass, Sergio Mendes et Brasil 66, Stan Getz, Jorge Ben…

« Une fois que nous arrivons à Biarritz, Arnaud s'arrête devant l'entrée monumentale de l'Hôtel du Palais. Il y avait réservé une chambre pour nous deux. Le directeur du palace lui offrait le séjour en échange de reportages promotionnels. La France était paralysée

et nous nous trouvions au paradis, dans un cocon luxueux. Nous avons enchaîné les sessions de surf et les soirées. Il faisait beau et chaud. Arnaud adorait dîner au Café de Paris, alors tenu par Pierre Laporte. Il avait un faible pour les poissons comme le bar rôti, la louvine, mais aussi les ris de veau, le tout arrosé d'une bouteille de Saint-Julien, en particulier le Château Gruaud-Larose. Il avait pas mal d'argent et se montrait grand seigneur. Il commençait à s'embourgeoiser et prendre des goûts de luxe. »

C'est à cette époque qu'Arnaud aura son fameux crash en Jaguar, dont il est sorti miraculeusement indemne. Il profite aussi de cet été-là à Biarritz pour faire une série de photos publiées dans *Vogue*, avec Marisa dans le jardin de la propriété de Pat de Cicco, riche agent et producteur italo-américain, un temps marié avec Gloria Vanderbilt. « Je me souviens d'un parc gigantesque avec des magnolias de toute beauté, raconte Marisa Berenson. Arnaud avait peint les feuilles des arbres en rouge sans demander l'autorisation au propriétaire, afin de réaliser des clichés de nuit. Nous avions passé un moment incroyable. Les images étaient renversantes. »

Le lendemain, horrifié, Pat de Cicco découvre ses arbres repeints en rouge ! Il appelle Arnaud et lui demande de tout nettoyer dare-dare. Alain Bernard se souvient de l'épisode : « Arnaud a bien tenté de négocier en prétextant que la peinture allait disparaître dès la première pluie, mais le vieux s'est montré insistant. Et comme il était apparenté à Lucky Luciano et à la mafia, on a obéi sans broncher de peur que ça tourne au vinaigre. Du coup, Arnaud nous a embauchés pour l'aider. On a nettoyé chaque feuille à la main, ce qui a pris des heures. »

En septembre 1968, Arnaud revient au Pays basque pour retrouver Nat Young et sa bande de *surf bums*. Le champion australien se souvient des virées avec son copain *frenchy*, qui l'emmenait dans sa

Pour réussir cette photo publiée dans *Vogue*, Arnaud repeint en rouge tout un arbre sans autorisation à Biarritz. *(De Rosnay / Vogue ; Condé Nast)*

Jaguar E pied au plancher, d'un spot à l'autre : «J'ai passé deux mois de rêve en France. Je logeais chez les frères Lartigau. Quand il était là, Arnaud venait me chercher pour surfer ou sortir. Il était toujours aussi fou et prenait des risques au volant. Beaucoup de gens trouvaient qu'il était creux et superficiel. Pour moi, Arnaud était imprévisible, mais génial et généreux. Et puis c'était un super-photographe.»

Nat Young est entouré des cracks du surf, Ted Spencer ou Wayne Lynch qui, à dix-sept ans, remporte les Internationaux de la Barre à Anglet, à l'embouchure de l'Adour. Tous les trois tournent dans le film *Evolution*, de Paul Witzig, qui a pris l'heureuse décision de venir filmer plusieurs séquences en France. C'est un moment fondateur, comme le souligne Gibus de Soultrait : «Ce film marque une rupture dans l'histoire du surf, avec l'émergence des *shortboards*, ces planches plus courtes et maniables, qui ont ouvert la voie à un surf plus radical et créatif. La Barre est alors considérée comme l'une des plus belles vagues du monde et cet automne-là, elle fonctionne à merveille.»

Arnaud et son copain Henri Caruso en prennent plein les yeux et ne manquent pas de réaliser de somptueuses photos de Nat Young, Wayne Lynch et tous les supers *riders* australiens et américains lors de leur passage. Ces clichés seront ensuite publiés dans le magazine *Surfer*, créé et animé par John Severson. L'une des photos d'Arnaud sera même retenue pour la couverture du numéro de janvier 1969.

Événement qui n'a rien d'anodin, puisqu'il va bouleverser les destinées. En effet, à l'occasion de cette publication, Arnaud entame une relation amicale à distance avec le fameux John Severson, alors installé à Dana Point, en Californie avec sa femme Louise et leurs deux fillettes âgées de trois et cinq ans. Onze ans plus tard, l'une d'elles, nommée Jenna, sera devenue cette superbe naïade dont Arnaud va tomber éperdument amoureux.

Nat Young tapant un roller à La Barre.
Cette photo splendide d'Arnaud fit la Une de *Surfer Magazine.* *(© Collection Famille de Rosnay)*

8

Le baron à la Rolls

Le puissant vrombissement d'une moto vient troubler la quiétude des rues de Biarritz en cette matinée estivale de 1969. Avec ses lunettes Ray Ban d'aviateur sur le nez, ses cheveux blonds bouclés au vent, son corps simplement vêtu d'un short de surf australien et ses pieds nus, Arnaud de Rosnay fait une entrée tonitruante sur la promenade de la Côte des Basques au guidon de sa Kawasaki H1 Mach III de couleur verte, moto alors surnommée « Faiseuse de veuves ». Les trois cylindres deux-temps de l'engin font un boucan d'enfer. Arnaud coupe le contact et un silence bienfaisant retombe sur la plage. On entend le ressac et les rires des baigneurs en contrebas. Des paires d'yeux, séduites ou agacées, observent le manège du jeune homme avant de replonger dans leurs serviettes de bain.

Le show d'Arnaud ne fait que commencer. Après avoir déplié la béquille, il descend de son engin afin d'aller jauger les conditions de surf. C'est un jour idéal pour taquiner le *swell* (la houle). Arnaud sort un *talkie-walkie* et communique avec un certain Louis. Quelques minutes plus tard, une Rolls noire se présente à l'angle de la Villa Belza, avant de négocier élégamment les lacets qui bordent la falaise. La voiture s'arrête en douceur aux pieds du jeune homme, âgé de vingt-trois ans. Un chauffeur en costume noir et casquette en descend, après avoir fait taire le voluptueux six cylindres en ligne. Le fameux Louis, ancien de la Légion étrangère, extrait une planche de surf de l'automobile, attrape au vol un pain de *wax* et tend le tout à Arnaud. Il lui donne du « Monsieur », en veux-tu en voilà, tandis que ce dernier prépare sa planche en l'enduisant de paraffine. Après avoir enfilé un *short-john*, combinaison en Néoprène qui lui recouvre le torse, Arnaud confie les clés de sa moto à son chauffeur et s'en va prendre des vagues, tel un prince s'offrant sa chevauchée fantastique quotidienne.

Pendant ce temps, Louis patiente en briquant la Rolls ou en lustrant les pneus du carrosse avec un cirage spécial. Quand Arnaud sortira de l'eau tout à l'heure, il lui tendra un peignoir blanc brodé à ses armoiries et des serviettes en coton pour se sécher. Champagne, sodas, caviar, blinis et tarama... Au besoin, il y a tout ce qu'il faut au frais dans le coffre, pour se désaltérer et reprendre des forces. Un cérémonial insensé, mais authentique.

Grand frimeur et mégalo, Arnaud ? Honni soit qui mal y pense ! Disons plutôt qu'en 1969 le jeune homme savait soigner ses entrées et ses sorties en vraie rock star. C'est à partir de là qu'il commence à forger son personnage de baron. Sa cousine Anne, qui l'avait convié à ses noces très chics à Arcangues, au Pays basque, se souvient du scandale qu'il avait provoqué : « Il était arrivé à la messe en smoking clair avec une pochette rose, sans chemise. Des colliers indiens et un pendentif avec une icône recouvraient son torse nu et bronzé. Une partie de l'assistance lui avait jeté des regards scandalisés. Son père, Gaëtan, lui avait reproché sa mise débraillée et demandé d'aller se rhabiller sur le champ. Moi, ça ne me dérangeait pas », assure l'intéressée, encore amusée.

Durant cette période excentrique, la Rolls Royce est la cerise sur le gâteau. Lorsqu'il en prend possession, Arnaud est en pleine réussite et souhaite que ça se sache, même au prix d'une certaine démesure. Ses reportages s'arrachent dans le monde entier. Il gagne très bien sa vie. Son carnet d'adresses et son *press-book* s'étoffent un peu plus chaque jour.

En s'offrant ce palace roulant, un modèle 1954 préparé par le très chic carrossier londonien Hooper, fournisseur appointé d'Elizabeth II ou des Beatles, il réalise non seulement un rêve de gosse, mais il signe sans conteste la plus belle opération de communication de son existence. Comme le dira plus tard Daniel Nottet, ancien rédacteur en chef du magazine *Voiles et Voiliers*, qui aidera Arnaud à rédiger son autobiographie : « Ce type, quand il a une liaison, c'est avec Marisa Berenson, quand il a une voiture, c'est une Rolls : il touche toujours le plus haut dans l'imaginaire. »

Arnaud et Tatiana lors du mariage de sa cousine : sa tenue osée avait fait scandale.
(© Collection Famille de Rosnay)

Plus de quarante ans après, on en parle encore au Pays basque, et au-delà, comme Frédéric Beigbeder, dans *Un roman français* : « La plage de la Chambre d'Amour est un refuge pour romantiques indépendantistes et dragueurs nostalgiques de la Rolls Royce d'Arnaud de Rosnay. » Piège à filles ? Cette Rolls le deviendra, assurément. Elle servira même de garçonnière de luxe à l'occasion, pour des rendez-vous galants. Mais elle est bien plus que ça pour Arnaud : un instrument lui permettant de franchir les dernières marches avant de tutoyer les sommets et d'entrer dans l'intimité des grands de ce monde.

Le jeune Rastignac raconte à sa façon cette acquisition dans son autobiographie, écrite en 1980, après une polémique sur ses exploits. De toute évidence, il tente de faire profil bas, de gommer son image de dandy vaniteux et suffisant qui lui a causé tant de tort depuis qu'il a entamé une nouvelle vie de sportif et aventurier de l'extrême : « Paul-Louis Weiller m'a vendu pour 10 000 francs une antique Rolls Royce qui pourrissait au fond d'un garage. Je l'ai fait remettre à neuf, ce qui m'a coûté beaucoup plus cher, mais au moins j'avais là un objet fabuleux. Moi qui n'ai jamais eu d'appartement, par choix délibéré, je tenais avec cette Rolls, un véhicule unique dans lequel il y avait télévision, bar, radiotéléphone, toutes choses rarissimes à l'époque. J'ai pris un chauffeur. La Rolls était une carte de visite fantastique, un outil de relations publiques remarquablement efficace, mais c'était également un symbole trop éclatant aux yeux du fisc, un véhicule magnifique qui n'était pas sans susciter aussi des réactions de jalousie et, finalement, j'ai été obligé de m'en séparer. »

En 1970, Arnaud était beaucoup plus disert sur sa Rolls. Selon plusieurs témoins clés, dont son ami Jean Poniatowski, ex-directeur de *Vogue* France, la voiture appartenait bien à Paul-Louis Weiller. Après s'être couvert de gloire dans le ciel de 1914-1918 avec Guynemer, Nungesser et consorts, le Commandant (son surnom), devint, dès les années 1930, un riche industriel à l'origine de la création

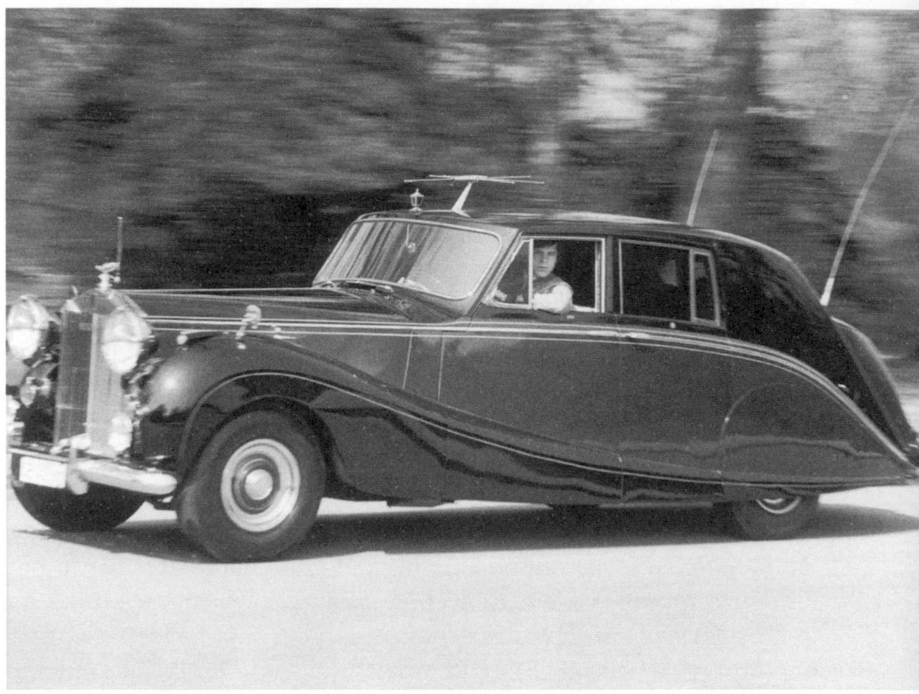

La Rolls Royce Silver Wraith d'Arnaud. Il n'a alors que 23 ans. *(© Collection Famille de Rosnay)*

d'Air France et du motoriste Snecma, aujourd'hui partie intégrante du groupe Safran. « Paul-Louis Weiller était un homme influent, généreux, fin et cultivé, explique Jean Poniatowski. Un grand collectionneur et un philanthrope. Arnaud le distrayait. Il s'était pris d'affection pour lui. Au-delà des générations qui les séparaient, ils partageaient la même flamboyance, un côté fantasque, mondain, et la passion des jolies femmes. »

Si Arnaud a acquis la Rolls à bon prix, il n'a pas lésiné sur la dépense lors de sa restauration. En plus du bar, de la télévision et du radiotéléphone cités plus haut, il l'a équipée d'un autoradio à tête chercheuse électronique, d'un émetteur-récepteur relié à son domicile, d'un lecteur de cassettes huit pistes, de six enceintes, d'un détecteur de verglas et de radars. Arnaud se sert de la Rolls comme bureau roulant où il peut visionner ses diapos sur une tablette lumineuse encadrée de ronce de noyer, ou bien déguster une coupe de champagne avec un client grâce au bar aménagé dans le coffre, tapissé par Vuitton. Sur les montants latéraux capitonnés, il a accroché de précieuses estampes érotiques hindoues offertes par un maharadjah, dissimulées par des rideaux de soie verte.

Cerise sur le gâteau, des gadgets qui montrent qu'Arnaud ne se prend pas trop au sérieux : la Rolls dispose de six avertisseurs à tonalités variables, allant du hennissement de cheval à la sirène de police, ainsi que les deux haut-parleurs dissimulés. Ils permettent au jeune homme facétieux d'entrer en relation avec la rue. Pour dérider les passants, il lui arrive ainsi de passer un disque d'éclats de rire.

« Le grand jeu dans Paris le dimanche, consistait à nous balader avec plein de copains dans la Rolls d'Arnaud et de multiplier les gags et provocations, se souvient Henri Caruso. Planqués derrière les vitres fumées, nous commencions par faire la sortie des églises où nous repérions une famille bien coincée. Arnaud nous demandait alors de secouer la voiture et il passait un enregistrement d'un couple en train de faire l'amour. Les pauvres gens dans la rue ne savaient plus où se mettre ! Dès qu'on voyait des jolies filles, on les interpellait au micro, en leur faisant un compliment. Quand un fâcheux se traînait devant nous, on lui demandait de pousser son tas de ferraille. Arnaud avait également récupéré des vieux combinés téléphoniques. Au feu rouge, vitre ouverte, il déclenchait une sonnerie, tendait le combiné au conducteur dans la voiture d'à côté en lui disant : « Tenez, c'est pour vous ! » avant de démarrer en trombe. La plupart du temps le mec restait comme un con avec son combiné dans la main et le fil qui pendouillait ».

Bois précieux, téléphone, *talkie-walkie*, sirènes et haut-parleur extérieur, minibar et stéréo, Arnaud ne s'était refusé aucun gadget dans sa Rolls.
(© Collection Famille de Rosnay)

À cette époque, Arnaud aime se faire photographier dans sa Rolls et y invite des journalistes. En 1969 et 1970, il a droit à des reportages dans le journal *Sud Ouest* et dans *Paris Match*. Christian Bombédiac, alors journaliste détaché pour le quotidien régional sur la Côte basque, raconte, avec une pointe d'ironie, les folies du baron lors de la visite guidée du carrosse : « Il avait une petite lampe sur le toit. C'était la lanterne du maître : quand elle s'allumait, actionnée par le chauffeur, elle prévenait le maître qu'on le réclamait au téléphone. Arnaud expliquait à quel point c'était pratique lorsqu'il assistait à une réception : "Je me penche par une fenêtre et je m'assure que tout va bien à bord" disait-il simplement. »

Arnaud en rajoute même une louche dans *Paris Match*, où il révèle qu'il prête régulièrement son carrosse à la duchesse de Windsor, « qui l'adore » (la Rolls). « Actuellement, combien vaut ton bureau à roulettes ? » demande le journaliste. « Dean Martin m'en a proposé 300 000 francs. J'ai refusé », répond Arnaud, blasé. Cette Rolls portait un patronyme prémonitoire : Silver Wraith, que l'on peut traduire par *Spectre d'argent* ou *Apparition argentée*. Elle continuera longtemps à hanter notre imaginaire, car Arnaud l'a photographiée sous toutes les coutures, notamment avec Marisa Berenson allongée en tailleur Chanel sur la peau de léopard qui recouvrait la banquette arrière, lors d'une série pour *Vogue*. Ce sera l'une des dernières fois où les deux amants collaboreront, comme le dit Arnaud : « Nous avions traversé ensemble la Terre entière ; mais maintenant Marisa rencontrait un succès mérité dans son travail et nous ne nous croisions plus que trop rarement, entre deux voyages. Ainsi, doucement, mon premier amour est sorti de ma vie. »

Aujourd'hui, Marisa n'a pas la même lecture des événements : « J'ai quitté huit fois Arnaud et nous nous sommes réconciliés sept fois. Mais la huitième, je ne suis pas revenue, même si j'avais alors l'impression qu'il était l'amour de ma vie. » Après des années d'une liaison tumultueuse et un parcours parsemé de turbulences, après

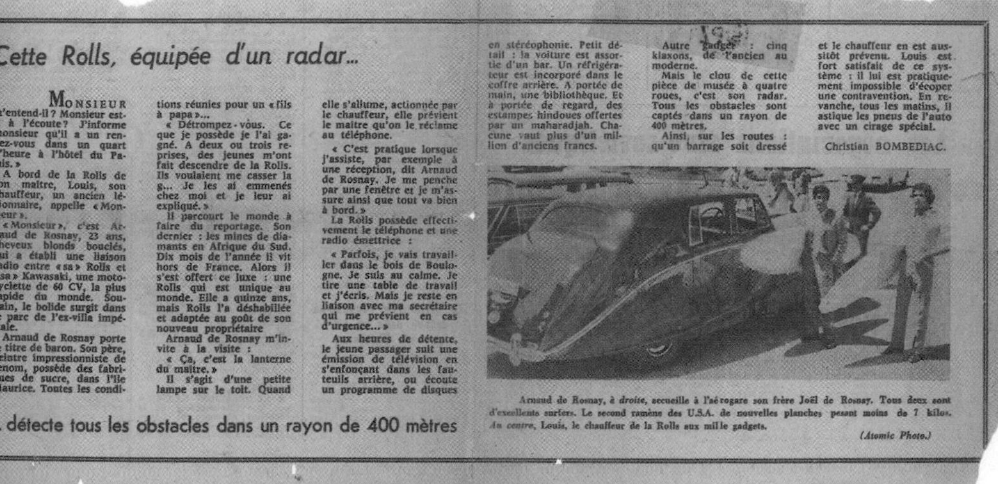

Cette Rolls, équipée d'un radar...

MONSIEUR ı'entend-il ? Monsieur est- à l'écoute ? J'informe ıonsieur qu'il a un ren- ez-vous dans un quart 'heure à l'hôtel du Pa- ıis. »

A bord de la Rolls de ɔn maître, Louis, son haufeur, un ancien lé- ionnaire, appelle « Mon- ieur ».

« Monsieur », c'est Ar- aud de Rosnay, 23 ans, heveux blonds bouclés, ui a établi une liaison adio entre « sa » Rolls et sa » Kawasaki, une moto- yclette de 60 CV, la plus apide du monde. Sou- ain, le bolide surgit dans parc de l'ex-villa impé- iale.

Arnaud de Rosnay porte titre de baron. Son père, eintre impressionniste de enom, possède des fabri- ues de sucre, dans l'île Maurice. Toutes les conditions réunies pour un « fils à papa »...

« Détrompez-vous. Ce que je possède je l'ai gagné. A deux ou trois reprises, des jeunes m'ont fait descendre de la Rolls. Ils voulaient me casser la g... Je les ai emmenés chez moi et je leur ai expliqué. »

Il parcourt le monde à faire du reportage. Son dernier : les mines de diamants en Afrique du Sud. Dix mois de l'année il vit hors de France. Alors il s'est offert ce luxe : une Rolls qui est unique au monde. Elle a quinze ans, mais Rolls l'a déshabillée et adaptée au goût de son nouveau propriétaire

Arnaud de Rosnay m'invite à la visite :

« Ça, c'est la lanterne du maître. »

Il s'agit d'une petite lampe sur le toit. Quand elle s'allume, actionnée par le chauffeur, elle prévient le maître qu'on le réclame au téléphone.

« C'est pratique lorsque j'assiste, par exemple à une réception, dit Arnaud de Rosnay. Je me penche par une fenêtre et je m'assure ainsi que tout va bien à bord. »

La Rolls possède effectivement le téléphone et une radio émettrice :

« Parfois, je vais travailler dans le bois de Boulogne. Je suis au calme. Je tire une table de travail et j'écris. Mais je reste en liaison avec ma secrétaire qui me prévient en cas d'urgence... »

Aux heures de détente, le jeune passager suit une émission de télévision en s'enfonçant dans les fauteuils arrière, ou écoute un programme de disques en stéréophonie. Petit détail : la voiture est assortie d'un bar. Un réfrigérateur est incorporé dans le coffre arrière. A portée de main, une bibliothèque. Et à portée de regard, des estampes hindoues offertes par un maharadjah. Chacune vaut plus d'un million d'anciens francs.

Autre gadget : cinq klaxons, de l'ancien au moderne.

Mais le clou de cette pièce de musée à quatre roues, c'est son radar. Tous les obstacles sont captés dans un rayon de 400 mètres.

Ainsi, sur les routes : qu'un barrage soit dressé et le chauffeur en est aussitôt prévenu. Louis est fort satisfait de ce système : il lui est pratiquement impossible d'écoper une contravention. En revanche, tous les matins, il astique les pneus de l'auto avec un cirage spécial.

Christian BOMBEDIAC.

Arnaud de Rosnay, à *droite*, accueille à l'aérogare son frère Joël de Rosnay. Tous deux sont d'excellents surfers. Le second ramène des U.S.A. de nouvelles planches pesant moins de 7 kilos. *Au centre*, Louis, le chauffeur de la Rolls aux mille gadgets.

(Atomic Photo.)

... détecte tous les obstacles dans un rayon de 400 mètres

Paris Match et même *Sud Ouest* racontent les aventures de la Rolls. Une légende est née. *(© Archives Quotidien Sud Ouest)*

ces huit ruptures pas toujours en douceur, le jeune homme à la Rolls accepte mal l'éloignement de sa muse et il n'aura pas toujours une attitude de gentleman. Touché dans son amour-propre, il relance Marisa en vain et se venge en vendant aux magazines *Lui* et *Stern*, une série de photos de ses nus. L'affaire fait grand bruit. Les parents de David de Rothschild, avec lequel Marisa a refait sa vie, s'étranglent, alors qu'on parlait mariage. Sur le coup, Marisa ne lui pardonnera pas et réglera l'affaire par avocats interposés. Trente ans plus tard, elle a tout de même retenu quelques-unes de ces très belles photos volées, prises sur une plage, pour son livre *Life in Pictures*, dont la couverture est aussi signée de son premier compagnon.

Arnaud mettra des années à se consoler de sa belle histoire avec Marisa. Cette rupture marque quasiment un coup d'arrêt dans sa brillante carrière de photographe de mode. « Il réalisera de superbes

Après sa rupture avec Marisa, Arnaud publie dans *Stern* et *Lui* une magnifique série de nus de son ex, sans lui demander la permission. Le scandale se termine devant les tribunaux. *(© Collection de l'auteur / Magazine* Lui*, n° 84, janvier 1971)*

lui
LE MAGAZINE DE L'HOMME MODERNE
POUR
OU CONTRE
LA LIBERATION DE
LA FEMME

clichés avec Lauren Hutton, Françoise Hardy, Cher, Anjelica Huston et d'autres filles sublimes. Mais ses photos n'avaient plus la même aura. La magie s'était envolée», observe Marisa.

Il s'étourdit alors dans les fêtes, s'affiche dans *Paris Match* habillé d'un cafetan de velours noir brodé à Marrakech, pour une série sur les nouveaux dandys, il en fait des tonnes. Quelque temps après leur séparation, Marisa le croise chez Maxim's, l'une de ses tables favorites. «Il est arrivé avec son chauffeur, Louis, qui portait une mallette. Arnaud a demandé au maître d'hôtel que l'on dresse sa table avec ses couverts en vermeil gravés à ses armoiries. Il a fait tout un cinéma. Il voulait en mettre plein la vue à tout le monde, dont moi. J'étais vraiment gênée. J'avais de la peine pour lui.»

L'amant éconduit se consolera un temps avec une superbe *top model* californienne, Windsor Elliott. «On disait que cette fille me ressemblait beaucoup. Arnaud me recherchait sans doute encore à travers elle», remarque Marisa. Cette nouvelle conquête connaît une ascension fulgurante, trustant quatre couvertures de *Vogue* fin 1969, début 1970, avant de s'évanouir des écrans radars de la mode, suite à sa rencontre avec le Christ. Windsor a raconté avoir entamé cette conversion lors d'un bal costumé à Paris, chez le peintre Salvador Dalí, où elle s'était rendue aux bras d'Arnaud. Pour elle, ce soir-là, les masques étaient tombés. Elle n'avait eu qu'une envie : «Fuir ces personnages superficiels aux yeux bouffis par l'alcool et les drogues, devenus des caricatures d'eux-mêmes, comme le pauvre guépard du maître, auquel on avait retiré les griffes et les crocs, qui tournait en rond au bout de sa laisse.» Pas encore rassasié des mondanités, prisonnier de son personnage de baron à la Rolls, Arnaud attendra dix ans de plus pour connaître le même dégoût.

Arnaud looké avec Windsor Elliott, *cover-girl* avec laquelle il tente de se consoler de Marisa. Il photographie Françoise Hardy et Lauren Hutton pour *Vogue*. *(De Rosnay / Vogue ; © Condé Nast)*

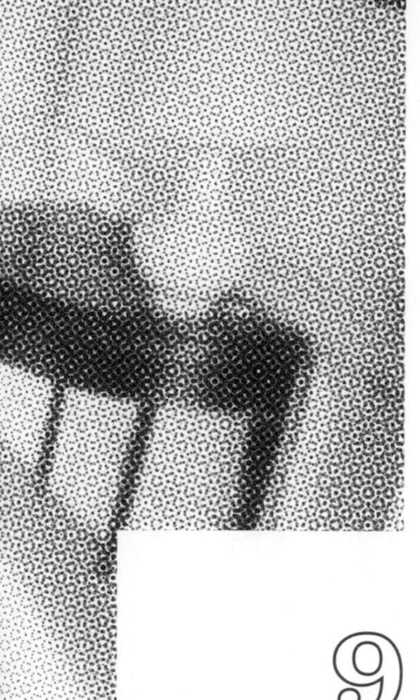

9

Le Gatsby des seventies

C'est une séance photo subaquatique imaginée par Arnaud pour *Vogue*, lors de son grand reportage à travers l'Australie en 1967 : une plongée au milieu des requins-bouledogues avec un *top model* et un Australien, champion du monde d'apnée. Voilà dix minutes que l'équipe réalise des images par quinze mètres de fond. Les squales tournent en cercles de plus en plus serrés autour d'Arnaud et de son guide. Ce dernier fait signe qu'il devient plus sage de remonter à la surface. Au départ, Arnaud a refusé le caisson de protection que voulaient lui imposer les autorités, et il a même signé une décharge afin d'être collé à son sujet. Les squales, maintenant au nombre de six ou sept, se montrent de plus en plus pressants. En dépit de la protection en verre qui l'isole des dangereux prédateurs, la jeune mannequin qu'Arnaud mitraille sous toutes les coutures est terrorisée. Derrière la vitre de son masque de plongée, la fille roule des yeux affolés. Ce n'est bon ni pour les photos, ni pour l'ambiance. Les bouledogues le sentent et deviennent carrément nerveux. Il est temps de remonter en surface.

Durant toute sa carrière internationale de chasseur d'images, Arnaud a vécu des expériences intenses et s'est retrouvé, plus d'une fois, dans des situations extrêmes, dignes de James Bond ou des héros de la pétillante série de l'époque, « Amicalement Vôtre » (Roger Moore et Tony Curtis). Interrogé en 1971 dans le magazine *Photo*, alors dirigé par son ami Roger Thérond, un grand monsieur de la presse qu'il avait connu à *Paris Match*, Arnaud raconte cet épisode avec un flegme tout britannique (lui qui développera pourtant une phobie des requins quelques années plus tard, lors de sa traversée du Pacifique), mais comme il l'explique : « Il s'est passé une chose très curieuse : lorsqu'on est derrière sa caméra et qu'on est passionné par ce qu'on photographie, on ignore le danger. On ne se rend absolument pas compte des risques. Et ça, les requins le sentent, et ils ne vous agressent pas. (...) Il se passe la même chose pour les photographes de guerre. Quand on leur tire dessus, ils se disent : "Ça passera à côté !". »

Tout Arnaud est là. Le jeune homme n'a que vingt-cinq ans lorsqu'il livre cet entretien, mais il montre déjà une vraie maturité et un superbe tableau de chasse, digne d'un vieux routier de la photo. Le journaliste qui dresse son portrait, probablement Roger Thérond lui-même, évoque alors un jeune type « bien dans sa peau », qui fait des « photos jubilatoires, parfois périlleuses aussi, puisque de Rosnay ne craint pas plus de se baigner parmi les requins mangeurs d'hommes pour une belle image, que de s'exposer (en toute candeur) aux piranhas de la critique... ».

Au rang des coups fumants réalisés dans sa période dorée, de 1966 à 1974, le jeune Arnaud a accompagné les Beatles en Inde lors de leur retraite avec le gourou Maharishi Mahesh, partageant ainsi l'intimité de Paul McCartney, Georges Harrison, Ringo Starr et John Lennon, qui était alors en pleine crise mystique.

Grâce à ses contacts haut placés et son culot, Arnaud a également été le premier photographe de mode à se rendre en Union soviétique afin d'y réaliser un reportage avec de superbes mannequins russes, des jeunes femmes qui seront plus tard très recherchées par les grands couturiers et les magazines.

Visionnaire, Arnaud est aussi conscient de sa bonne étoile : « À cette époque, au tournant des années 1970, le photographe était encore entouré d'une aura toute particulière. Une photographie, que ce soit de mode ou de reportage, était perçue magiquement, c'était le symbole d'une vie brillante et aventureuse. Il y avait la mystique du photographe. Peu de gens manipulaient bien cette technique, et les voyages très coûteux étaient parés de tous les prestiges. »

Un joli coup d'Arnaud. À 17 ans, il accompagne John Lennon et Georges Harrison des Beatles en Inde, dans l'ashram de Maharishi Mahesh Yogi. *(© Collection Famille de Rosnay)*

Grâce à son carnet d'adresses bien fourni, Arnaud accumule les scoops et pénètre dans des lieux jusque-là interdits aux journalistes. « Je suis allé au cœur du Kremlin photographier les joyaux des tsars. Dans les réserves de banques d'Australie, j'ai été confronté à de véritables labyrinthes aux murs pavés de briques d'or pur. » Les diamants, les perles, « tout ce qui parle à l'imaginaire fascine », analyse Arnaud, qui a compris comment toucher le maximum d'audience avec ses images : en jouant aussi sur les émotions.

Entre 1971 et 1972, malgré son jeune âge, Arnaud réussit à convaincre la prestigieuse firme de joaillerie de Beers, puissant conglomérat sud-africain, de l'envoyer sur la piste des diamants à travers le monde, des mines sud-africaines à celles des maharadjahs de Baroda et de Gwalior. En Inde, il sera l'un des premiers Européens à descendre dans les entrailles des mines de Goldrond, où l'on extrait des diamants d'une grande pureté. Le voilà Indiana Jones ! Cette enquête au long cours représentera un an et demi de travail, et aura un retentissement dans trente-trois pays, relayée par les plus grands magazines de l'époque, de *Time Life* aux USA, à *Epoca* en Italie, en passant par *Paris Match*, *Stern*, *Look*, *Venture*, *Manchete*, *Newsweek*, *National Geographic*.

« Trente ans plus tard, on se demande encore comment de Rosnay a fait pour ouvrir toutes ces portes », souligne admiratif, un Néerlandais, grand expert en diamants. « Il a forcément eu des appuis politiques ou venant de personnes très puissantes. On ne pénétrait pas comme ça, ni dans le saint des saints du trésor iranien, encore moins au cœur du Kremlin. Et puis les collections de diamants qu'il présentait étaient hors du commun. » Arnaud restera toujours discret sur ses sources, mais il est probable que pour lui ouvrir les portes de l'URSS, son ami Pierre Cardin a joué un rôle clé, ainsi que sa famille d'origine russe.

Non seulement le journaliste se joue des barrières et des interdits, mais il rapporte des photos qui sont de véritables exclusivités, avec des mises en scène recherchées. « En Iran, quatre ministres et quarante policiers ont surveillé les seules prises de vue jamais faites des fabuleuses perles du trésor iranien », explique Arnaud. Ce dernier n'a pas le trac face à ces sujets : « Les ministres et les maharadjahs que j'allais photographier étaient étonnés de voir quelqu'un d'aussi jeune faire clic-clac devant eux. Mais, à partir du moment où l'on sait ce qu'on veut, et c'était mon cas, on cesse d'être intimidé. »

Au fil de l'interview dans *Photo*, Arnaud se révèle sûr de lui, inspiré, jamais langue de bois, ce qui est rare pour l'époque. « Dans la vie, il faut savoir si l'on veut plaire au public, si l'on veut gagner de l'argent ou si l'on veut réaliser des photos pour soi-même. Les trois sont assez incompatibles. Au début, j'ai fait ce qui me plaisait, à moi seul. Ensuite, j'ai essayé de plaire au public. Maintenant, je fais des photos pour gagner de l'argent. » Art Kanc, Guy Bourdin, Richard Avedon, sont les grands noms qui l'ont inspiré. Mais sa référence absolue, c'est Cartier-Bresson. « Il est *le* photographe. Il saisit un instant d'un événement qui ne se reproduira plus. »

Dès cette époque, Arnaud rêve de cinéma, de « quelque chose de tout à fait nouveau », un grand film qui sorte de l'ordinaire. Peut-être serait-il parvenu à ses fins s'il avait pu mettre son incroyable énergie au service du septième art, plutôt que de se lancer dans des défis sportifs qui allaient le conduire à la surenchère, jusqu'à mettre son existence en danger. « J'aimerais passer quelques jours sur un plateau avec Visconti ou surtout Polanski. Eux seuls connaissent parfaitement leur art. Je continue néanmoins la photo, car j'ai maintenant, à vingt-cinq ans, beaucoup plus la possibilité de choisir ce que je veux faire. Aujourd'hui, je suis complètement libre. »

Séquence frisson lors d'un *shooting* photo sous-marin en Australie.
Le mannequin est derrière une vitre, Arnaud, lui, avec les requins-bouledogues.
(© Collection Famille de Rosnay)

La saga des diamants. Ce grand reportage d'Arnaud, pour lequel il obtiendra des autorisations exclusives, fera sensation au début des années 1970.

(© Magazine Epoca)

Cette liberté, Arnaud la met au service d'expériences inédites et en se tournant vers de nouveaux horizons. En plus de la photo, il mène, on le sait, une intense vie mondaine, il a ses entrées dans la *jet-set* et la nuit parisienne. Cela va le conduire à ajouter une nouvelle corde à son arc, celle d'expert en relations publiques.

« Ma première entreprise a été attachée au domaine de mon enfance, raconte Arnaud. Le reportage sur *Paul et Virginie* avait projeté l'île Maurice dans les pages des magazines les plus lus. Le gouvernement mauricien m'a offert un rôle de conseiller spécial chargé de la promotion et du lancement de l'île. » Mission qui va durer officiellement de 1969 à 1973. Pour son premier voyage organisé, Arnaud rassemble, via le Maxim's Business Club, un groupe de quatre-vingt-dix banquiers et chefs d'entreprise français. Jean Poniatowski est du voyage. « Arnaud avait embarqué aussi des *people* dont Ira de Furstenberg et Christina Onassis. Manque de chance, je fus rappelé en France d'urgence, à peine deux heures après avoir posé le sol à Maurice, en raison d'un deuil familial. Arnaud réussit à faire attendre l'avion d'Air France pour que je puisse repartir. En dépit de ce contretemps personnel, j'ai eu des échos très élogieux du voyage. L'île Maurice est devenue une destination haut de gamme à la mode. »

Arnaud va alors mettre la barre plus haut encore, en faisant venir dans l'océan Indien des personnalités de premier plan dans les nouveaux hôtels de luxe tout juste ouverts au bord des lagons. Il peut compter sur la complicité de Sir Gaëtan Duval, alors jeune ministre en charge du tourisme, surnommé plus tard « le roi des créoles ». Les deux hommes vont réussir un très joli « coup mondain » en faisant venir à l'île Maurice la plus grande star française

Chez Castel ou chez Régine, Arnaud (ici avec Marisa) est le prince de la nuit.
(© Jean-Claude DEUTSCH / PARIS MATCH / SCOOP)

I
LIKE
SEX

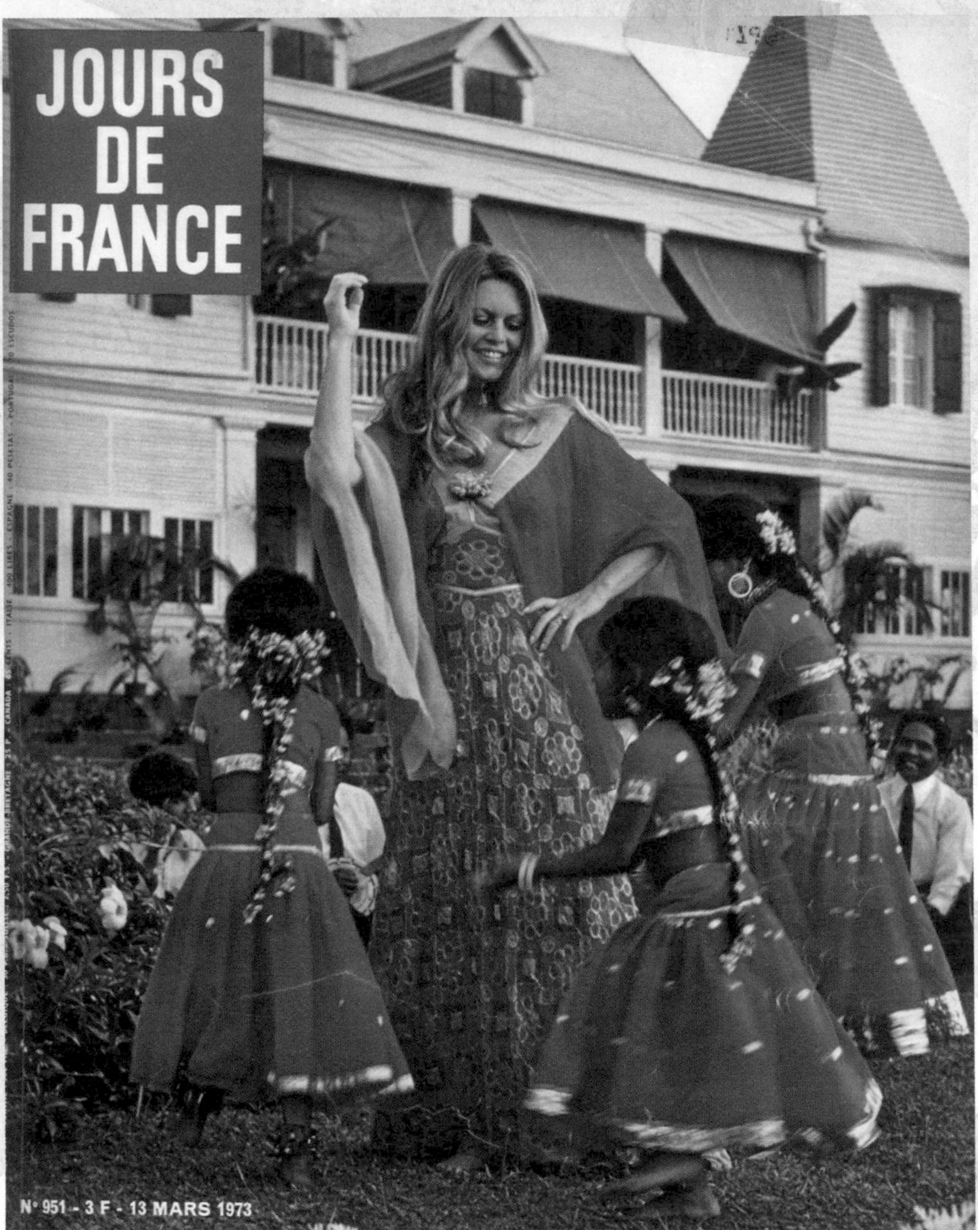

BRIGITTE A L'ILE MAURICE

de tous les temps : Brigitte Bardot. Toute la presse internationale va parler de ce voyage, placé sous le signe de *Paul et Virginie*, le célèbre roman de Bernardin de Saint-Pierre.

Puis B.B. débarque, accompagnée de Laurent Vergès, son chevalier servant de l'époque. Ultra-glamour, elle éclipse tous les autres invités. Elle s'offre quelques caprices, pas bien méchants, boudant le ministre des Affaires étrangères à l'aéroport international de Maurice, snobant un dîner officiel organisé en son honneur. Arnaud va retourner cette situation à son avantage. Le buzz médiatique est très positif. Les images idylliques des dîners sur le sable de l'île aux Cerfs, la chasse aux coquillages, la soirée au château de la Villebague, fief des de Rosnay, sont la récompense d'Arnaud.

Plus tard, il sera approché par les autorités sud-africaines pour rééditer ce genre d'opération. Son professionnalisme fait des merveilles. En 1974, à la demande d'Antenor Patino, grand-père de sa première épouse Isabel, il se charge du lancement d'un complexe de grand luxe au Mexique, baptisé *Las Hadas*, enchâssé dans un site paradisiaque sur la côte Pacifique. Un véritable caprice de milliardaire avec marina, palmeraie, villas de haut standing disposées en terrasses, que s'est offert l'ancien play-boy sud-américain, richissime homme d'affaires qui possède des mines d'étain en Bolivie. Arnaud loue cinq avions à la compagnie Aeromexico pour amener les invités d'Europe, rien que des *beautiful people*.

Feux d'artifice, buffets délirants, soirées endiablées. Organisée avec maestria, la fête est baptisée «Le Bal du siècle» par les journalistes présents sur place. «Les journaux du monde entier ont rendu compte de cet événement sur une surface rédactionnelle

Ce séjour de B.B. à l'île Maurice va lancer le tourisme local, une opération de relations publiques signée Arnaud de Rosnay.
« avec l'aimable autorisation du groupe Figaro »

Lors du lancement du complexe touristique Las Hadas, avec Antenor Patino.
(© Collection Famille de Rosnay)

équivalent à une valeur de dix-huit millions de dollars» souligne Arnaud, pas peu fier. Le retour sur investissement est bon pour Antenor Patino et ses amis businessmen sud-américains au look de barons peu recommandables, il faut bien le dire. Impressionné, le président mexicain Miguel Aleman Valdez, propose dans la foulée à Arnaud un poste de conseiller spécial du gouvernement pour le tourisme en 1974. C'est un peu la folie des grandeurs, une plongée dans un sacré panier de crabes !

Arnaud avec Antenor Patino et Isabel Goldsmith, sa première femme, en habit de lumière.
(© Collection Famille de Rosnay)

Entouré d'un aréopage de blondes et brunes capiteuses que l'on dirait tout droit sorties du manoir Play-Boy de son nouvel ami Hugh Hefner, vêtu de tuniques brodées hippie-chic, coiffé à la Mike Brant, Arnaud pose tel un *Tycoon* ou un Gatsby des seventies, sur fond de Pacifique, cigare au bec. Il semble alors au zénith de sa gloire, d'autant que, le 28 juin 1973 en l'église Sainte-Clotilde de Paris, il épouse en grande pompe Isabel Goldsmith Patino, ravissante brune et beau parti, lors d'un mariage ultra chic et très médiatisé.

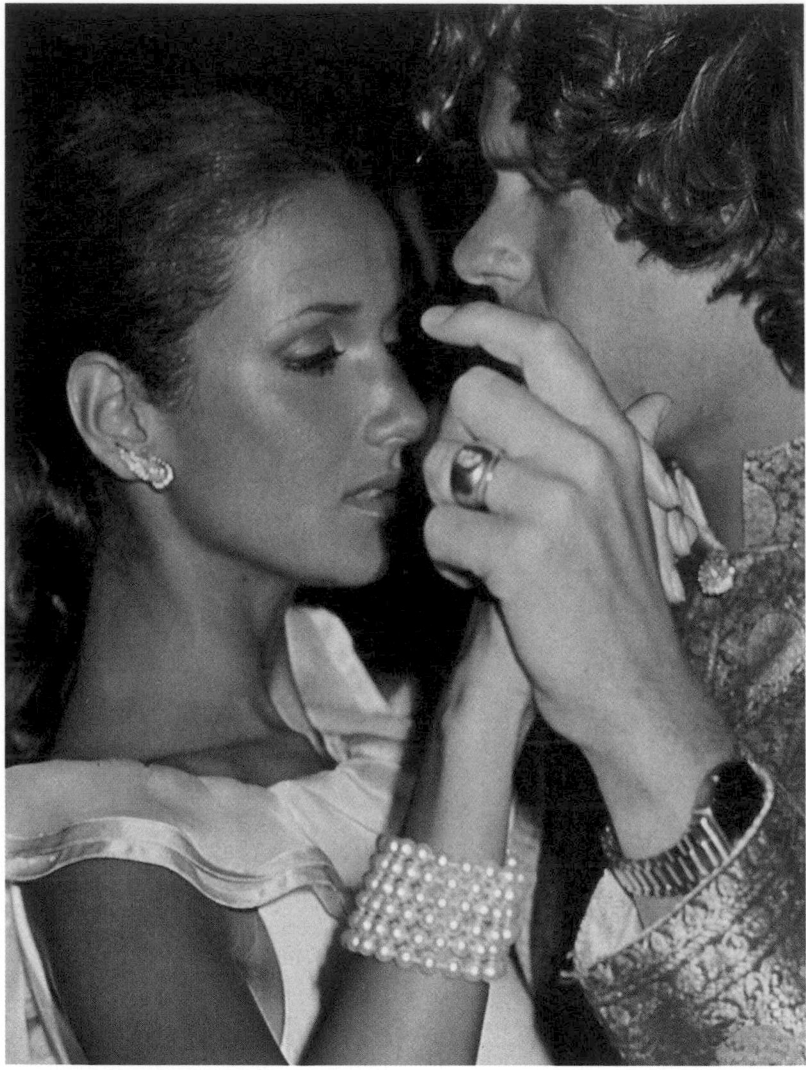

Danse avec Isabel Goldsmith,
les regards trahissent une certaine tension au sein du couple. *(© Collection Famille de Rosnay)*

Arnaud en bonne compagnie à Las Hadas :
il forçait son accent français pour tomber les princesses. *(© Collection Famille de Rosnay)*

Cette union devait représenter le couronnement de ses ambitions. Isabel est la fille d'un magnat de la presse et de l'industrie pharmaceutique, Jimmy Goldsmith, et la petite-fille du fameux *señor* Antenor Patino. Ce jour-là, Arnaud aurait dû être l'homme le plus heureux du monde et pourtant, sur certains clichés de l'époque, une ombre triste assombrit déjà le bleu de son regard.

L'aimait-il vraiment ? Quand il se marie avec Isabel Goldsmith-Patino, Arnaud a encore Marisa dans la peau. *(© Michel GINFRAY / GAMMA RAPHO)*

10

Flambeur et séducteur

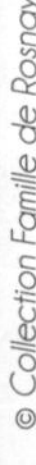

Île Maurice, printemps 1976. Arnaud de Rosnay s'éveille paresseusement dans la luxueuse suite d'un complexe hôtelier de la péninsule de Belle-Mare. Grâce à son statut de «conseiller spécial du ministre du Tourisme» des années 1969-1973, il a ses entrées dans les palaces de l'île. Son travail de *public relation* et de chargé de promotion a fait des merveilles et rapporté beaucoup de devises à l'île Maurice en sept ans. La terre de ses ancêtres va devenir l'une des destinations classées au top mondial pour une clientèle aisée en quête d'exclusivité et de farniente haut de gamme. Arnaud, qui fourmille d'idées, saute d'un projet à l'autre.

Depuis trois ans, voilà qu'il s'est lancé dans de nouvelles et fastueuses aventures complètement différentes, avec la promotion du jeu de backgammon en Europe dès 1974, puis, l'année suivante, la conception et le lancement de Pétropolis, un jeu de société qu'il a lui-même conçu et imaginé. Au moment où il s'éveille, 800 000 exemplaires se sont déjà écoulés dans trente-trois pays. De son lit à baldaquin en *mahogany* (acajou) d'inspiration néocoloniale, Arnaud aperçoit le lagon vert émeraude entre les palmes du jardin. Derrière la barrière de corail, le bleu profond de l'océan Indien l'aimante irrésistiblement.

Après un copieux petit déjeuner créole agrémenté de papaye fraîche, arrosée d'une larme de citron vert, Arnaud ira peut-être surfer dans la baie de Tamarin, ou bien naviguer sur son *Hobie-Cat* dans le lagon, histoire de se dépenser physiquement et retrouver le contact avec l'océan. Maintenant qu'il a bien bossé, il mérite un peu de détente. Il a surtout besoin de se changer les idées. Toute sa vie est partie à un train d'enfer, avant d'être chamboulée par son mariage princier avec Isabel Goldsmith-Patino en 1973, époque à laquelle Arnaud a abandonné son métier de photographe de mode et de reporter. Il partage désormais son temps entre les jeux, les relations publiques et les affaires, qui ne sont pas toujours assez florissantes à son goût, mais exigent énormément d'énergie et d'attention.

Pendant que ses pensées vagabondent, Arnaud laisse courir sa main sur le dos bronzé de sa compagne d'une nuit, qui somnole encore à ses côtés, dénudée et alanguie. Au cœur de cette décennie 1970, sa vie sentimentale est tourbillonnante et instable. Il enchaîne les aventures, comme il l'avait fait après s'être séparé de Marisa Berenson. Brunes et blondes, métisses et Orientales, Latinos et Slaves, Françaises et étrangères, toutes les jolies filles ont leur chance. Cette fois, c'est une ravissante blonde nordique, rencontrée deux jours auparavant au bar du Saint-Géran, qui bénéficie de ses faveurs. Après avoir siroté des cocktails, tous deux avaient rejoint la terrasse du restaurant pour un dîner romantique. Elle avait dégusté une langouste grillée. Lui avait opté pour la *pizza Naans* (comme son fameux surnom) et un *cari zourite* (curry de poulpe) lui rappelant son enfance. Le couple s'était ensuite offert une folle nuit dans le casino du coin et quelques pas de danse en discothèque, avant de rejoindre leur suite.

Arnaud est à nouveau un cœur à prendre. Il est en instance de divorce avec Isabel Goldsmith, dont il s'est séparé quelques mois plus tôt. « Elle, la couche-tard, moi le lève-tôt : la mayonnaise n'avait pas pris entre nous », explique l'intéressé. L'histoire est sans doute plus subtile. Pour ses proches, ce mariage entre deux êtres si dissemblables, deux personnalités aux antipodes, était d'emblée voué à l'échec. Arnaud avait encore Marisa dans la peau. Il aurait même imposé à Isabel des photos de son premier amour sur les murs de leur appartement, dont la série de nus publiés dans *Lui* et *Stern*. Et puis le jeune homme ne tient pas en place. Il est dur à suivre avec ses quinze idées à la minute, ses projets pharaoniques, ses folles entreprises où il s'investit corps et biens. Enfin, comment ne pas être jalouse lorsque toutes les femmes, ou presque, tombent en permanence à ses pieds sans effort de sa part ?

EX-QUEEN Soraya of Iran and Baron Arnaud de Rosnay dining at one of the world's most exclusive restaurants — Maxim's in Paris where the Jet Set wash down their caviare with expensive French wines.

Arnaud, une mine d'or pour les tabloïds.

« Il est grand, élégant, voyage dix mois sur douze et organise de somptueuses fêtes pour ses ami(e)s, fréquente la magnifique Brigitte Bardot, l'ex-impératrice Soraya d'Iran, la princesse Ira de Furstenberg, Christina Onassis, l'héritière la plus riche du monde. Derrière l'apparence d'un homme distingué aux tenues raffinées, il dégage toute la séduction sauvage d'un Mick Jagger. Ses yeux sont aussi bleus que son sang et, à chaque fois qu'il croise les miens, j'ai la sensation de me liquéfier dans son verre de whisky-soda. » Voici comment Beverly Gilligan décrit Arnaud à l'époque. Cette journaliste britannique, à la plume coquine, dresse dans son journal le portrait d'un tombeur absolu. Leur rencontre a eu pour cadre l'une de ces soirées pétillantes et superficielles où l'on peut croiser le baron. Ce dernier préside le jury du concours *Fun in the Sun* qui a pour cadre Johannesburg en Afrique du Sud. Arnaud est alors considéré comme l'un des *bachelors* (célibataires) les plus convoités de la jet-set.

Ses soirées de rêve organisées pour l'île Maurice et le Mexique, sa collaboration avec l'Afrique du Sud, ses campagnes de *self promotion* dans la presse pour lancer ses jeux de backgammon ou Pétropolis, ont défrayé la chronique et magnifié son prestige. La réputation d'Arnaud dépasse désormais le simple cercle parisien. Il amuse, intrigue, séduit. Son assurance, son physique et son titre de baron font se pâmer les femmes qui déploient des trésors de séduction pour l'attirer dans leurs lits.

Au cours des années 1970, Arnaud est un Don Juan de classe mondiale. «Il n'avait qu'à claquer des doigts et les filles tombaient comme des mouches», raconte avec amusement sa nièce Tatiana qui l'a vu à l'œuvre. Toujours discret sur ses conquêtes, en vrai gentleman, Arnaud s'expose malgré tout en photo dans la presse en très bonne compagnie.

«Même du temps de sa liaison avec Marisa, il lui arrivait de flirter avec d'autres filles, des mannequins, des actrices, des femmes du monde. Cela rendait Marisa folle de jalousie», souligne un proche. Tatiana de Rosnay se souvient d'avoir vu Arnaud au bras de la jeune princesse Caroline de Monaco. Dans ses mémoires, la comédienne Anjelica Huston, qu'il a photographiée, raconte qu'elle aussi a succombé aux sortilèges du baron.

Joël de Rosnay évoque ainsi son séducteur de frère : «Il lui est parfois arrivé de prendre des risques insensés pour sortir avec des femmes qui étaient mariées à de hautes personnalités ou des hommes d'affaires en vue, parmi lesquels des marchands d'armes ou des hommes politiques du Moyen-Orient.» Inévitablement, il

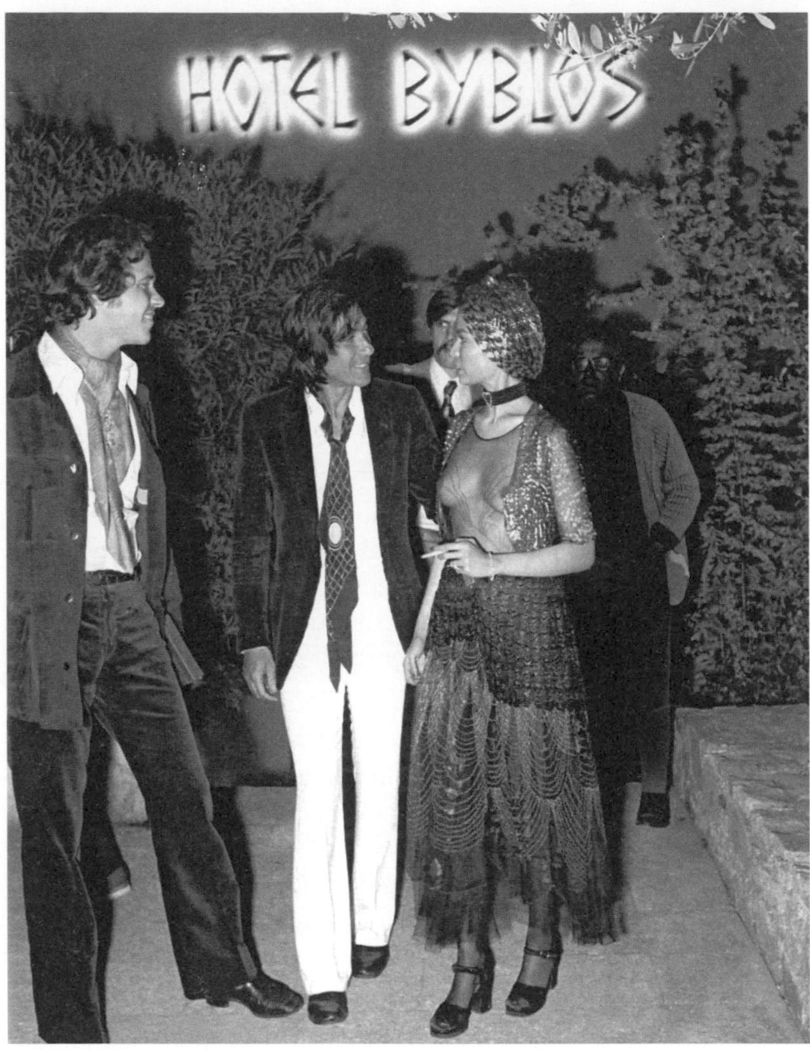

À Saint-Tropez en compagnie de Bianca Jagger, avec laquelle il eut une liaison, et le chanteur Brian Ferry, le *must* de la *hype* à l'époque.

Photo extraite de Jasmin, *© DR Angeli-Fizet / Angeli*

Bianca Jagger et Arnaud dans un dîner mondain.
L'ex de Mick a des faux airs de Michael Jackson. *(© Collection Famille de Rosnay)*

arrivait qu'un compagnon ou un mari jaloux cherche noise avec le séducteur, comme l'évoque sa grande sœur Zina : « Un soir, à la discothèque Le Play-Boy, à Biarritz, Arnaud s'était fait agresser par un mec à cause d'une fille qui était venue se jeter dans ses bras. Arnaud s'était blessé la main en se battant avec l'amant jaloux. J'avais été obligée de conduire la Rolls pour l'emmener aux urgences afin qu'il se fasse soigner. Il rigolait et prenait l'incident avec humour. »

Au sein de la longue liste de ses conquêtes célèbres, vraies ou supposées, le nom de Bianca Jagger se distingue. Arnaud et l'ex-épouse du chanteur des Stones s'affichaient ensemble dans des lieux à la mode, au Byblos à Saint-Tropez. Le jeune homme, d'habitude assez peu vantard, dira plus tard crânement qu'il est « ami avec Mick Jagger, parce qu'ils ont connu les mêmes femmes ».

Sa toute première fois ? Pour sa sœur, Zina, ce fut certainement avec une fille au pair, l'une de ces jolies Anglaises, Suédoises ou Allemandes délurées que l'on croisait rue Charles-Lamoureux et dans les beaux appartements du 16e arrondissement, où elles apprenaient aux enfants la langue de Goethe ou de Shakespeare, offrant parfois aux adolescents leurs premiers émois. Et puis il y eut, à dix-sept ans, l'inoubliable aventure avec la comédienne Annette Stroyberg, renversante beauté danoise qui fut l'une des femmes fatales de Roger Vadim. Cette passade discrète et sans lendemain marqua beaucoup le tout jeune homme qu'il était alors. « À Klosters ou Biarritz, nous croisions toutes sortes de personnalités. Le charme, la fougue et la jeunesse d'Arnaud troublaient déjà les jolies femmes. On était dans les années 1960, une période beaucoup plus insouciante et légère qu'aujourd'hui », confie Zina.

Pour autant, Arnaud avait, selon ses proches, un côté très pudique. Ainsi, il détestait que ses petites amies bronzent en monokini sur la plage. Pendant longtemps, il confessera également attendre le grand amour, tel un adolescent romantique. Était-il un bon amant ? Marisa Berenson assure que « de ce côté-là, il n'y avait pas de problème ». Il pouvait se montrer cassant mais aussi attentionné, délicat, serviable, surprenant. « Je l'ai vu à l'œuvre avec les femmes. C'était l'être le plus doux que j'ai connu » assure sa cousine Anne de Villalonga.

Le séducteur se doublait aussi d'un grand joueur, qui n'hésitait pas à se livrer tout entier à cette passion. Sans doute était-ce son côté russe, dostoïevskien. Dès 1974, ayant acquis la conviction personnelle que le tourisme allait être supplanté par ce qu'il appelait très justement « l'ère des loisirs domestiques », Arnaud se lance dans la promotion du backgammon, jeu aristocratique, inspiré du trictrac, très en vogue au XVIIIe siècle à la cour du Roi de France, puis du Jacquet, qui perdura au XXe siècle. En 1976, les éditions Fayard commandent à Arnaud un livre : *Comment jouer et gagner au backgammon*.

When Baron Arnaud De Rosnay Tries His Hand At Backgammon, He's Not Just Playing Games.
This young Frenchman knows exactly what it's like to sit on the edge of a seat for hours, eyes glued to a backgammon board. "The game of kings" is not an easy one to walk away from. So, as a renowned authority on backgammon (not to mention a European champion), the Baron is doing his level best to make everything about the game as comfortable, pleasing and easy-on-the-eyes as possible…even for those who play well into the night.
As written in the International Herald Tribune, September 12, 1974, "…he wants to make the game more democratic. Just the same, the Baron also has the lord-of-the-manor approach with custom-made boards of alligator, shark, elephant hide, hippopotamus and zebra." He has even designed his-and-her travel sets.

En clergyman, vantant ses jeux de luxe
à la conquête du marché américain, le baron est une marque déposée.

Avec l'aide d'investisseurs, il fait fabriquer au Mexique une gamme luxueuse d'un jeu de backgammon, dont il espère inonder les foyers européens et nord-américains. Lui-même en assure la promotion dans des publicités qui font aujourd'hui bien sourire, tant elles sont datées et pittoresques. Cintré dans un costume et un sous-pull noirs, avec sa croix orthodoxe en évidence sur la poitrine, Arnaud, le VRP du backgammon ressemble à un clergyman branché ou à un magicien style David Copperfield. Populariser « le jeu des rois », démocratiser un art de vivre, tel est son credo du moment. Ses mallettes de jeux sont recouvertes de peaux d'alligator, de serpent, d'éléphant, d'hippopotame ou de zèbre ! Son amie Brigitte Bardot, protectrice des animaux, a dû apprécier...

Lorsqu'il est sacré champion d'Europe d'un grand tournoi organisé par ses soins à Biarritz, Arnaud va jusqu'à commercialiser une table et des chaises futuristes de backgammon, furieusement *seventies*, fabriquées en France et conçues pour « passer des heures à jouer confortablement, sans perdre sa concentration ». Hélas, les ventes ne décollent pas, les mallettes du baron étant concurrencées par des produits meilleur marché.

Qu'à cela ne tienne. Dans les cercles de jeu parisiens, ou au *Sunset*, piano-bar que vient d'ouvrir son vieux copain Henri Caruso à Biarritz, Arnaud paye de sa personne en devenant un quasi professionnel du backgammon dans ce « jeu redoutable où les mises de départ se doublent et se triplent au cours de parties acharnées ». Le jeune homme maîtrise les statistiques, les probabilités et les combinaisons. « C'est un jeu rapide où l'agressivité peut jouer un rôle déterminant, et où le hasard se mêle à l'intuition », explique l'intéressé qui deviendra vice-président de la Fédération française de backgammon. Arnaud ne fait jamais les choses à moitié.

Avec le marquis Guy d'Arcangues, qui organise un tournoi de backgammon (remporté par Arnaud). *(© Collection Famille de Rosnay)*

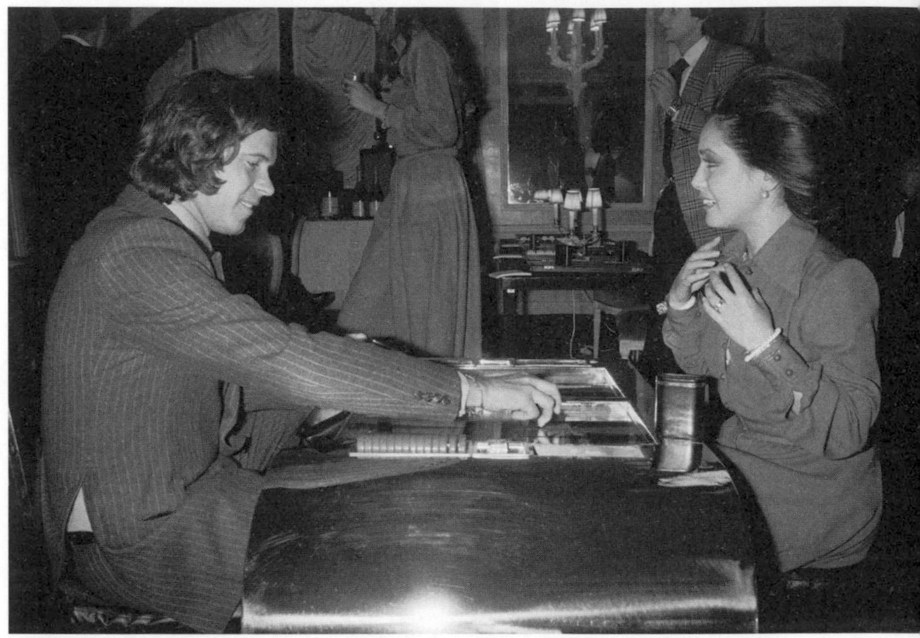

À Biarritz, disputant une partie de backgammon avec l'ex-impératrice Soraya.
(© Michel GINFRAY / GAMMA RAPHO)

Cette fièvre du jeu, couplée à une volonté toujours présente de décrocher le jackpot, va conduire Arnaud à imaginer Pétropolis, un jeu de société inédit qu'il lance en 1975 avec sa société Baron de Rosnay Limited. Cette idée lui serait venue lors d'un déplacement à Abu Dhabi dans les Émirats arabes unis et à Djeddah en Arabie saoudite, où il souhaitait implanter une agence de presse et de relations publiques. Pétropolis est également né d'une volonté de rebondir après que la firme Hasbro a rejeté son projet de Monopoly très grand luxe, fabriqué par des joailliers style Cartier.

« In oil we trust » ! Telle est la devise du jeu, affichée sur les billets de la banque Pétropolis, signés par Arnaud de Rosnay, qui se met

Joël de Rosnay et Isabel Goldsmith succombent aussi au backgammon.
(© Michel GINFRAY / GAMMA RAPHO)

une nouvelle fois en scène. Très inspiré du Monopoly, ce jeu est conçu pour des assemblées de deux à sept participants qui rêvent de devenir les rois du pétrole dans un monde imaginaire où l'on se déplace en jet privé et où l'on peut perdre un million de dollars au casino de Monaco en une nuit. Le lancement de Pétropolis est un succès en Arabie saoudite qui achète d'entrée 20 000 jeux et organise le premier championnat du monde de Pétropolis… Arnaud, qui s'était déjà déguisé en bédouin pour patiner à Klosters afin de convaincre ses amis arabes de construire une patinoire solaire à Ryad, ressort du grenier sa djellaba et son keffieh pour la promotion de son jeu dans les foires et les salons.

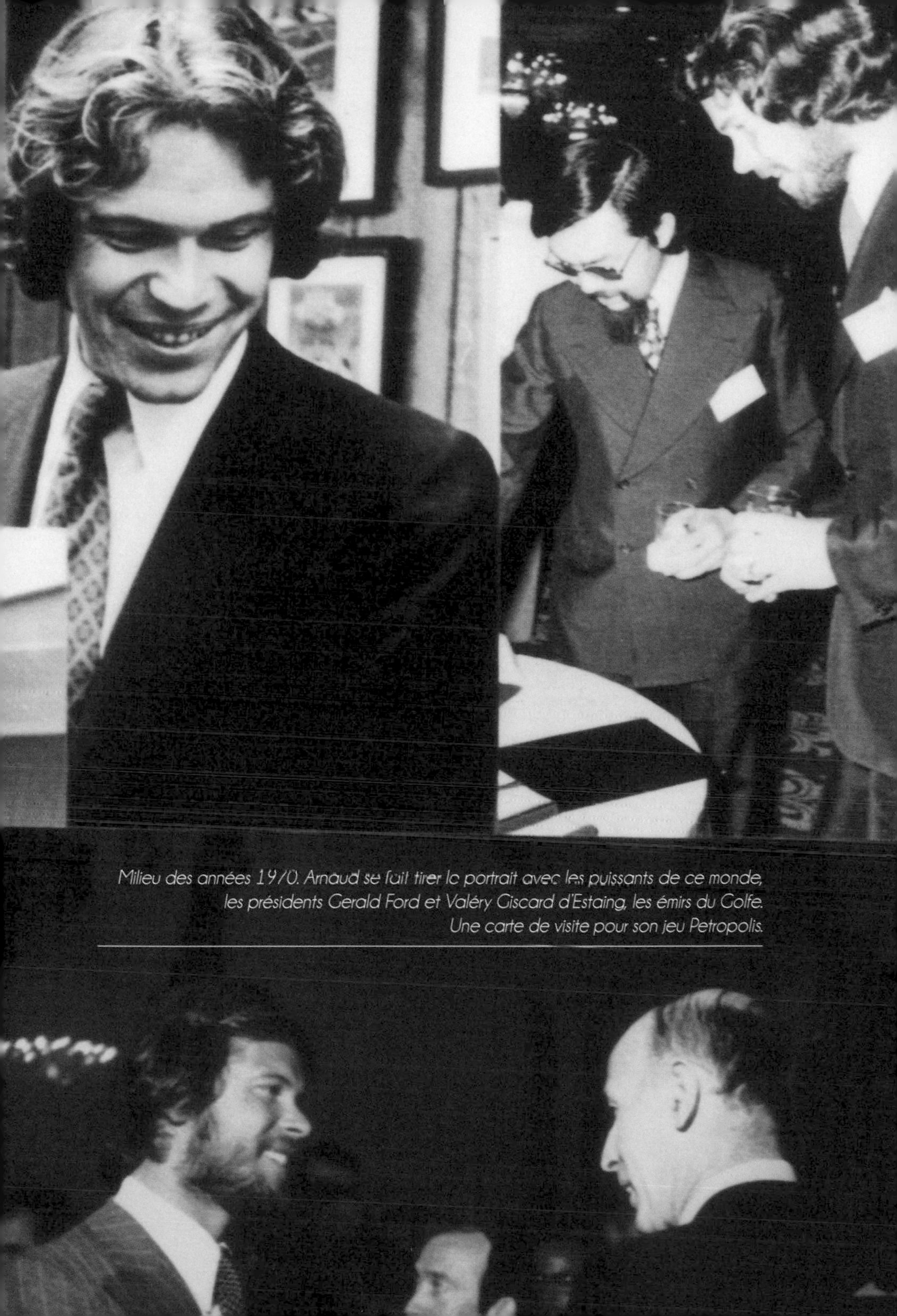

Milieu des années 1970. Arnaud se fait tirer le portrait avec les puissants de ce monde, les présidents Gerald Ford et Valéry Giscard d'Estaing, les émirs du Golfe. Une carte de visite pour son jeu Petropolis.

Afin d'attaquer le marché le plus juteux, les États-Unis, où un succès lui assurerait gloire et fortune, Arnaud ne lésine pas sur les moyens et orchestre une large campagne de presse et de relations publiques à New York. Après avoir loué une Cadillac limousine avec chauffeur, il s'installe dans la suite blanche personnelle de son beau-père Jimmy Goldsmith à l'hôtel Carlyle, un palace situé à deux pas de la fameuse 5e avenue. C'est là qu'il reçoit les journalistes.

En juin 1975, le *New York Times*, le *Washington Post* et *Newsweek*, annoncent le lancement du jeu comme un véritable événement. Pour enfoncer le clou, Arnaud organise une soirée privée au restaurant El Morocco, et au club Le Jardin, où le fils du président Gerald Ford débarque en cow-boy, entouré de plusieurs gardes du corps du Secret Service. David Hume Kennerly, prix Pulitzer et photographe officiel de la Maison Blanche, est de la fête. Grâce à lui, Arnaud pourra remettre en personne une version luxe de son jeu au président des États-Unis. Il approchera aussi Henry Kissinger, avec lequel il disputera une partie de Pétropolis. Il offrira aussi un jeu à différentes personnalités et chefs de l'État, dont le roi Hussein de Jordanie, Jack Nicholson, Hugh Hefner, Peter Sellers, le président français Valéry Giscard d'Estaing. L'occasion au passage de réaliser quelques photos de prestige. Mais tout cela coûte très cher et les ventes se font désirer. Le retournement du marché pétrolier, ainsi que l'échec de Pétropolis en Amérique du Nord, vont laisser Arnaud et ses rêves à sec sur la grève. Furieux, ses associés quittent le navire, certains ayant perdu de très grosses sommes. Un soir, dans un cercle de jeu parisien, l'un d'eux s'avance vers Arnaud, le cigare au coin des lèvres. « Où est mon argent mon ami ? » lui lance-t-il, avec agressivité. « Tu le sais bien, *répond Arnaud,* les affaires, ça va, ça vient. On gagne et parfois on perd. Cette fois, nous avons perdu, c'est la vie... ». L'homme aurait alors pris son cigare allumé pour le planter dans l'œil d'Arnaud !

Pour vendre une patinoire solaire à l'Arabie Saoudite,
Arnaud n'hésite pas à patiner déguisé en Bédouin à Klosters. *(© Collection Famille de Rosnay)*

WOMEN'S WEAR DAILY, FRIDAY, JUNE 13, 1975

EYE

MIDNIGHT COWBOY: Jack Ford, 23-year-old son of the president, was treated to a high-powered tour of New York nightlife Wednesday. He provided a study in contrast as he sat in El Morocco, dressed in a cowboy shirt, string tie and sports jacket, while flanked by Bianca Jagger and Fred Hughes. The evening was organized by Baron Arnaud de Rosnay to promote his Petropolis game and other guests included White House photographer David Kennerly (who took no pictures), Geraldo Rivera, Anne Foster and a bunch of Secret Service men. The entourage left El Morocco around midnight, piled into ... and headed for Le Jardin, one ... Although ... ked — even ... hey seemed ... — in Le Jar- ... his surround- ... e and munch- ... danced vigor- ... active blonde ... at 2:30 a.m. ... ith De Rosnay

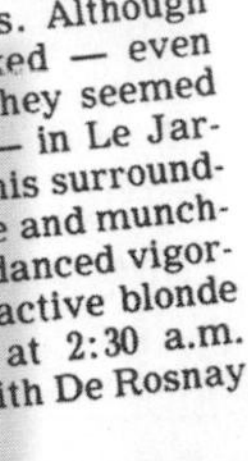

TIME
THE WEEKLY NEWSMAGAZINE

Founders: Briton Hadden 1898-1929
Henry R. Luce 1898-1967

MODERN LIVING

Playing Sheik

At 29, Baron Arnaud de Rosnay is no run-of-the-disco jet-setter. The dashing entrepreneur already has behind him careers as France's national surfboard champion, a photojournalist, a publicist and a backgammon promoter. Now, like a man who contemplates an ocean and invents the squirt gun, De Rosnay has come up with a parlor game based on the energy crisis.

The game, which has just gone on sale at such stores as Saks Fifth Avenue, Neiman-Marcus and Garfinckel's, is appropriately known as Petropolis. Adapted from the Monopoly formula ("Only I made it more beautiful and up to date," De Rosnay says modestly), Petropolis involves oilfields, rigs and derricks rather than real estate, houses and hotels. The aim of the game is to pile up the most exclusive oil concessions and fattest profits on a board divided into sections named after the 27 most petroliferous nations.

Financed with plastic-coated petrodollars marked IN OIL WE TRUST, the player seeks to control and exploit all the countries belonging to the same color group—Saudi Arabia and Iran, for example, or Abu Dhabi, Dubai and Sharjah. Aside from the roll of the dice, advances or reverses occur when the would-be oil potentate lands on the space marked "Telex," where a message may order him to return to the Geneva Airport—equivalent to Monopoly's "Go" position—notify him of a crippling tanker strike or tell him to skip ahead to be photographed for a TIME cover.

IN OIL WE TRUST

Petropolis is initially intended, it seems, for people who already have oil enough and time. It comes in a green leather briefcase, and the pieces include 34 silver-plated derricks, 14 gold-plated

...ow Much Is Saudi Arabia Wo...

By ENID NEMY

...gan of the newest game in chic "In Oil We Trust," and probably people who will be able to play it are those who trusted before this. The price of Petro- that is, indeed, its name, is

...s is a sophisticated take-off ...ly based on the assumption ...more interest today in owning Saudi Arabia or Iran than and property in and out of ...

... comes in a green leather ...s name outlined in gold near ..., there is a lock). The inside is the board, also in leather. ... consists of 27 oil-producing ...t the price of the countries ... by the amount of oil they ... Arabia tips the list at $1-mil- ...it) and the United States ... $250,000 because most of ...ed here is used domestically ...I'll take it, too).

...an be played with two to ... and each one gets a solid ...ed symbol. There's a super- ... jet, an ingot, an oil barrel ... paraphernalia, such as a

... starts out with $2-million— ...llars but petrodollars. With ... can buy silver-plated der- ...each), and after accumulat- ...ks, one can trade them ...ed oil rig.

...ty Chest of Monopoly has ...th Telex messages printed ...k leather. They contain ...ange from meetings with oil sheiks to paying a $100,000 bill at Cartier.

The game, designed by Baron Arnaud de Rosnay, an international jet setter and husband of a Bolivian tin heiress, also includes gold-plated dice and a timer. There is, as well, a Hermès calculator, necessary when one gets into big league money.

Last, but by no means least, is the green leather portfolio of game rules, preceded by several pages of photographs of the oil potentates who play with real money.

Petropolis will, according to Philippe Bigar, vice president of Baron de Rosnay Ltd., be copied in simulated leather and sold, without the calculator, for $155. Toward the end of the year, it will be available in a cardboard version for $14 to $16. In the meantime, the deluxe case is on hand at Lederer, 711 Fifth Avenue, and at Saks Fifth Avenue.

•

The assumption behind the Jewelry Factory at Abraham & Straus, the Brooklyn department store, is that Rosie O'Grady and the colonel's lady are both, deep down, frustrated jewelry designers. Select your own elements from the 415 individual items available here and have the fun of assembling your own necklace. The result will be unique and the cost most likely reasonable.

Completed examples are on display as guidelines. The materials for one consisting of an abalone bird (fetish) strung on "liquid silver" (sterling tube beads) add up to $12.46 and the end result looks for all the world as if it had been created by an American Indian craftsman. Pursue the Indian effect with Hishi beads, chunks of turquoise and coral.

Petropolis, a sophistica...

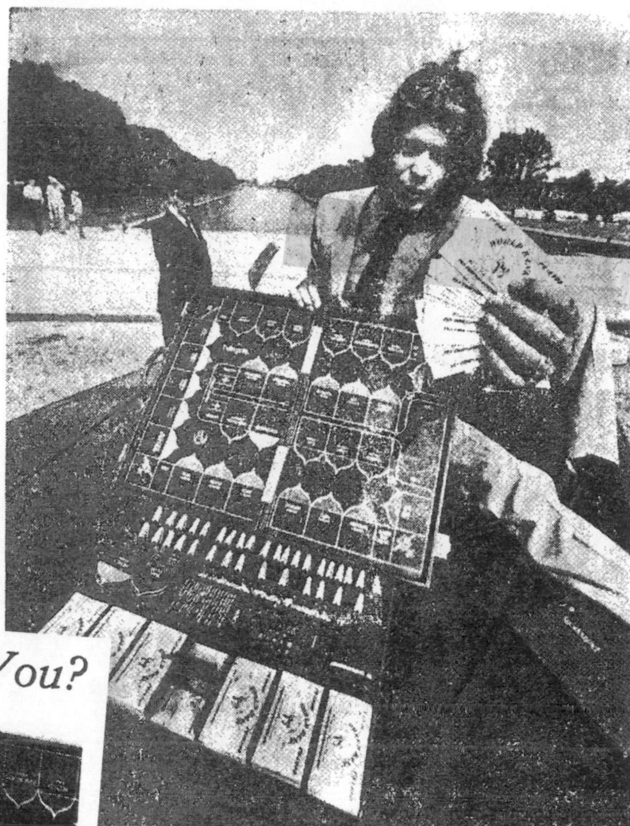

By Frank Johnston—The Washington Post

...aud de Rosnay and Petropolis, the Monopoly-type game he invented and which sells for $790.

... $790? Play Petropolis

...h Martin

...rigitte Bardot, ...r, Princess Car... ...aco, Peter Sell... ...Hefner do for ... in their spare ...

...urally, they pre... ...e the controllers ...rs of oil-produc... ...s. Don't you?

...any rate, is the ...ope of Baron Ar... Rosnay, Parisian ...er and promoter ..., a member of the ...ily, is the heiress ... of dollars (in tin, not oil). He has designed a tion of Monopoly, but with oil countries instead of streets, $1,000 to $1 million in bills instead of $1 and $100 bills, and derricks and oil rigs in place of houses and hotels.

But in the version of Petropolis now on order at Garfinckel's, the idea and the money are the only things which are imitation. The board and the title deeds are in leather, in a money-green attache case. The derricks are silver-plated and the oil rigs and players' markers are gold-plated. There is an electronic timer enclosed, and at least one misspelled word, "underdevelopped," stamped in gold on a leather chance card, in the form of a Telex message.

It costs $790.

The people whom De Rosnay says play it received it as presents from him because they are his friends, he said. He has also drawn up a list of heads of state, beginning with President Ford, to whom he plans to present copies.

The President of France, De Rosnay says hopefully, likes to play board games after dinner with the Cabinet. President Ford's son Jack played until 4 a.m. one night with White House photographer David Hume Kennerly, who is De Rosnay's entree to the White House.

"Without the experimentation possible in imaginative life, how could one try out the roles of the admired but inaccessible?" De Rosnay asks in a brochure about the game.

Of course there does arise that question of why people who can spend $790 for a hiked-up Monopoly need help fantasizing about being rich. The answer may be that it is possible to use the game for gambling.

And for those who need genuine help making that imaginative leap, there will be a metal-and-vinyl version on sale for $150 this summer, and a $14 plastic-and-cardboard one in time for the Christmas market.

De Rosnay, who has done tourist promotion, including that of a luxury Mexican resort developed by his in-laws and called Las Hadas, says "I don't believe in tourism for the next few years. There's a return to privacy, and people don't want to spend money outside their homes, they want to spend for something inside, that they can enjoy with their friends."

He and his chic and well-publicized, 21-year-old wife wouldn't dream of not getting out a board game after a dinner party, he said. Before he invited Petropolis, they played backgammon.

One great advantage is that "it's completely simple to learn," and there's always that computer if you get in trouble counting with your evening slippers on.

But isn't it educational? No creator of games fails to make the claim that his product is educational, and De Rosnay is no exception, even if he does rent a Cadillac and chauffeur to get to and from the airport.

"It teaches percentages, and it teaches children to deal in numbers higher than the hundreds," he said. "Have you noticed that other games only teach them to deal in hundreds, not millions?"

...o You?

..., is $790

Arnaud adore les blagues un peu potaches, ici chez Maxim's. (© *Collection Famille de Rosnay)*

« C'était un coup prémédité, des méthodes mafieuses », se souvient Henri Caruso, auquel Arnaud, terrifié a raconté, quelques heures plus tard, cette histoire authentique. « Le mec voulait vraiment défigurer Arnaud et l'éborgner. » Dès que possible, ce dernier prit un vol pour Biarritz où il se fit oublier, tout en soignant son œil blessé, qui fut sauvé.

Après cette histoire, Arnaud garda profil bas dans les cercles de jeu. Son ex-beau-père Jimmy Goldsmith, lui confia alors les relations publiques du restaurant « Chez Laurent », avenue Gabriel à Paris, rendez-vous des politiques et des décideurs. Plus tard, Arnaud choisit de s'envoler pour Londres où Sir Jimmy, qui avait beaucoup d'affection pour Arnaud, lui offrit un job, excessivement bien payé, de manager d'un club sélect fréquenté par une clientèle de rêve. Et c'est là, sur les bords gris de la Tamise, que le fougueux trentenaire se mit à rêver d'horizons multicolores et d'aventures extrêmes.

partie 3

—

TOUT M'EST DÉFI

(1979-1980)

prélude

Le test du désert

Aux portes du désert, dans la chaleur étouffante de Nouadhibou, la guerre est venue brouiller les cartes. Des détachements de soldats quadrillent le périmètre, des barrages surgissent à tous les coins de rue et certains passages sont même minés. Hier soir, peu avant notre arrivée au bled, une patrouille régulière de l'armée royale marocaine a bien failli nous mitrailler sans sommation.

Je suis ici pour mon premier défi sportif : une traversée saharienne en speed-sail. *J'ai réussi à entraîner dans mon sillage plusieurs équipes de journalistes, mais nous n'avions pas prévu que le conflit entre le Maroc et les Sahraouis allait s'enflammer. Ces derniers jours, avec l'offensive surprise de l'Armée populaire de libération sahraouie, on déplore deux cents morts le long de l'itinéraire que j'ai prévu d'emprunter…*

Pourtant, il est hors de question de reculer. Mon budget de course a fondu comme neige au soleil, à la suite des multiples contretemps causés par les tensions entre le Maroc et le Front Polisario en ce mois de mars 1979. Les journalistes qui m'accompagnent sont, eux aussi, bloqués là, leur appareil photo en bandoulière, fumant cigarette sur cigarette. Nous en avons tous marre d'attendre ici éternellement, menés en bateau par les autorités locales. Quant aux sponsors, VSD *et Antenne 2, ils ne supportent plus la moindre contrariété. Nous avons perdu trop de temps. Maintenant, il faut y aller, vite et bien.* Inch'Allah ! *comme on dit ici.*

Je n'ai plus qu'une envie : quitter la zone de conflit et filer vers le grand océan de sable… Mais autour de moi, la nervosité est à son comble et soudain l'équipe d'Antenne 2 se rebelle. La discussion est vive, la peur et le doute envahissent les esprits. Les journalistes expliquent qu'ils craignent de prendre une balle perdue ou de sauter sur une mine. Ceux-là décident donc de rentrer en France par le premier avion. Lâcheurs… Montrons-leur comment aller au bout de l'aventure !

Chèche et lunettes pour se protéger du Sirocco, Arnaud équipé avec élégance pour courir le désert en *speed-sail*. (© François LEHR / GAMMA RAPHO)

Après ces défections, je compte mes troupes fidèles, qui ont sérieusement diminué en une journée. Il me reste François Lehr, photographe de l'agence Gamma, ainsi qu'Ahmed, le soldat qui conduit la Land Rover prêtée par un commandant marocain, puis Ahmoud, notre guide, et enfin, ma pomme. Malgré l'équipe réduite, je suis, plus que jamais, déterminé à réussir. J'ai l'intuition que ma voie se trouve là, quelque part dans l'immensité désertique, dans ce mano a mano *avec mes propres limites. Et tant pis pour le danger.*

Nous avons décidé de partir demain matin, coûte que coûte. Ahmoud m'a montré une petite étoile, tout au fond du ciel, en me disant que c'était bon signe. Puis il m'a conseillé de bien dormir. Mais le sommeil s'est joué de moi. Impossible de fermer l'œil. Ce n'est pas tant l'anxiété du départ qui me tient éveillé, mais surtout l'impression que je m'apprête à effectuer un grand saut, après lequel plus rien ne sera pareil. Une fois le cordon coupé, je laisserai beaucoup de choses derrière moi.

Que de chamboulements dans ma vie en si peu de temps… Il y a quelques jours à peine, je travaillais encore pour mon redoutable ami, Jimmy Goldsmith, à Londres, où je dirigeais son club ultrachic. L'argent et le champagne coulaient à flots, je croisais les plus belles filles du monde et les VIP de la City. Ma vie paraissait sur des rails, confortable, opulente. Pourtant, lorsque je m'apercevais du coin de l'œil dans un miroir, je croyais voir quelqu'un d'autre, un type que je ne reconnaissais pas.

J'avais un besoin viscéral de grands espaces, d'aventures au contact des éléments, de folles traversées, d'une vie saine en prise avec la nature. Je sentais que le vrai défi se trouvait là, et que je devais y faire face pour m'accomplir.

Certes, j'avais multiplié les séjours au Touquet pour m'entraîner au maximum sur mon engin, mais cela ne suffisait aucunement à étancher ma soif d'aventure. Le speed-sail *est un drôle de truc que j'ai inventé au Pays basque, en 1975. Époque dingue où je descendais le col de Saint-Ignace, près de la Rhune, à 70 km/h sur mon skateboard de vitesse, une planche spéciale avec empattement allongé. Les voitures qui nous devançaient étaient parfois trop lentes pour nous! Mon frère Joël nous ouvrait la route, klaxon bloqué. Nous dévalions la pente à fond, sans visibilité. Un gravillon mal placé, le truck qui coince, et hop, c'était la chute assurée, le roulé-boulé sur le bitume, dans les ronces, la dégringolade fatale dans les ravins...*

Pour moi, la glisse existe sous toutes ses formes, sur l'eau, dans la neige, sur le trottoir ou sur le sable. Je pratiquais aussi régulièrement le Hobie-Cat, *un petit catamaran rapide et léger. Pourquoi ne pas marier la glisse d'un* skateboard *de descente à la puissance d'une voile? C'est la question que j'avais posée à mon ami Barland, de Bayonne, un artisan qui fabriquait des* skates, *un pionnier du surf et de la conception des planches. Barland avait le don de transposer dans la réalité mes idées les plus farfelues.*

Nous avons bossé dur au cours de l'été 1975, pour mettre au point une planche ne craignant ni le sable, ni l'herbe, ni la terre des terrains vierges. Il a fallu changer les roues, en trouver de plus grosses, adapter de nouveaux trucks. *Je rêvais de pouvoir utiliser des gréements de planche à voile sur le* speed-sail, *afin de séduire les adeptes du windsurf, de plus en plus nombreux. Et puis, le soir du Nouvel an 1979, j'ai décidé de tourner la page londonienne et de dire adieu à cette vie artificielle, à l'argent facile. On perd d'un côté, certes, mais l'on gagne aussi de l'autre : avec ce pas en avant, j'ai reconquis ma liberté.*

Depuis mon départ du lycée sur un coup de tête, je dirige un peu ma vie au gré de mes instincts. J'ai eu cette chance : rester libre de mes décisions et ne jamais avoir été obligé de faire ce qui ne m'intéressait pas. Au bout du compte, qu'importe le milieu dans lequel on évolue, dès lors qu'on l'a choisi librement. L'essentiel est de vivre à son propre tempo et de savoir se créer ses chances... J'en étais là de mes réflexions volatiles, lorsqu'Ahmed, le chauffeur, est venu me réveiller. L'aube se lève sur le désert. Il est temps de partir.

L'ennemi dans le désert, c'est le sable et les épines. Arnaud devient dingue à cause des crevaisons qui le freinent continuellement. *(© François LEHR / GAMMA RAPHO)*

Le vent chaud souffle fort ; l'anémomètre indique 50 kilomètres à l'heure. Je roule comme un démon sur la sepka, *ce terrain chargé de poudre alluvionnaire abrasive qui fouette le visage et s'insinue partout. Heureusement j'ai mis un masque de moto et un chèche pour me protéger du soleil. Je fonce à toute allure vers Dakar, la Land Rover à mes trousses, bottes aux pieds et vêtu d'un maillot de bain. Les roues avant du* speed-sail *touchent à peine le sol, je me tiens vers l'arrière pour dégager l'étrave, la soulever telle une spatule de ski dans la poudreuse. Malheureusement, ces fichus épineux qui jonchent le sol continuent de percer mes pneus, ce qui freine mon élan. J'ai parcouru 51 km sur 1 400 km, mais comment y parvenir si je dois m'arrêter tous les 5 km pour réparer ?*

Voilà plusieurs jours que nous sommes entrés en Mauritanie, et nous quittons enfin la zone de guerre la plus dangereuse. Mais un coup d'État secoue le pays, c'est bien ma veine ! Nous sommes inquiétés à plusieurs reprises par des soldats mauritaniens. Ma Land Rover s'est paumée. Les autorités françaises me croient perdu. J'essaye de rester concentré, mais c'est dur.

Je passe au milieu d'une troupe de chameaux qui s'enfuient, affolés, blatérant leur panique. Peu après midi, nous tombons sur un campement. Le chef du village nous offre du thé, des oranges et des cigarettes. Je roule des heures et des heures, fouetté par le vent brûlant, tandis qu'une grosse fatigue monte en moi.

Le raid se poursuit, jour après jour, dans ce somptueux paysage des Mille et Une Nuits, *sur une mer de dunes entre lesquelles je slalome comme un fou. Enivré de vitesse, trompé par ce support imprévisible qu'est le sable, mon attention se relâche et soudain, je chute lourdement.*

Pratiqué sur le sable, le speed-sail *n'est pas trop dangereux, mais on préfère quand même éviter la cabriole, surtout à 60 km/h. L'impact contre le sol m'écrase la cage thoracique et me coupe le souffle. J'ai du sable dans les yeux, la bouche, le nez, et des douleurs aux mains, aux coudes, au dos. Tout s'arrête d'un coup; le battement du sang résonne au creux de mes oreilles. Le soleil est si fort que j'ai l'impression de fondre, de me liquéfier. Mon crâne pèse des tonnes. Je ne vais jamais réussir à me relever.*

Ça ne peut pas s'arrêter là. Une voix s'élève alors dans ma tête : «Allez, vas-y, Arnaud! Il faut repartir, maintenant. Tu as déjà accompli un bel exploit. Plus que 500 kilomètres! Continue, bon sang, tu n'as pas le droit de décevoir ceux qui croient en toi…»

Alors la machine se remet toute seule en marche et l'on se relève malgré soi. Ce fichu engin est planté dans le sable fin, tel un voilier retourné dans une mer figée. Je le remets d'aplomb, l'inspecte. Il n'est pas endommagé. Je repars. Au bout de quelques kilomètres, je découvre que je saigne; la chute a été rude. Mais on serre les dents et l'on continue… Jusqu'à la prochaine crevaison. Meeerde! Encore un pneu crevé par ces satanées épines… Mais qu'est-ce que je fous ici? Ne réfléchis pas trop, Arnaud, agis, repars!

Mes yeux sont gonflés et mes lèvres pelées, mais le désert défile, et les kilomètres diminuent. En une seule journée j'ai parcouru 131 kilomètres. Je suis fier de mon speed-sail. *Cet engin n'est donc pas un simple jouet de plage, comme je suis en train de le prouver. Par moments, j'ai fait des pointes à plus de 50 km/h. C'était grisant et angoissant. Dans les villages, des hordes de chiens sournois me poursuivent. Si jamais le* speed-sail *ralentit en côte, ils me rattrapent et me mordent les mollets. Je n'en mène pas large.*

Une autre fois, des jeunes Mauritaniens m'invitent à prendre le thé sous leur tente. Je remarque des armes à terre, dans la pénombre. Hum! Où suis-je tombé? Ah, ce sont des sympathisants du Polisario. Ils sont charmants. Je me suis inquiété à tort. Avec la plus grande gentillesse, ces jeunes m'ont même aidé à réparer les roues crevées.

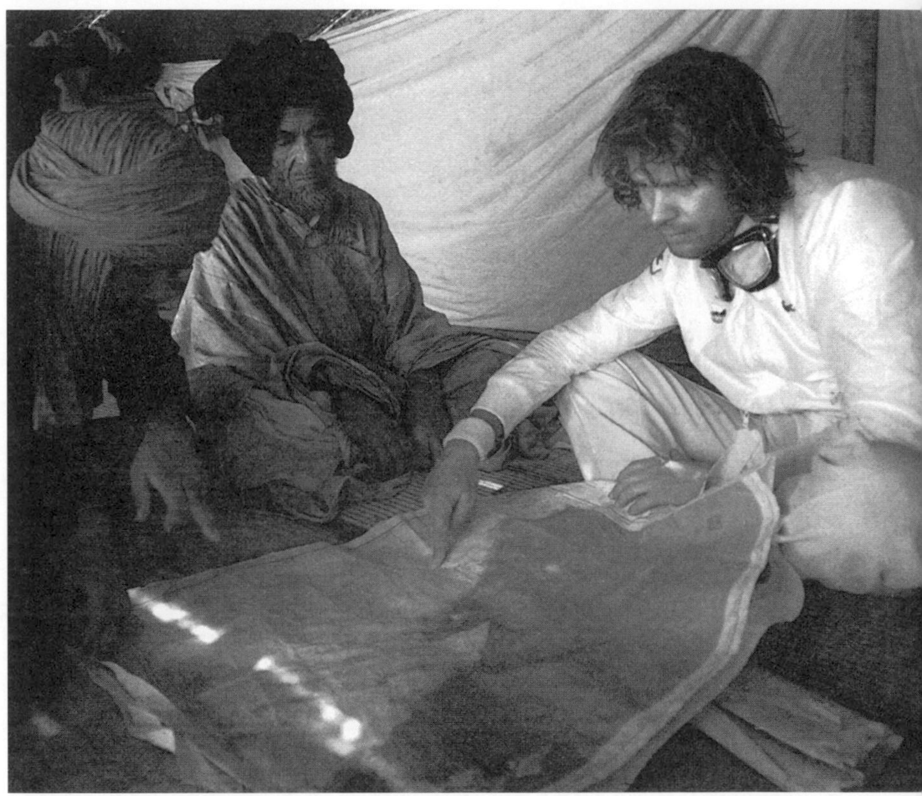

Arnaud et les hommes du désert, une expérience humaine qui va le toucher profondément.
(© François LEHR / GAMMA RAPHO)

Le désert m'inspire et nous réserve de belles surprises. Un soir, dans un campement proche de l'océan, des bédouins nous vendent un mouton. Le meilleur méchoui de toute ma vie. Après le thé, je me mets à l'écart pour observer la nuit étoilée. Le ciel est d'une transparence vertigineuse dans le Sahara. Ce soir, la « lampe de Dieu » (c'est ainsi qu'Ahmed nomme la lune) est éblouissante. Le ressac des vagues bat doucement à trente mètres du bivouac.

Des milliards d'étoiles s'offrent à moi et je fais couler le sable du désert dans mon poing. Demain je serai parvenu à destination. Je suis serein, apaisé. Les paillettes et les néons des villes sont de pâles constellations dans ma mémoire. La force immense du désert prime sur tout, sur la vanité du luxe, de mes dérisoires ambitions mondaines. Une pluie d'étoiles illumine mes rêves. Je me love contre le corps accueillant de la Terre, dans la douceur du sable tiède. Plus que jamais, j'ai envie de me frotter aux vents, aux vagues, aux horizons, aux pentes en tous genres, envie de faire fusionner toutes les glisses pour mieux savourer le présent, pour le plaisir de se dépasser, se transcender, et remettre son existence entre les mains de la destinée…

11

Après le désert, la mer glacée

Certes, le raid saharien d'Arnaud en *speed-sail* a été pimenté par de nombreuses péripéties, mais cette expédition s'avère un succès éclatant sur le plan médiatique et sportif. Il aura parcouru 1 400 km en douze jours, sur un itinéraire longeant la bande côtière atlantique, entre Nouadhibou en Mauritanie, et Dakar au Sénégal. Son odyssée s'est achevée sur une planche sans freins, au milieu des norias de camions et d'automobiles brinquebalantes fonçant à tombeau ouvert sur les routes bitumées entre Nouakchott et Rosso, puis Rosso et Saint-Louis du Sénégal, avant de rallier l'aéroport de Dakar.

L'aventurier est épuisé, mais sain et sauf, et il faut bien reconnaître qu'il n'a guère été aidé par les circonstances : le moment choisi par Arnaud pour son raid coïncide avec une offensive armée très violente dans le Sud marocain. Les autorités locales, aiguillonnées par Paris, ont tout fait pour le décourager de partir, afin qu'il ne risque pas de devenir otage du Front Polisario, qui venait de kidnapper plusieurs ressortissants français (ceux-ci ne furent libérés qu'à grands frais, et au prix de lourdes tractations diplomatiques).

Arnaud et sa petite équipe partent quand même et se retrouvent en plein désert mauritanien au moment où ce pays est secoué par un coup d'État. Et pour ajouter aux difficultés, les épineux se sont acharnés à lui crever les pneus, avec un record de 16 crevaisons sur 76 kilomètres en une seule journée !

Un soir, Arnaud s'est retrouvé séparé de son équipe d'assistance, retenue par des militaires mauritaniens zélés. Seul dans le désert, il vit une expérience très forte, contraint de dormir en maillot de bain, avec pour unique couverture la voile de son *speed-sail*. Un froid à glacer les os s'abat sur le désert, la nuit. Frigorifié, effrayé par les chacals qui rôdent autour de son bivouac improvisé, le naufragé des sables ne ferme pas l'œil. Toute la nuit, Arnaud croit entendre des bruits étranges s'élevant du désert, tels des râles de fantômes, les djinns... Le vent fait naître des mélopées dans le sable, les pierres craquent, des animaux se faufilent, rampent, crissent, jusqu'à ce que l'aube vienne chasser les dernières étoiles. Au matin, une patrouille mauritanienne le cueille sans ménagement, mais Arnaud finit par retrouver François Lehr et ses guides, avant de reprendre sa course.

Une horde de journalistes l'attend au terminus de son périple. Quelques esprits chagrins ont bien tenté de mettre en doute l'authenticité de son exploit, estimant qu'Arnaud avait parcouru plus de kilomètres à bord de la Land Rover que juché sur son engin, mais ces critiques ont rapidement été balayées grâce à un témoin clé : François Lehr. Le photographe a suivi le raid de bout en bout, et n'a pas manqué d'apporter son témoignage confirmant l'exploit. Le reporter de l'agence Gamma sera amené à suivre d'autres aventures d'Arnaud et y gagnera un surnom, « la Baronne ». Les journalistes aiment beaucoup chambrer !

Mais tout cela est désormais de l'histoire ancienne. Satisfait, Arnaud feuillette son *press-book* qui s'est épaissi de nouveaux articles illustrés. *VSD* en France, *Life* aux États-Unis, *Stern* en Allemagne, et même la *Pravda* en Russie, ont salué son premier exploit sportif. À trente-trois ans, il ne regrette pas d'avoir tourné le dos à son ancienne vie et pense déjà aller beaucoup plus loin dans cette voie. C'est son côté visionnaire ; Arnaud a pressenti le fantastique potentiel des sports extrêmes, en termes d'émotion et de spectacle. « Observez le visage d'un *windsurfeur* ou d'un skieur : il porte une expression de bonheur et d'extase », explique-t-il.

Depuis un moment déjà, Arnaud a une idée derrière la tête : réaliser un grand film qui illustrerait ce qu'il appelle « le flirt de l'homme et de la nature ». Pour le tourner, il est convaincu qu'il doit d'abord réaliser des exploits afin de se rendre crédible auprès des producteurs. Le Sahara n'est qu'une mise en jambes. Le prochain défi qu'il s'est fixé devra être encore plus retentissant : la traversée du détroit de Béring en planche à voile.

L'art de la mise en scène. Pour promouvoir sa traversée du détroit de Béring, Arnaud pose avec sa jolie assistante dans une baignoire remplie de glace. Les puristes de la planche s'agacent. *(© François PAGES / PARIS MATCH / SCOOP)*

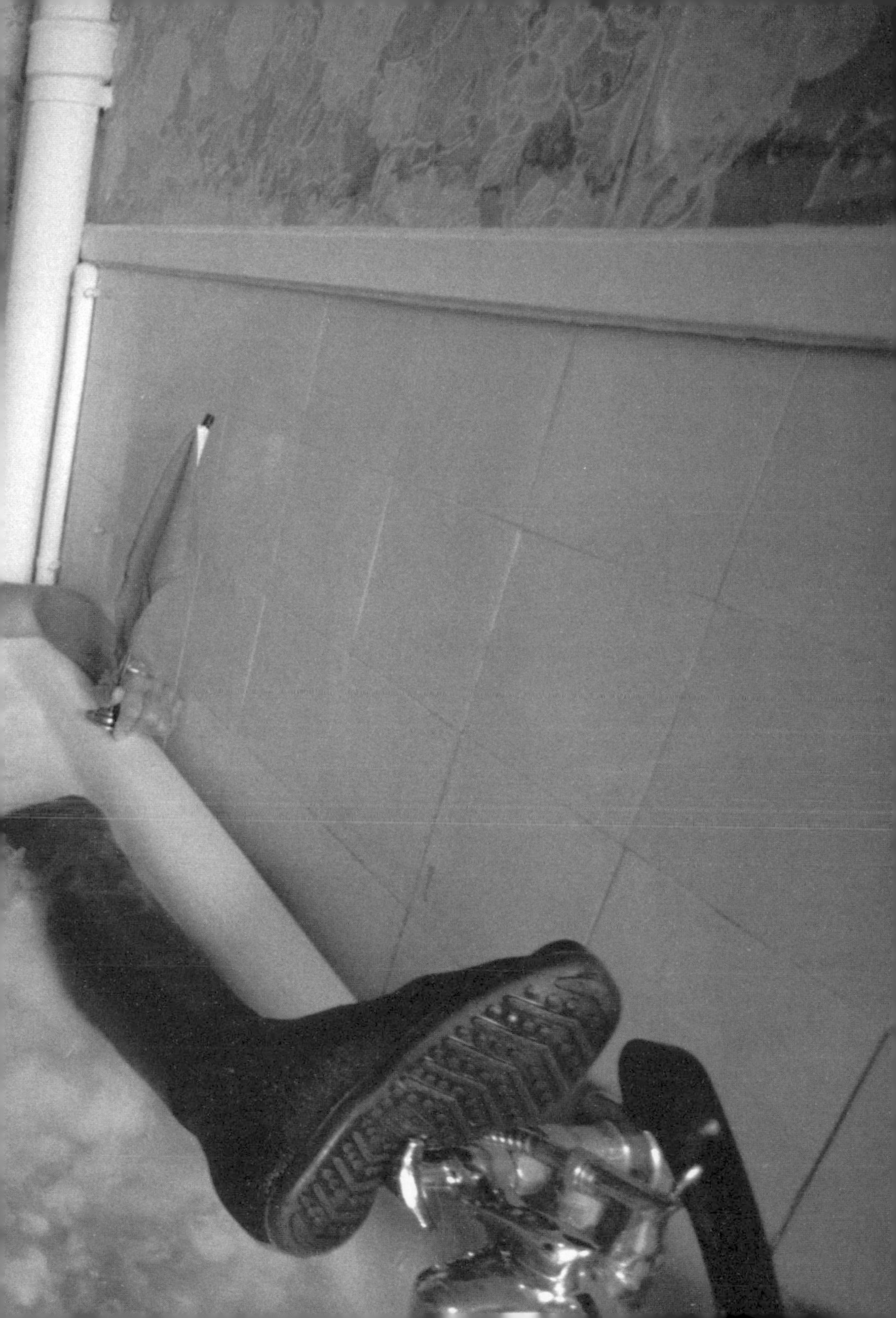

Quatre-vingt-seize kilomètres seulement séparent l'Alaska américain de la Sibérie soviétique. En raison des hautes montagnes qui bordent la mer, c'est un étroit goulot d'étranglement où s'engouffrent les vents arctiques, une zone inhospitalière pour un homme seul en planche à voile. Tel est le paysage que découvre Arnaud, venu en reconnaissance à Wales en 1979.

Face au ciel plombé, devant une plage noire, battue par un clapot insensé qui déferle sur plus d'un kilomètre, le jeune homme est pris de vertige. « L'horizon est absolument déchiqueté par ce choc interminable des vagues prisonnières entre deux continents et deux océans. La côte est cernée de falaises hautes de 500 mètres. Le vent dévale du pôle en hurlant comme un damné dans le détroit. Le froid intense me paralyse. Ce premier contact est tout simplement glaçant. »

Fidèle à son personnage, Arnaud ne se décourage pas. L'ambitieux ne veut pas d'un exploit au rabais. Il tient à être le premier. « Contourner par temps calme l'île du cap Horn, au bout de l'Amérique du Sud, ce calvaire des équipages des grands voiliers qui y ont souffert et crevé en affrontant une mer inhumaine, non ! Y aller, pour faire un saut de puce entre deux avions ? Cela ne m'intéresse pas. En revanche, emprunter un itinéraire historique, un point de rencontre et de séparation, voilà qui me passionne… À une époque où les réglementations enserrent l'individu dans la société, les grandes aventures qui restent à vivre sont des premières, ces raids d'hommes seuls à la conquête de la nature », ajoute-t-il, grandiloquent.

Un autre argument plaide pour Béring, alors que nous sommes en 1979, à moins d'un an des jeux Olympiques de Moscou. Avec une âme de pacifiste, Arnaud va partir en arborant sa voile aux couleurs des deux grandes puissances, USA/URSS. Il espère que lui,

C'est à Béring qu'Arnaud a l'idée géniale de décorer ses voiles aux couleurs des pays qu'il va relier, un message de paix. *(© Collection Famille de Rosnay)*

TC
39

THE WHITE HOUSE
WASHINGTON

August 9, 1979

Dear Baron de Rosnay:

This is to acknowledge receipt of your letter and enclosure to President Carter concerning your planned crossing of the Bering Strait.

Your courtesy in taking time to share this material with the President is appreciated. He sends best wishes to you.

Sincerely,

Landon Kite

Landon Kite
Staff Assistant

Baron Arnaud de Rosnay
Chateau de la Villebague
Ile Maurice
1, Rue Charles Larmoureux
Paris XVI
France

"13" августа I98I г., г.Москва

...господин Росней!

...я ознакомился с присланной Вами

...ерфинг тоже нашел много привержен-...ки. Этот увлекательный вид спорта ...овека, вырабатывает в нем смелость, ...огие другие важные качества.

...удет полезна для всех, кто инте-...оможет занимающимся этим видом ...так и практическом плане.

...жаю Вам глубокую благодарность за книгу и желаю дальнейших успехов в Ваших благородных устремлениях!

С уважением

С.Горшков
Адмирал Флота Советского Союза
Главнокомандующий ВМФ СССР

Господину Арно де Росней
I86 Улица Виктора Гюго
Париж 750I6

LETTRE ADRESSEE A ARNAUD DE ROSNAY PAR L'AMIRAL SERGEI GORCHKOV, COMMANDANT EN CHEF DE LA MARINE SOVIETIQUE,

La Maison Blanche et le Kremlin saluent son exploit à Béring.

le petit Français, enverra ce signe de paix et de détente au monde entier. S'il réussit, l'ensemble de la presse américaine parlera de lui. Ce sera tout bénéfice pour son projet de film.

Avant de se lancer, Arnaud s'offre un séjour à Hawaï, afin de s'entraîner pendant plus de trois mois avec les meilleurs. Surfeur et marin expérimenté, il s'est déjà illustré sur son *Hobie-Cat* dans les vagues du golfe de Gascogne, et lors des championnats du monde à Tahiti, en 1974. Mais le jeune de Rosnay n'a encore qu'une vingtaine d'heures de planche à voile dans les jambes.

Pour s'aguerrir, il se rapproche d'un pionnier incontesté du *windsurf* à Maui, Larry Stanley, qui le soumet à un entraînement très dur, physiquement et mentalement, une préparation digne des techniques des moines de Shaolin : « Nous partions au large de Kuilima, dans une houle si haute qu'un gréement de planche disparaissait dans les creux. Puis Larry m'a lancé en solo. Son ultime recommandation : "Arnaud, si tu veux vraiment être fort en *windsurf* dans les plus grosses vagues de l'océan, la meilleure technique pour connaître sa planche par cœur c'est de fermer les yeux. Continue à naviguer ainsi vingt, trente secondes, plus si tu le peux. Quand tu tiendras le cap les yeux fermés, alors tu seras prêt". »

Après d'innombrables chutes et des heures de navigation, les pieds dans les *foot-straps*, les épaules dans le harnais, Arnaud se sent au mieux de sa forme.

De retour à terre, il se démène pour obtenir les autorisations, le matériel, les sponsors. Lorsque, des années plus tard, d'autres esprits mal intentionnés mettront en doute son exploit entre Tahiti et les Marquises, il répondra : « Un aventurier qui souhaiterait seulement voir sa petite gueule dans les magazines ne s'astreindrait pas à quatre mois d'un travail passionnant, certes, mais obscur. »

Quelques jours avant de rejoindre l'Alaska, de sombres nuages s'accumulent sur son entreprise. Après les autorités soviétiques, c'est l'administration Carter qui refuse de lui accorder une autorisation officielle pour sa traversée. Il n'aura donc pas d'hélicoptère d'escorte jusqu'à sa sortie des eaux territoriales américaines. Du coup, la presse et la télévision américaine annulent leur projet de couvrir sa tentative. Ses amis hawaïens, « les *windsurfeurs* intrépides » comme il les appelle, lui prédisent le pire. Steve Wilkins, l'un des photographes de surf les plus réputés de l'époque, lui glisse même : « Pas question de t'accompagner, je ne tiens pas à faire une reconnaissance de corps. » Arnaud lâche alors : « Je veux relever ce défi, vaincre. Je pars seul ? Qu'importe ! Béring, à nous deux ! »

Dès son arrivée à Wales, sa base de départ, le soleil perce les nuages. C'est un bon présage, qui l'encourage. Arnaud se met à l'eau pour son entraînement. Mais lors de sa première chute, il ressent un choc terrible, en dépit de son épaisse combinaison en caoutchouc : « J'ai eu l'impression que deux poings géants m'enserraient brusquement les côtes pour vider tout l'air de mes poumons et qu'une glace brûlante me cerclait le front et les tempes. » Le troisième jour de son entraînement, la mer s'ouvre devant lui pour laisser jaillir une créature impressionnante, une orque massive qui bondit hors de l'eau pour mieux l'observer, puis retombe dans une gerbe d'éclaboussures. Arnaud n'en mène pas large. Les Eskimos, pour lequel le Français est devenu une distraction, l'observent à la jumelle depuis la berge.

Fin août, des tempêtes se lèvent avec des rafales de 40 à 50 nœuds. Dans sa cabane en bois au confort sommaire, Arnaud s'inquiète. « J'ai commencé à avoir la trouille, car je devais traverser ça... » À plusieurs reprises, sa planche de 24 kg est balayée par les rafales, tel un vulgaire fétu de paille. Il peste contre son fournisseur, qui lui a livré des voiles surdimensionnées par rapport à ses demandes initiales. Aussi allège-t-il considérablement son matériel pour se préparer à une dure traversée, tout en sachant qu'il est inenvisageable pour lui de passer une nuit en mer. «Le défi de ce sprint entre deux continents était basé sur la vitesse pure. *Fight or flight*, le salut dans la fuite en avant!»

Le 28 août, le bulletin météo annonce des conditions idéales pour le lendemain, avec un vent de nord-est de force 3 à 4, se renforçant dans l'après-midi. Arnaud demande à la radio de Nome, petite ville à l'extrême ouest de l'Alaska, d'émettre des messages en russe annonçant son départ, afin de prévenir la marine soviétique. Dans une poche étanche, il range des habits de rechange, un appareil photo, des pellicules, 500 dollars en cash, une fusée de détresse et le fameux article de la *Pravda* relatant sa traversée du Sahara en *speed-sail*. Un sésame bien utile quand il sera face aux marins soviétiques. Il emporte aussi du chocolat, pour en offrir à ses futurs hôtes.

Sur la plage, avant le grand saut dans l'inconnu, un chant d'encouragement s'élève : *«For he's a jolly good fellow.»* Arnaud est réconforté par les écoliers eskimos et leur instituteur, tandis qu'il avance sa planche dans l'eau. Un dernier au revoir, et il flirte déjà avec les îles Diomède, prenant garde de passer au large pour éviter les remous et les déferlantes qui se brisent le long des falaises. L'une des îles est américaine, l'autre soviétique. Non seulement elles marquent la frontière entre deux mondes, mais en outre elles se trouvent de part et d'autre de la ligne de changement de date. Depuis l'Alaska, Grande Diomède, en Russie est située «demain».

Imperceptiblement, le vent tombe et le brouillard envahit le détroit. Avec sa voile de 5 m², Arnaud se retrouve encalminé, exposé aux chutes. Il est 3 heures de l'après-midi et il lui reste 80 km à parcourir en seulement 7 heures de jour. Il se demande s'il ne serait pas plus sage d'accoster sur l'île de Petite Diomède. À ce moment, le soleil perce les nuages et le vent gonfle sa voile. C'est un nouveau signe du ciel.

Arnaud, héros de bande-dessinée. Il se lie d'amitié avec un Eskimo en Alaska, qu'il appelle chaque année à Noël jusqu'à sa disparition. *(© DR)*

Quelques minutes plus tard, Arnaud franchit la ligne invisible du changement de date. Cela s'est fait tout naturellement : en glissant de la crête d'une vague à une autre, il est passé d'hier à demain. Naviguant à bonne vitesse sur sa planche vers la côte soviétique qu'on devine au loin, Arnaud s'en amuse. Si d'aventure il revenait sur ses pas, il deviendrait le premier véliplanchiste à remonter le temps !

Arnaud doit encore parcourir 35 milles (environ 60 km) avant de toucher au but. Tandis que le vent se renforce, il s'accroche à son *wishbone*. Ses mains dénudées sont gelées, après la perte accidentelle de ses gants. C'est alors qu'un petit miracle se produit. Un navire militaire soviétique vient à sa rencontre et se met à l'escorter amicalement. Arnaud se sent encouragé, rassuré, il exulte et hurle sa joie pour lui seul. Qui pourrait l'entendre, ici ?

Les montagnes de Sibérie, majestueuses, se dressent, de plus en plus proches. Sous sa planche, Arnaud sent la houle de la mer des Tchouktches qui dévale du grand Nord. Il cherche au maximum à naviguer vent arrière pour gagner de la vitesse. Mais trois kilomètres avant la côte, Arnaud tombe. Il sait que l'étreinte de l'eau est mortelle s'il y reste plus d'une minute. Il doit se relever le plus vite possible. « Sinon je crèverai là, dans mon cocktail amer d'eau de seau à champagne », se dit-il tétanisé. Il a toutes les peines du monde à relever sa voile et se remettre debout.

La côte se rapproche. Arnaud surfe sur les dernières vagues, mais rechute. De la côte, une chaloupe vient à sa rencontre. Il se relève, se lance à nouveau dans les vagues, puis aborde enfin en Sibérie, sur une plage garnie de galets. Il est 18 h 15, Arnaud de Rosnay a traversé les 125 kilomètres du détroit de Béring en 8 heures. Épuisé, le jeune homme éclate de rire et pleure de joie, de fatigue et de bonheur. Les dieux l'ont protégé. Il sait, désormais, que cette aventure marine n'est que la première…

12

Elle s'appelle Gravity

Face à la puissance mortifère des sous-marins nucléaires ou des porte-avions géants des deux superpuissances, la frêle planche à voile d'Arnaud de Rosnay ressemblait au moustique qu'on écrase d'un coup sec dès qu'il nous tourne autour d'un peu trop près. C'est néanmoins sur cette dérisoire coque de noix qu'il a bravé les éléments dans le détroit de Béring, reliant entre eux deux redoutables ennemis, Américains et Soviétiques. Le monde en a été stupéfait, admiratif. Pendant quelques heures, il n'y a plus eu ni rideau de fer, ni guerre froide, juste Arnaud, un «homme brave» pour les marins russes, un «voyageur sans complexe» selon le communiqué officiel de l'agence Tass. Même la *Pravda* s'est fendue d'un article élogieux, évoquant «un exploit beau et inhabituel». La presse nord-américaine et occidentale l'a également salué comme il se doit.

Arnaud tenait enfin son premier fait d'armes. Entré sans visa et en toute illégalité en Sibérie, le jeudi 30 août 1979, le navigateur fut accueilli en héros. Les militaires soviétiques l'avaient accompagné à bord de leur patrouilleur rapide pendant deux heures, admirant la façon dont il se jouait des vagues et du vent à l'approche de la côte. Ils le prirent en charge chaleureusement dès qu'il eut quitté la mer des Tchouktches pour poser les pieds sur les galets de la plage et lui apportèrent une bouteille isotherme de thé brûlant, quelques gâteaux ainsi qu'une couverture pour se réchauffer.

Arnaud immortalisa ces instants avec son appareil photo, puis on l'embarqua avec sa planche dans un gros hélicoptère Mil Mi 8, frappé de l'étoile rouge. Le soir même, il partageait un dîner de roi avec Anatoly, le capitaine du navire, agrémenté de caviar, de saumon et de fruits frais. L'officier russe parlait parfaitement l'anglais et les deux hommes ne manquèrent pas de porter plusieurs toasts à l'amitié franco-russe, avec des verres de vodka, naturellement.

Après un convoyage en avion militaire jusqu'à Moscou, Arnaud s'installa dans un Boeing d'Air France pour rejoindre Paris en

Les militaires soviétiques prennent Arnaud en photo. L'accueil fut très chaleureux en Sibérie.
(© Collection Famille de Rosnay)

passager ordinaire. Alors qu'il survolait la Russie, les pensées du nouvel Ulysse vagabondèrent jusqu'à Leningrad, où une partie de sa famille maternelle vivait encore. Sa grand-mère n'était plus de ce monde, hélas, mais son oncle et ses cousins, qui avaient sûrement appris ses exploits dans le journal, devaient être fiers de lui !

À Paris, ses parents, Gaëtan et Natacha, Zina sa sœur chérie et surtout Joël, son grand frère, étaient certainement admiratifs, eux aussi. Depuis qu'il avait abandonné sa carrière de photographe et son job lucratif à Londres, ses proches, dont son frère aîné, plus cartésien, lui avaient signifié leur incompréhension, parfois même leur désapprobation.

organizations are trying to assist Western Alaskans who want to get involved in the commercial herring fishery. On August 9 and 10 there was a meeting in Anchorage with fishermen from all over Western Alaska. There are several other important meetings coming up this fall that will be important to local people who want to get into the herring fishery. A list of these meetings and organizations which can help is enclosed. Especially NOTE THE SEMINARS THAT THE SUBSISTENCE COMMITTEE WILL BE HOLDING IN KOTZEBUE SEPTEMBER 6,NOME SEPTEMBER 8, AND UNALAKLEET SEPTEMBER 10.

THE BASIC THINGS THAT LOCAL FISHERMEN NEED TO GET INTO THE FISHERY ARE THESE:

HERRING NETS: One 50 fathom shackle pre-hung costs about $400. If you hang them yourself it costs $300 per shackle. Each fisherman is allowed to fish three shackles. You should get your nets before May. Fishermen in lots of villages last season found that there weren't any nets to be bought anywhere in the state or even in Seattle once May rolled around because so many people were fishing herring.

A BOAT: A lot of village herring fishermen decided last year that their small salmon fishing skiffs did not work very well for fishing herring, so they are looking for new boats.

A PERMIT: There is no limited entry in the fishery, but you need to send away to Juneau for a permit anyway. Anyone can get a permit. It costs $40 and it takes about six weeks to get the permit back from Juneau once you send them your money. A lot of people who wanted to fish herring last year could not because they sent in their permit application too late or else filled it out wrong.

A PROCESSOR: You have to have someone lined up ahead of time to buy your fish. This is something that people should start working on right now.

GOOD REGULATIONS: This is the toughest part -- the politics. The State regulations that will help village fishermen or ones that will hurt them. The regulations that they pass are the most important thing that will effect the involvement of the local people in the herring fishery. It is not enough to just mail them a proposal for a regulation that you want to have them adopt. You need to send in your regulation proposals (the deadline for sending them in is SEPTEMBER14) and the learn how the politics of fish works and learn how to persuade the Board members to adopt your proposal.

The seminars that the Subsistence Committee will conduct will deal with the five basic needs described above. If you would like assistance or information from the Subsistence Committee, contact David Hoffman at the Anchorage office.

off the road about ... Isaac's sister, Maureen Pederson, left the vehicle and tried to walk through the tundra to a camp about 3 miles away. After finding conditions too muddy she returned to the vehicle. Lsaac was gone and has not been seen since. It is suspected he may have tried to wade across the Niukluk River which was running high due to heavy rains in the area.

The jacket was discovered near the river about 8 PM Wednesday by Isaac's brother, Ray. It was later thought that the jacket, although belonging to the missing man, had been laying on the beach for the past month. There were even reports of moss growing on the jacket. Alaska State

(Cont on Page 8)

"Asked" to resign

department were "practically the same group." They also defended the girls staying at the fire hall "for a couple of nights" as extenuating circumstances; "she didn't have a home to go to."

City Manager Moore pointed out that we have social service agencies that are set up to take care of these kinds of problems and they should have been given the responsibility of finding a suitable place for a homless juvenile."

When contacted Tucker said he would not comment until after the hearing on September 6. The meeting is scheduled to begin at 7:00PM and is open to the public.

FRENCH BARON SURF-SAILS BERING STRAIT

Escorted by Russian Destroyer From International Dateline

A Russian Destroyer met French Surf-Sailer Baron Arnoud De Rosnay at the International Dateline yesterday and escorted him to the Siberian mainland. He was the first person to legally cross the Bering Strait since the U.S. Russian border was closed in 1947. The Frenchman left Wales about 10:15 yesterday morning on a "standard wind sail surf board" measuring about 9 feet long with a 6.4 square meter sail. Wales residents lost sight of him through their binoculars at 11:15. He was accompanied part way way by Diomeders in a skin boat but by noon he was "all alone out there." According to earlier reports.

De Rosnay was spotted 8 miles due north of Little Diomede directly in line with East Cape, Siberia. He reached there, his halfway mark, at about 12:35 PM. Diomeders said they saw him going by "very fast." (De Rosnay had been clocked at a top speed of 19.7 knots on his wind sail in earlier test runs not in Wales.)

A plane had been chartered from Kotzebue to take pictures of the event. They reported it was very difficult to locate the lone surf-sailor as "he was so small" in the water. They dove close to the water for the pictures, reportedly within 10 feet of the sea.

The Frenchman left all of his belongings in Wales and said he hoped very much to be able to return there, somehow. De Rosnay was described as "half crazy" but "very much together in his own world." The people of Wales were very much impressed with the young man and tried to talk him out of the Bering Strait crossing out of concern for his safety. He, too, expressed his infatuation with Wales. Former Secretary of State Dean Rusk, as well as other government officials in Washington, D.C. had been contacted concerning the young Frenchman's well-being in Siberia.

De Rosnay had told Wales residents he would send up a flare at 10 PM if he made it safely across. The villagers gathered on the shore at 10 o'clock last night and witnessed 2 beams of light that looked like search lights, and then they saw a smaller light from the flare.

33-year old Baron Arnoud De Rosnay said he was making the trip in an attempt "to bring the two super powers together using only his knowledge of nature, the wind, a board and a sail."

Baron De Rosnay 2 weeks ago in Nome.

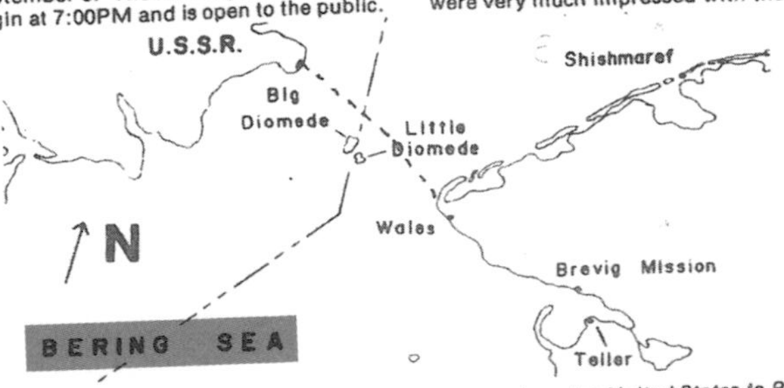

Bering Strait map charting Arnoud De Rosnay's sailing from the United States to Russia.

« Veux-tu gagner beaucoup d'argent, Arnaud ? » lui avait demandé, un jour, son ami Jimmy Goldsmith. Il lui avait répondu clairement « Non ». Arnaud attendait autre chose de l'existence et il songeait déjà à des entreprises grandioses et surprenantes. L'argent n'était à ses yeux qu'un carburant pour réaliser ses projets, de l'oxygène pour satelliser ses rêves, à commencer par son premier film, auquel il pensait tous les jours.

Tandis qu'il approche de Paris, Arnaud grimace de douleur ; ses mains meurtries le lancent. Les huit heures de navigation sans gants, dans le froid glacial de la mer de Béring, les ont gelées en profondeur. Il ne récupérera le contrôle total de ses doigts qu'après deux mois de soins patients. C'est néanmoins un homme « gonflé à bloc », comme il l'annonce lui-même, qui retrouve, en septembre 1979, la civilisation et la douceur de la vie parisienne.

Béring a fait de lui une célébrité mondiale. C'est l'introduction dont il rêvait afin de convaincre les grands argentiers du cinéma de le laisser réaliser son film. Il décide alors de se lancer à fond dans ce projet, baptisé *Gravity*, y investissant tout son temps et ses ressources.

Cinq mois durant, Arnaud fuit les mondanités et devient un bourreau de travail. Il déploie une énergie phénoménale afin de peaufiner son scénario, finaliser chaque plan, consulter des experts. Son but : constituer le dossier le plus complet possible quand viendra l'heure de passer devant le grand jury des producteurs de Hollywood.

La presse internationale donne un écho retentissant à l'aventure de Béring.

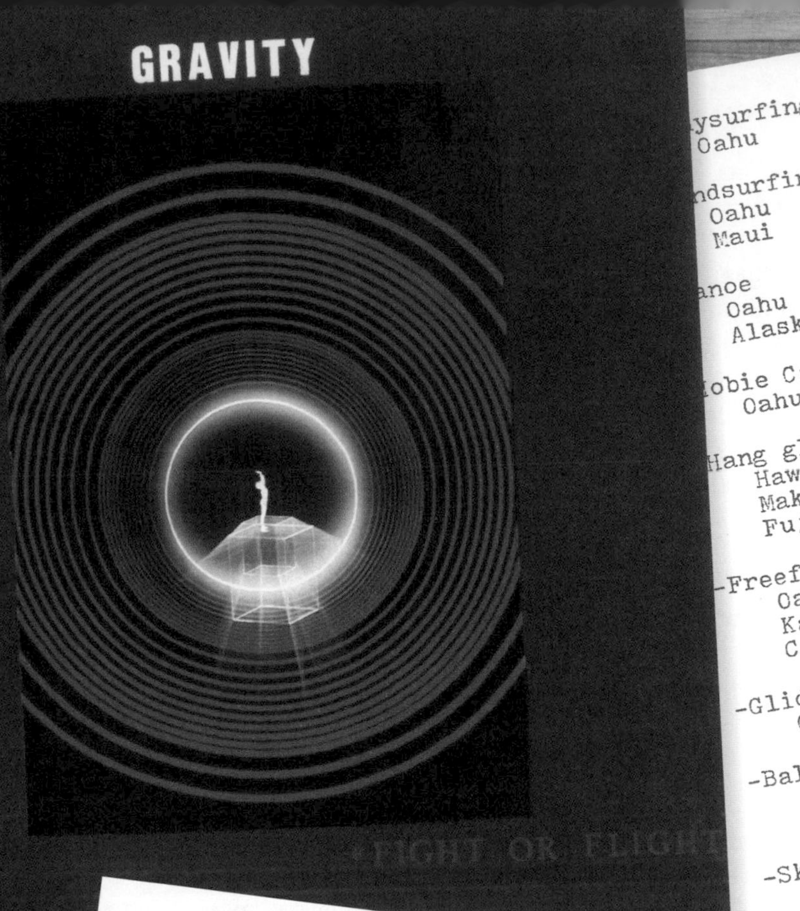

ysurfing and skimboardi
Oahu

ndsurfing
Oahu
Maui

anoe
Oahu
Alaska

obie Cat
Oahu

Hang glider
Hawaii
Makapu, Oahu
Fujiyama, Japan

-Freefalling, Parachut
Oahu
Kauai
California

-Glider
California

-Balloon
France
California

-Ski
Bugaboos, Cana
Switzerland
Austria

s
ada
den

sail
gadier, Mo

Yacht
France
USA

Sailboat
France
Hawaii

-Bobsleddin
St. Mor

A gifted and audacious young man, Arnaud de Rosnay has behind him a variety of exploits that has given him an astonishing range of experience for one of his age. Combined with his skill as a photographer, his sense of adventure, his daring exploration of new fields has led him to the idea of making a movie picture that gives every hope of originality and beauty. Using the confrontation of sport and the eternal force of gravity as a theme he intends to celebrate the questing and heroic spirit of man, expressed here in the controlled grace of dangerous play. It is not brutal, it is not man against man, it is man flirting at his risk with the elements of Nature, it is man stretching joyfully to the limits of his world, exploring an ever receding, ever beckoning horizon.

Irwin Shaw

When, Where, How

The working technique of the Fight or Flight Gravity crew will be to obtain from each separate specific team an achieved segment done on a short time basis so the enthusiasm does not fade away. The directing team will always perform to utilize time and conditions at their best advantage. A producing co-ordinator will supervise the effectiveness of the work and its control.

To help the cameramen and the various teams understand fully the research scene, a graphic designer will be able to illustrate each vision.

The stock shot team will provide us with all the necessary existing footage on the forthcoming subject.

The work of each team will be processed and screened by the directing team on the spot so that a partial layout can already take shape.

The directing production team will be in full action from the beginning of the film and when the natural conditions dictate it the various specialized teams will be hired.

The Hawaiian Islands seem to be the ideal place for shooting of the film. Its communication climate, and its natural
tive creativ
the spor
relates
Hawaii i
enjoymen

The
the follo

-Seq

l
I
D
B

-Surfi
Oa
Ka
Ha

Skel
witzerland

PROPOSED BUDGET

1.	Manuscript	$ 300.000
2.	Personal Production Unit Salaries	$ 1.000.000
3.	Interpretation	$ 150.000
4.	Travelling expenses	$ 200.000
5.	Rental of Specially Designed Equipment	$ 300.000
6.	Films and Special Effects	$ 400.000
7.	Purchase of Stock Film	$ 100.000
8.	Editing	$ 300.000
9.	Music	$ 450.000
10.	Living Expenses	$ 200.000
11.	Helicopter Rental	$ 100.000
12.	Insurance	$ 100.000
13.	Overhead Expenses	$ 400.000
	TOTAL	$ 4'000.000

Le fameux scénariste et écrivain américain Irwin Shaw, qui vit une partie de l'année à Klosters en Suisse (où les de Rosnay ont un chalet), rédige une note sur Arnaud en guise d'introduction, y vantant ses qualités : «Son audace, la richesse et la variété de ses expériences en dépit de son jeune âge, ses aventures et sa capacité unique à explorer des chemins inédits…». Son frère Joël commence, lui aussi, à avoir une certaine notoriété, de par ses activités à l'Institut Pasteur et la publication de ses best-sellers sur la santé et la prospective. Nommé conseiller scientifique du projet, Joël rédige un portrait flatteur de son petit frère : «Un vrai *sportsman* qui maîtrise ses sujets, avec une imagination aiguisée, un sens esthétique rare, et surtout une capacité à deviner avant tout le monde les modes et les tendances à venir.»

Lorsqu'on regarde avec du recul les personnalités qu'il a alors voulu associer à son projet, on comprend qu'Arnaud était un défricheur, un novateur tourné vers le futur, sachant s'adresser aux meilleurs penseurs de son temps, conseillers, scientifiques ou écologistes. Tous auront de brillantes destinées, la plupart sont de véritables pionniers de l'écologie, et l'on ne peut s'empêcher de rêver du film qu'aurait réalisé Arnaud avec un tel casting : le célèbre théoricien de la communication Marshall McLuhan, l'astronome Carl Sagan, fondateur de l'exobiologie, l'agronome, biologiste et écologue français René Dubos, le futur ministre de l'Environnement Brice Lalonde, le biologiste américain Barry Commoner, penseur de l'écologie moderne, mais aussi Samuel Pisar, avocat et écrivain, ancien conseiller de Kennedy, ou encore le compositeur Jean-Michel Jarre pour la musique, et bien sûr son frère Joël de Rosnay. Excusez du peu !

Sur le papier, le projet du film, *Gravity*, est grandiose. Comme l'écrit Arnaud : «C'est un ballet musical, une odyssée d'une heure trente environ, qui mêle science-fiction et réalité. L'histoire met en scène la nature et les sports planants, avec un personnage féminin central, Gravity. Elle est une beauté extraterrestre, un ange envoyé par le créateur ou la force, qui revient sur Terre observer les hommes. Il y a eu toutes sortes de catastrophes par le passé. L'humanité s'est autodétruite et réduite comme peau de chagrin. Gravity découvre les derniers survivants sur une île. Il leur arrive de se défier pour déterminer qui sera le chef. Pour cela, ils usent de toutes sortes d'instruments et d'engins bizarres, afin de combattre la puissance souveraine de la gravité, c'est-à-dire Gravity elle-même. Séduite, cette dernière se mêle aux hommes et à leurs jeux… »

Plein d'espoir et d'enthousiasme, un matin de 1980, Arnaud s'envole pour la « Cité des anges » en Californie, un volumineux dossier sous le bras. Le jeune homme est déterminé à convaincre les producteurs des majors et des grands studios de lui accorder 4 millions de dollars afin de réaliser son film, une somme rondelette pour l'époque. À titre de comparaison, c'est le budget de départ des *Dents de la mer* de Steven Spielberg, cinq ans plus tôt, considéré comme le premier *blockbuster* de l'histoire. Or, Arnaud n'est encore qu'un inconnu dans le cinéma !

Dès son arrivée à L.A., le jeune homme prend ses quartiers au château Marmont. Les chambres ne sont pas données, mais il espère que son séjour dans cet hôtel mythique surplombant Sunset Boulevard, lui portera chance. Cependant les entretiens ne vont pas du tout se dérouler comme prévu et Arnaud va vite déchanter. En effet, il sera reçu par des financiers pur jus, des ronds de cuir qui ne comprennent rien à ses concepts ou ses histoires *d'heroic fantasy*. « Mes idées sont trop éloignées de leurs valeurs de référence. J'ai travaillé de toute mon énergie pour convaincre des fonctionnaires, des conseillers financiers. En vain, je dois mettre mon projet sur la touche », déclare Arnaud, dégoûté.

Le couteau sous la gorge, car il a misé ses derniers dollars, Arnaud n'abdique pas. « Jadis après une grande déception, les aristocrates partaient à la guerre. Eh bien, je partirai à l'aventure », déclame-t-il, vaillant, face aux lumières scintillantes de Los Angeles qu'il contemple depuis la terrasse de son palace. Au volant de son énorme voiture de location, Arnaud roule des heures dans la nuit américaine, se perdant dans les canyons qui bordent le Pacifique, cherchant l'étincelle, le stratagème qui lui permettra de parvenir à ses fins pour mieux rebondir.

Non loin de la plage mythique de Malibu, il a soudain l'illumination : il va souscrire une assurance sur la vie du montant exact du budget du film et tentera une traversée du Pacifique en planche à voile. S'il échoue et disparaît, l'argent de la prime servira à réaliser *Gravity*. S'il réussit, il est persuadé que le retentissement de l'exploit sera tel, que «le plus fermé des administrateurs de Hollywood, ne pourra que s'incliner».

C'est avec ce projet totalement fou en tête qu'il rembarque dans un Boeing 747 d'Air France pour Paris, exalté. «J'adore le Pacifique, c'est le plus bel océan. J'ai une vénération profonde pour Hawaï. Et je connais aussi Tahiti, un lieu d'une beauté remarquable. Pourquoi ne pas relier ces deux endroits qui me sont chers?». Comme les premiers navigateurs polynésiens, il décide donc d'un départ de Nuku-Hiva aux Marquises, pour relier *Big Island* à Hawaï, soit une distance de 2 100 milles nautiques (près de 4 000 km).

Dès qu'il commence à évoquer son idée auprès de son entourage, Arnaud se heurte à un mur d'incompréhension et se fait même traiter de fou. «Fou je l'étais», reconnaît l'intéressé. «De tristesse et de dépit, après le rejet de *Gravity*. De solitude aussi. Dans la société parisienne, à New York ou en Amérique du Sud, je peux évoluer dans les soirées les plus excitantes. Mais jamais encore je n'ai rencontré une jeune femme pour laquelle j'éprouve une affection, un amour profond. Non vraiment, au moment de

Jenna et Arnaud se rencontrent à Hawaï, un véritable coup de foudre.
(© Bertrand LAFORET / GAMMA RAPHO)

me jeter dans les bras du Pacifique, je n'avais rien à perdre. »

Avec la passion et l'énergie qu'on lui connaît, Arnaud entame ses préparatifs. Il a fait des calculs en observant les vents, les courants et les étoiles. Il compte se lancer dans ce raid entre le 18 et le 22 août 1980. Comme pour Béring, il naviguera en planche à voile. Il y a une portée écologique et économique dans ce choix, mais pas uniquement : « Aucun autre bateau de dimension raisonnable ne permet de réaliser des moyennes horaires aussi extraordinaires. Et puis c'est un engin de sport accessible et compréhensible par tout un chacun », estime Arnaud.

Une tendre complicité.
(© Florence GRINDA / GAMMA RAPHO)

Il lui reste cinq mois et demi pour résoudre tous les défis organisationnels et techniques, à commencer par la réalisation d'un engin capable de conjuguer à la fois navigation et survie, sur l'espace réduit d'une planche à voile. Arnaud doit également savoir comment il va se nourrir, s'hydrater, dormir, se déplacer la nuit, communiquer, se diriger. L'un des premiers défis demeure le financement. D'autres auraient jeté l'éponge d'entrée, mais pas Arnaud. Plus c'est difficile, plus il se sent galvanisé.

Le 9 mars il débarque à Hawaï, sur l'île de Maui, afin de reprendre l'entraînement de manière intensive. Dès qu'il évoque son projet, il se fait traiter de doux dingue par ses condisciples *windsurfeurs*, les

Glamour, même en tenue cool.
(© Jean-Jacques BERNIER / GAMMA RAPHO)

mêmes qui le dénigraient quelques mois plus tôt avant sa tentative de Béring.

Une seule personne le prend au sérieux, Jim Loomis alias Zantar, personnage original un brin mystique, qui aime vivre nu, dormir dans des cabanes accrochées aux arbres et défier les conventions. C'est par son entremise qu'Arnaud est invité un jour chez John Severson, fondateur de *Surfer Magazine*. Severson a quitté la Californie quelques années plus tôt pour venir s'installer dans ce coin de paradis avec son épouse Louise et ses deux filles, Jenna et Anna. Peintre et photographe, il a correspondu dans les années 1960 avec Joël et Arnaud de Rosnay, qui lui ont envoyé des articles et photos sur le surf français. Les retrouvailles sont chaleureuses.

La *beach house* est située sur les belles plages de sable de Napili, et dès qu'Arnaud franchit la porte de cette maison du bonheur, l'amour s'abat sur lui telle une tornade sur ce célibataire fou de solitude. Une jeune fille blonde, radieuse, divinement belle, se tient face à lui, véritable apparition. C'est Jenna. Elle n'a que dix-sept ans, alors qu'Arnaud en a le double. La nuit suivante, Arnaud voit en songe un ange envoyé par le Créateur, la beauté extraterrestre dont il a toujours rêvé : il en est désormais certain, Jenna Severson a le visage et l'apparence de Gravity !

13

« Le désir fanatique d'aller au bout »

Tel un héros des grandes épopées, Arnaud a longtemps cherché l'âme sœur. Pour la trouver, il a traversé la Terre entière et bravé les océans. Mais en ce printemps 1980, il ne laisse planer aucun doute sur la puissance des sentiments qu'il ressent pour Jenna Severson. Elle est l'élue, la promise. Voilà plusieurs semaines que l'aventurier a rencontré la belle en rendant visite à ses amis John et Louise Severson. Les parents de la jeune femme ont tout de suite été séduits par le charme et la flamboyance de ce Français encore auréolé du succès de son exploit dans le détroit de Béring. Plein de projets, le jeune homme s'enflamme pour le prochain raid qu'il entend entreprendre en planche à voile : la traversée des Marquises à Hawaï, sur les traces des anciens Polynésiens. Voici ce qu'écrit alors Arnaud sur Jenna Severson :

« Il y a longtemps que je n'ai pas éprouvé de sentiment aussi profond. Je suis conquis par la pureté de cette jeune fille de la nature, qui vit en plein air, dans le soleil et les vagues. Comme moi, elle affectionne la mer et tout ce qui donne du prix à la vie… Ce n'est pas une petite princesse de la société ! C'est une femme simple, qui a des goûts simples. De plus, elle est brillamment intelligente. Je l'aime. »

La révélation de cette romance imprévue met, néanmoins, John Severson dans l'embarras. Le fait qu'Arnaud soit divorcé et bien plus âgé que sa fille l'inquiète : « À l'époque, je n'étais pas très enthousiaste, reconnaît le peintre et photographe, dans un entretien de 2001 au magazine *Surfer Journal*. Arnaud avait fait à Jenna le serment de son amour. Il voulait l'épouser. Il m'était plutôt difficile de faire avorter cette idylle. J'imaginais déjà ma fille, des années plus tard me demandant : "Papa, pourquoi ne m'as-tu pas laissée partir, découvrir la vie, voyager en Europe et épouser Arnaud ?" Louise, ma femme, était favorable à cette union. Ce fut une sale période pour moi… », ajoute John Severson avec franchise.

Les deux tourtereaux ne tardent pas à se fiancer officiellement. Jenna vient d'être sélectionnée pour entrer à Stanford, prestigieuse université située non loin de San Francisco, mais elle choisit de faire un break de quelques mois pour suivre son nouveau compagnon à Tahiti. C'est la première fois qu'elle s'engage ainsi affectivement.

Jenna est une fille des îles aux ascendances nordiques, habituée depuis toujours à nager et jouer dans les vagues. Elle surfe «comme une déesse», selon Arnaud. Aussi décide-t-il de l'initier à la planche à voile et, de retour à Hawaï, il l'incite même à tenter la traversée d'un détroit entre les îles de Maui et Molokai. L'expérience est prématurée, comme l'exprime amèrement le père de Jenna : «Elle ne savait même pas encore faire tourner sa planche. Et ce qui devait arriver, arriva. Jenna dut parcourir quatre milles (6,5 km) à la nage pour rallier la terre et sauver sa peau!»

Gendre un peu trop casse-cou, Arnaud a, heureusement, bien des atouts dans son jeu pour se rattraper auprès de sa belle-famille. Aussi ne manque-t-il pas d'introduire son futur beau-père dans le monde de la planche à voile, en pleine ébullition à Maui, ce qui aura de grandes répercussions sur le parcours de John Severson. Arnaud lui présente Hoyle Schweitzer, l'un des inventeurs du *windsurf*, qui avait débarqué à Hawaï en 1974 avec la première planche. Or, ce dernier vivait une partie de l'année sur la plage voisine. Aussi John Severson fut-il rapidement embauché pour relooker et diriger son magazine en Californie.

Enfin pleinement heureux, Arnaud pourrait se ramollir, ou freiner son aventureux projet de traversée sur le Pacifique. C'est tout le contraire qui se produit, comme si l'amour, lui donnant des ailes, le poussait à accélérer. Or, voilà qu'il reçoit des nouvelles inattendues de Los Angeles : la Twentieth Century Fox est prête à débloquer le *development money* pour préparer de manière plus détaillée

son film *Gravity*! Arnaud aurait dû sauter de joie, tout abandonner séance tenante, et s'envoler pour Hollywood afin d'y signer ce contrat inespéré. Mais contre toute attente, le jeune aventurier décide que son projet de traversée sur le Pacifique est «trop avancé pour reculer» et qu'il doit lui donner la priorité. Et d'ajouter : «Les idées que je suis en train d'exploiter sont tellement extraordinaires que j'éprouve le désir fanatique d'aller au bout.»

Pour autant, la peur s'insinue quand même dans son esprit : «Quand j'étais désabusé et triste, j'envisageais de me lancer sur le Pacifique avec tout juste 50 % de chances de réussite. Tout est désormais changé, puisque mon message commence à être compris. Si je veux revenir vivant et pouvoir réaliser *Gravity*, c'est une opération comportant 90 % de chances de réussite que je dois monter, avec toujours présent à l'esprit, Jenna et *Gravity*.»

Il est parfois difficile de suivre Arnaud de Rosnay dans ses raisonnements. Lui qui semble respirer et vivre uniquement dans le but de réaliser ce film et de trouver l'amour, se jette maintenant à corps perdu dans la planche à voile, au moment même où il semblait avoir touché son Graal. «Par cette aventure, je veux prouver que la volonté peut atteindre des objectifs inimaginables, et que cette même volonté, alliée à la liberté, la nature, permet à l'être humain de ne plus être adapté seulement à certains éléments, mais d'en être une vivante et intégrante partie», se justifie Arnaud.

Jenna sera l'une des seules personnes à croire en Arnaud quand il se lance dans le Pacifique.
(© Sylvain Cazenave)

Cet entêtement le conduit, le 5 mai 1980, dans la baie hawaïenne de Maalaea, sur la ligne de départ du *Schweitzer Speed Trials*, où il participe à une épreuve de vitesse rassemblant les meilleurs *windsurfeurs* au monde. Véritable aspirateur à alizés, l'île de Maui est un fascinant terrain de jeu pour ces guerriers des vagues et du vent. Ses rivaux, Mike Waltze et Robby Naish, ainsi que Jurgen Honscheid, le devancent de quelques secondes sur la distance. Arnaud se paye quand même le luxe de coiffer sur le poteau de grands noms comme Fred Haywood, Cort Larned et Ken Winner, ainsi que Larry Stanley, qui lui enseignait encore les subtilités de la navigation ici même, un an auparavant.

Robby Naish, légende vivante de la discipline, se souvient : «Arnaud n'était pas dans le haut du panier des *windsurfeurs* qui résidaient à Hawaï à l'époque, mais il faisait preuve d'énormément de conviction et de force de caractère. Il progressait vite. On le trouvait très imbu de sa personne, parfois même un peu arrogant, voire suffisant. C'était un mec qui parlait beaucoup de lui-même. Il s'était construit l'image d'un type important. À force, on n'arrivait plus à distinguer la part de rêve de la réalité, le vrai du faux. C'était un formidable *self promoter*, avec un incroyable talent pour se mettre en scène. Sa compagne Jenna, vue de l'extérieur était la parfaite *trophy girl*, même si je savais aussi qu'elle était une personnalité belle et forte.»

De son côté, Arnaud décrit ce *windsurf* de haut niveau comme un milieu animé par «de formidables athlètes», mais un univers «assez étriqué» qui l'a parfois considéré d'un mauvais œil. «Je n'ai pas été autrement surpris de découvrir combien le succès public d'un nouveau venu au *windsurf* tel que moi, agaçait ces garçons» explique-t-il.

Le milieu de la planche à voile ne pouvait ignorer qu'Arnaud s'était illustré face aux meilleurs à Maui.

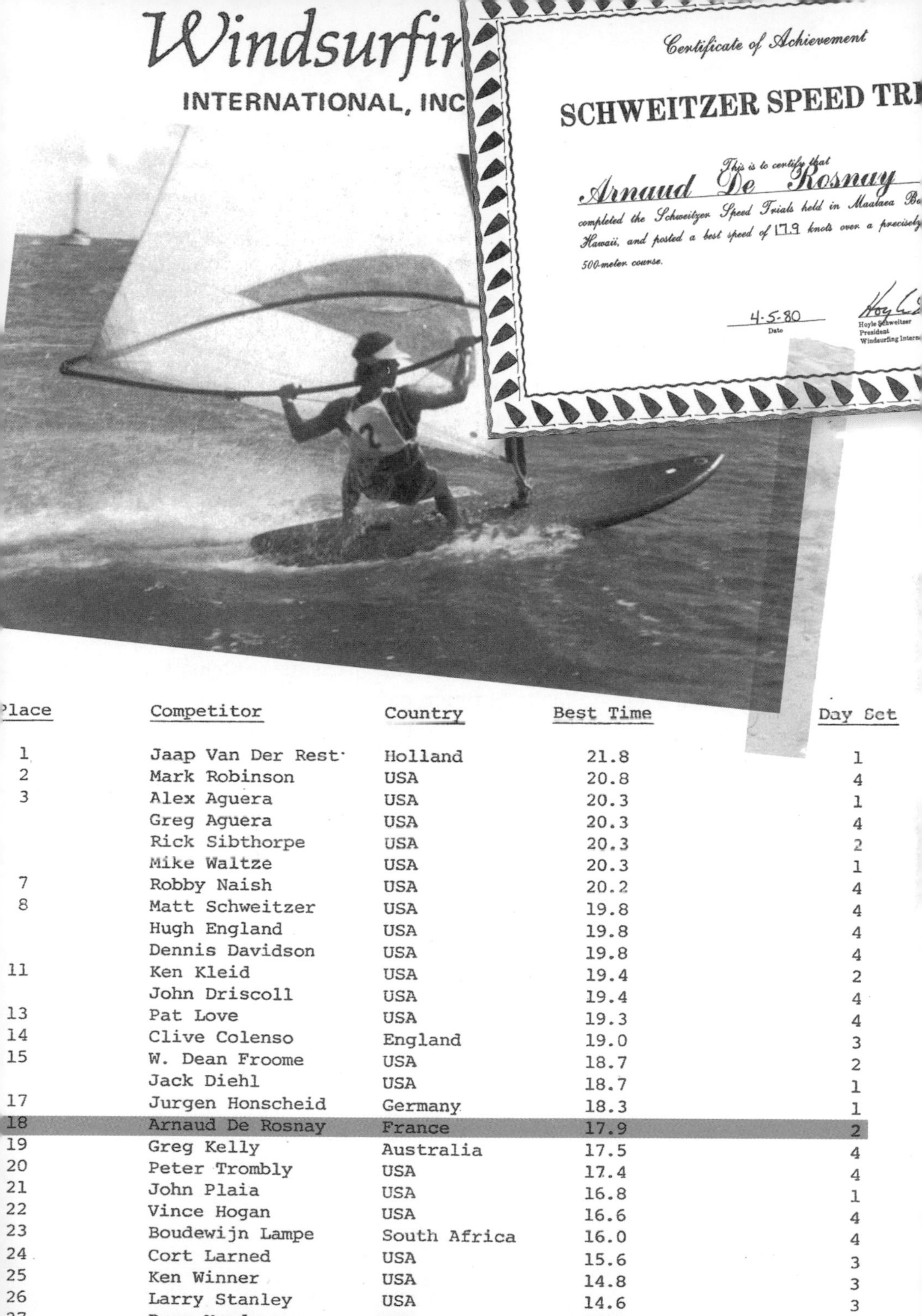

Windsurfin
INTERNATIONAL, INC

Certificate of Achievement

SCHWEITZER SPEED TR

This is to certify that
Arnaud De Rosnay
completed the Schweitzer Speed Trials held in Maalaea B
Hawaii, and posted a best speed of 17.9 *knots over a precisely*
500-meter course.

4-5-80
Date

Hoyle Schweitzer
President
Windsurfing Intern

Place	Competitor	Country	Best Time	Day Set
1	Jaap Van Der Rest	Holland	21.8	1
2	Mark Robinson	USA	20.8	4
3	Alex Aguera	USA	20.3	1
	Greg Aguera	USA	20.3	4
	Rick Sibthorpe	USA	20.3	2
	Mike Waltze	USA	20.3	1
7	Robby Naish	USA	20.2	4
8	Matt Schweitzer	USA	19.8	4
	Hugh England	USA	19.8	4
	Dennis Davidson	USA	19.8	4
11	Ken Kleid	USA	19.4	2
	John Driscoll	USA	19.4	4
13	Pat Love	USA	19.3	4
14	Clive Colenso	England	19.0	3
15	W. Dean Froome	USA	18.7	2
	Jack Diehl	USA	18.7	1
17	Jurgen Honscheid	Germany	18.3	1
18	Arnaud De Rosnay	France	17.9	2
19	Greg Kelly	Australia	17.5	4
20	Peter Trombly	USA	17.4	4
21	John Plaia	USA	16.8	1
22	Vince Hogan	USA	16.6	4
23	Boudewijn Lampe	South Africa	16.0	4
24	Cort Larned	USA	15.6	3
25	Ken Winner	USA	14.8	3
26	Larry Stanley	USA	14.6	3
27	Ross Handy	USA	14.5	4
28	Scott O'Connor	Australia	14.2	4

Mais, qu'importe : le 8 juin 1980, Arnaud change d'air et installe son camp de base à Tahiti. Le compte à rebours est lancé. Jusqu'à son départ pour les Marquises, il réside à Moorea dans un faré en paille du domaine de Maaireia, que lui prête son ami, le médecin et navigateur Christian Joinville. Il y retrouve son cousin mauricien Mico Sauzier, qui vit sur place. L'écrivain Jean-Marie Dallet et son épouse Michèle, peintre de talent, habitent également sur place.

Située à une heure de bateau de Tahiti, cette île paradisiaque dont la silhouette à la beauté sauvage est dominée par des montagnes escarpées, est cernée par un lagon et dispose de deux baies profondes, très appréciées par les navigateurs qui y trouvent un abri sûr. On approche de la date fatidique pour son raid sur Hawaï, programmé fin août. Jenna l'accompagne. Avant de partir de Honolulu, Arnaud a recruté un assistant, via une petite annonce passée dans le magasin «Windsurfing Hawaï», situé à Kailua sur l'île d'Oahu. Il s'agit de Malte Simmer, excellent *windsurfeur* de vingt ans, d'origine allemande, ayant grandi en Californie et maîtrisant le français. Sa mission est de veiller sur les aspects techniques de l'aventure et de superviser la fabrication du matériel en France.

Grâce aux enseignements de ses courses et régates à Maui, Arnaud a lui-même dessiné ses planches à voile de raid, qu'il fait fabriquer à Bayonne, chez son ami Michel Barland. Il reçoit l'appui financier du fabricant naval Dufour, entité du groupe Tabur Marine à Vannes, que vient de racheter le célèbre Baron Bich. Le Rochelais Bertrand Chéret lui confectionne, à des conditions très avantageuses, une série de voiles. Pour qu'il puisse communiquer et être repéré, Thomson CSF lui confie un radio émetteur-récepteur léger et étanche, issu de la recherche militaire, qui se recharge grâce à des cellules photovoltaïques, mais dispose d'une portée limitée en mer. Arnaud s'est également procuré deux dessalinisateurs pour compléter ses réserves d'eau douce. Enfin, un séjour au centre spatial de Houston, au Texas, lui permet d'étudier la nutrition en conditions extrêmes et même de récupérer des tablettes de survie *Survival* de 1 000 calories chacune auprès des spécialistes de la NASA. Précurseur du *kite-surfing*, il va aussi jusqu'en Floride, à la rencontre de Domina Jalbert, fournisseur de l'US Air Force, pour s'équiper de deux grands cerfs-volants du type *parafoil*, afin de tracter sa planche, même la nuit lorsqu'il se repose et dort. Un équipement qui se révélera essentiel dans la réussite de son raid.

Cette question du sommeil lui cause déjà des nuits blanches... Pour éviter à sa planche de chavirer lorsqu'il dort dans le radeau pneumatique de survie réalisé spécialement pour lui par Georges Hennebutte à Biarritz, Arnaud imagine un système astucieux. Il replie son gréement, attache un boudin gonflable à chaque extrémité du mât puis, en amarrant ce dernier à la planche, il dispose ainsi d'un trimaran léger très stable, dont l'envergure dépasse la longueur. Le montage et démontage prennent vingt minutes à chaque fois.

Afin de peaufiner la navigation nocturne, il va passer une quinzaine de jours sur l'atoll de Rangiroa, où il met au point un système inédit permettant de remonter contre le vent avec deux cerfs-volants, tout en gardant le bon cap. Un procédé qui lui sauvera la mise, une fois lancé en solo sur le Pacifique.

Arnaud se sent désormais prêt, enfin presque... C'est ce que découvre le photographe Bertrand Laforêt, envoyé à Moorea par l'agence Gamma pour y réaliser un grand reportage sur le raid, de façon à inonder les médias du monde entier. «Notre première entrevue s'est déroulée au luxueux hôtel Bali Hai, se souvient Bertrand Laforêt. Arnaud était tout habillé de blanc, du pantalon à la chemisette Lacoste, très élégant, chaussé de tongs. Un vrai dandy. Une vision totalement décalée pour un aventurier. Il portait un *talkie-walkie* en bandoulière et des lunettes de soleil Vuarnet avec des verres réfléchissants sur le nez, qu'il n'a pas quittées durant tout notre premier entretien. Il m'a installé face au soleil. Une façon

de prendre l'ascendant sur moi. J'ai tout de suite vu qu'il allait me donner du fil à retordre. Le dispositif de navigation et de survie qu'il a présenté un ou deux jours plus tard, semblait encore flotter un peu. Arrivée peu de temps après, l'équipe de télévision américaine d'ABC Sports, composée du cameraman Edgar Boyle, de son assistant Scott Wheeler et du journaliste Bruce Perlman, se rangea vite sur la même longueur d'ondes que moi. Arnaud nous semblait avoir mis un peu la charrue avant les bœufs en veillant sur la médiatisation alors qu'il n'était pas encore techniquement au point pour se lancer dans une aventure aussi colossale.»

Mais les équipes de Gamma et d'ABC Sport n'étaient pas non plus d'une grande expertise en matière de navigation ou de planche à voile... L'impression critique des journalistes est, en réalité, alimentée par les caprices et lubies du baron, et par les longues attentes qu'il leur impose, de façon parfois injustifiée. Arnaud est très exigeant, notamment sur les photos, se mettant en scène au bord du lagon, harnaché avec tout son matériel, en train de dormir sur sa planche, affairé à manipuler son *parafoil*... Lors d'une prise de vue par hélicoptère, les photographes le font déventer. Il chute, remonte sur le flotteur et lève le poing vers le ciel en maudissant le pilote. «Nous avons bien rigolé», se souvient Bertrand Laforêt qui se payait un peu la tête d'Arnaud avec les Américains. «On lui a dit de recommencer et que ça ferait de bonnes images.»

Arnaud s'entraîne entre Tahiti et Moorea. Le Pacifique sera dur.
(© Bertrand LAFORET / GAMMA RAPHO)

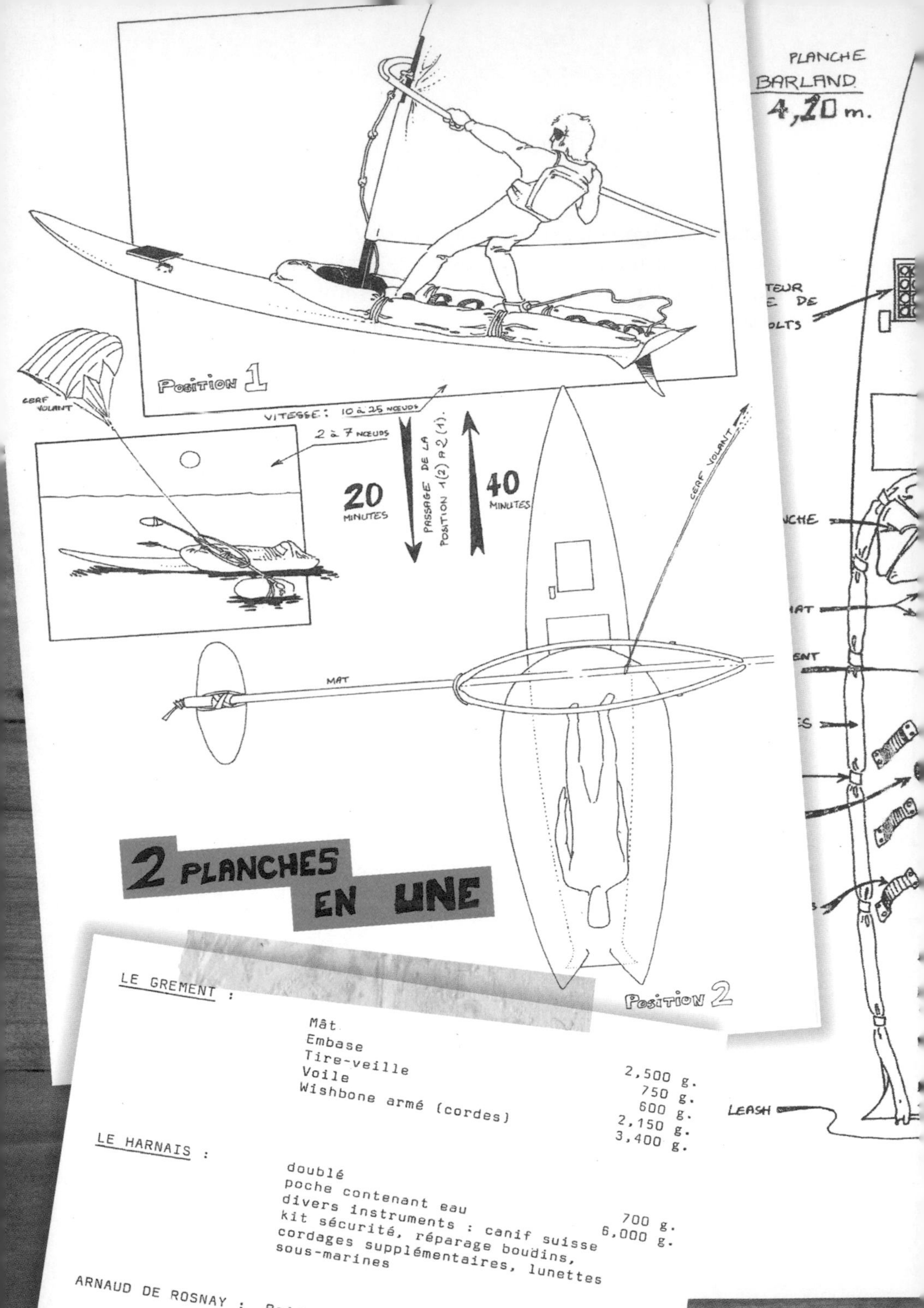

LE GREMENT :

Mât	2,500 g.
Embase	750 g.
Tire-veille	600 g.
Voile	2,150 g.
Wishbone armé (cordes)	3,400 g.

LE HARNAIS :

doublé	700 g.
poche contenant eau	6,000 g.

divers instruments : canif suisse
kit sécurité, réparage boudins,
cordages supplémentaires, lunettes
sous-marines

ARNAUD DE ROSNAY : Poids au départ

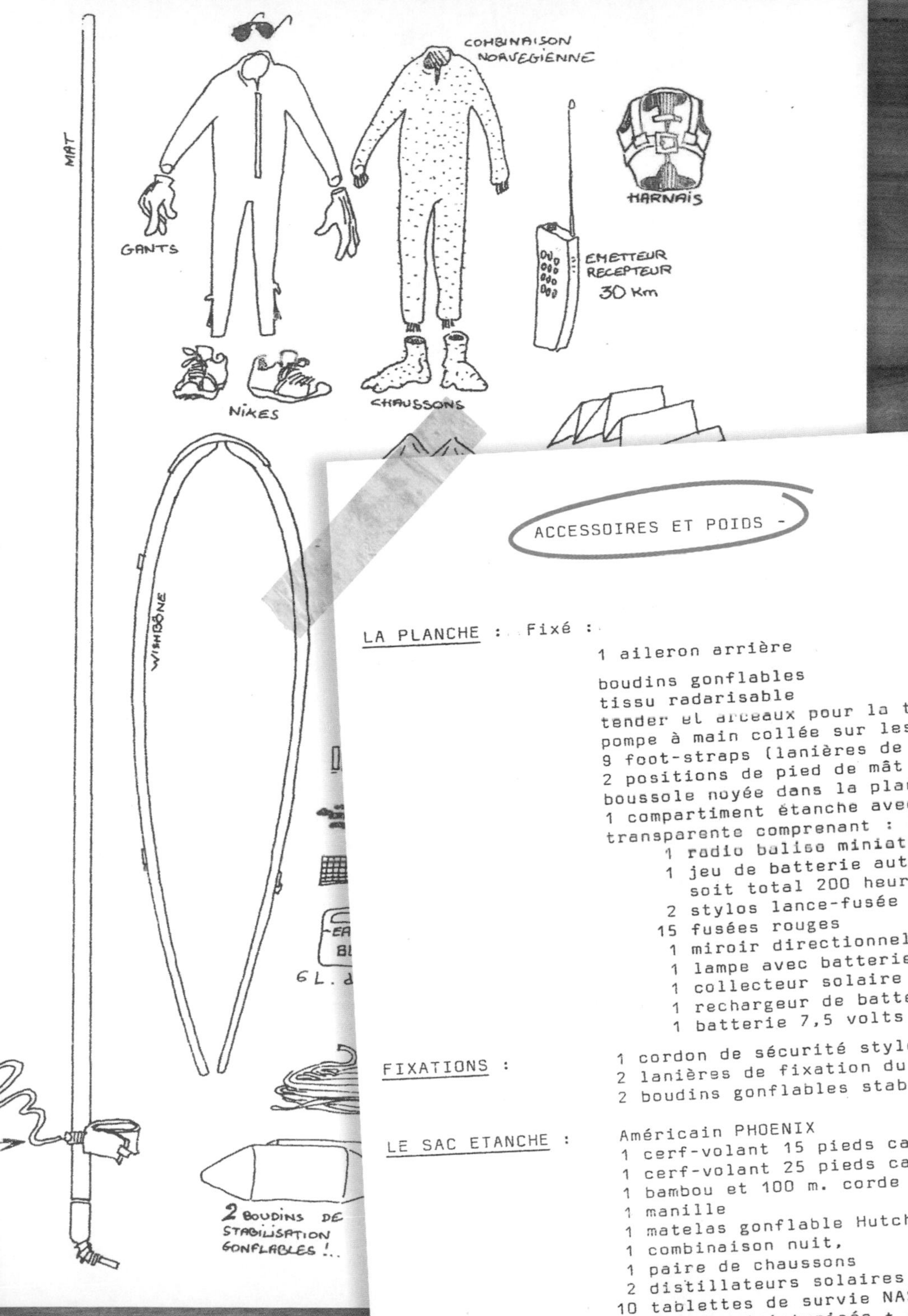

ACCESSOIRES ET POIDS -

LA PLANCHE : Fixé :

1 aileron arrière

boudins gonflables
tissu radarisable
tender et arceaux pour la to
pompe à main collée sur les
9 foot-straps (lanières de p
2 positions de pied de mât
boussole noyée dans la planc
1 compartiment étanche avec
transparente comprenant :
1 radio balise miniatu
1 jeu de batterie auto
soit total 200 heure
2 stylos lance-fusée
15 fusées rouges
1 miroir directionnel
1 lampe avec batteries
1 collecteur solaire 9
1 rechargeur de batter
1 batterie 7,5 volts

FIXATIONS :

1 cordon de sécurité style
2 lanières de fixation du
2 boudins gonflables stabi

LE SAC ETANCHE :

Américain PHOENIX
1 cerf-volant 15 pieds car
1 cerf-volant 25 pieds car
1 bambou et 100 m. corde n
1 manille
1 matelas gonflable Hutchi
1 combinaison nuit,
1 paire de chaussons
2 distillateurs solaires
10 tablettes de survie NAS
1 balise miniaturisée + 4
1 sextant en plastique +
THOMPSON CSF

Arnaud était tout feu tout flamme. Parfois, il se montrait peu en phase avec la réalité. Il explique ainsi aux journalistes qu'il suit un régime strict afin d'effectuer la traversée dans les meilleures conditions. Mais ces derniers l'observent en train d'ingurgiter chaque matin un copieux petit déjeuner composé de thé au lait, jus de fruits, banane, ananas, papaye, bacon, riz et toasts en tout genre. «Après avoir sauté le repas de midi, poursuit Bertrand Laforêt, Arnaud dévorait le soir des poissons grillés, arrosés d'excellents vins et ne manquait pas de déguster aussi un whisky ou un cognac». Curieux régime, effectivement!

Pour faire taire les mauvaises langues qui doutent déjà de ses capacités, il se lance un jour, sans autorisation, dans un aller-retour Moorea-Tahiti, soit deux fois quatorze milles nautiques. La mer est grosse, avec des creux de quatre à cinq mètres. Le vent forcit durant la traversée. Arnaud épate les journalistes et les marins polynésiens en repartant illico de Tahiti après sa pause-café, puis il retourne sans encombre à Moorea. Ce coup d'éclat lui attire les remontrances des Affaires maritimes, mais lui permet de lancer un nouvel appel afin de trouver un bateau d'accompagnement assez rapide pour assurer sa sécurité et son ravitaillement au fil des 4000 kilomètres et des 25 jours de traversée envisagés jusqu'à Hawaï. Grâce à ses bonnes relations avec les autorités, il reçoit l'assurance que le patrouilleur rapide *La Combattante*, de la Marine nationale, l'accompagnera un petit bout de chemin au départ des Marquises. Mais ensuite? Pour l'instant, il est bien seul. «Quelle que soit la qualité de l'escorteur, je me suis rendu compte que je devrai être parfaitement autonome, analyse Arnaud. C'est sur cette connaissance intuitive que je base toute ma préparation. À la limite, je dois être capable de réaliser ma traversée en solitaire sans le moindre soutien extérieur.»

Les autorités françaises interdisent à Arnaud tout départ sans escorte des Marquises.

INFORMATIONS LOCALES

Août 1980

[P]OUR LA TRAVERSEE MARQUISES HAWAII

Arnaud de Rosnay en panne d'escorte

que le
uitter
es îles
se que
e com-
e tous
es qui

nt Ar-
traver-

idi du
s avoir
aupou,
aitu, il

a pu atteindre le récif de la pointe de Faaa en 45 minutes environ, ce qui constitue une bonne performance. Joindre le port de Papeete fut plus délicat car le vent avait tombé complètement et il lui a fallu 55 minutes par vent arrière pour remonter dans la passe de Papeete.

Le retour s'effectua depuis Iaorana Villa jusqu'à la passe de Tupapaurau (plus au Nord) en 1 heure 1/4.

Là, il est vrai que les conditions étaient particulièrement difficiles.

Le vent tournant dans le canal par rafales amenait des pointes à 50 km/h. Dans des vagues de 3 à 4 mètres, on a beau être un champion de planche à voile, il faut parfois essuyer une chute souvent inévitable. Pendant cette traversée, Arnaud de Rosnay est tombé cinq fois à cause des vents qui surprennent par rafales, d'autant que la voilure qu'il avait choisie était trop volumineuse.

Le baron de Rosnay effectuera un départ symbolique le 15 août de la Pointe Venus où tous les windsurfers sont conviés.

Le vrai départ aura bien lieu aux Iles Marquises le 18 août. Là, tout n'est pas gagné pour le baron

Il offre 1,2 million au bateau qui le suivra

En effet, la marine Française ne pourra assurer d'escorte du sportif que pendant quelques heures. Au delà, dans une immensité d'océan, Arnaud de Rosnay risque de se retrouver seul. En effet, malgré l'importance de l'exploit qu'il veut réaliser, aucun bateau d'escrote n'a encore accepté de le suivre.

Et pourtant, Arnaud de Rosnay est prêt, à payer une somme de 65.000 à 70.000 Francs Français (1,2 million FCP) au [...] ceptera de l'escorter d[...] Hawaii.

C'est à croire que [...]ploits sportifs ne mobi[...] supporters.

J'apprends également que vous envisagez, après un départ fictif de la baie de MATAVAI, de rallier les MARQUISES à HAWAII sur votre planche à voile. J'ai le regret de vous informer que, pour des raisons de sécurité, j'interdis le départ de votre engin d'une île quelconque des MARQUISES.

Au cas où vous passeriez outre à cette interdiction, je vous demande de me faire parvenir avant votre départ, une lettre précisant que vous acceptez de prendre à votre charge tous les frais qui pourraient être engagés dans des recherches tant aériennes que maritimes.

Je vous prie de croire, Monsieur, à mes sincères salutations.

COPIES :
- H-C--
- COMSUP
- GROUP GEND
- BRIGEND MOOREA

M. AMICEL

Courant août, alors que tout semble perdu, Arnaud déniche enfin ce qu'il pense être l'oiseau rare, le bateau d'accompagnement dont il rêvait, qui doit aussi transporter l'équipe télé américaine d'ABC Sports. Il s'appelle le *Zeus* et appartient à Paul Miller, un skipper californien qui enseigne la navigation astronomique à Marina del Rey, et rentre justement chez lui à la fin du mois. Sur le papier, ce voilier de 39 pieds (12 m) semble être une bête de course. Peu regardant, car il n'a plus le temps d'attendre, Arnaud se laisse embobiner par Miller, qui lui fait signer un contrat très avantageux pour lui-même, prévoyant le versement d'une somme rondelette de 12 000 $ US pour la traversée (réglée par ABC Sports). Le *Zeus* doit appareiller le 17 août pour rejoindre les Marquises et embarquer matériel et journalistes, qui le suivront jusqu'à Hawaï.

Le 19 août 1980, à 5 heures du matin, un petit bimoteur d'Air Polynésie décolle de l'aéroport de Faa'a à Papeete, chargé à bloc avec, à son bord, Arnaud de Rosnay et sa suite. «L'embarquement n'avait pas été de tout repos, se souvient Bertrand Laforêt. Arnaud était très chargé avec ses trois planches et ses énormes bagages, dont trois valises d'effets personnels. La télé américaine avait de son côté au moins 200 kg de matériel. Et nous n'étions pas en reste. Nous nous trouvions en excédent de poids et le commandant de bord avait exigé d'alléger les soutes. Arnaud voulait que les Américains abandonnent du matériel à Papeete, ce qui était hors de question. Au final, on a constaté que dans les trois valises d'Arnaud, il n'y avait que ses chemisettes et pantalons blancs immaculés, rien d'indispensable à sa traversée. Il a bien été obligé de les laisser sur place.»

Le voyage est épique, avec pas moins de deux escales techniques pour faire le plein de kérosène à Takapoto d'abord, puis sur une autre île corallienne baptisée Napuka. Jenna a laissé Arnaud à Papeete pour rejoindre Maui. Les adieux ont été déchirants.

En contemplant l'immensité bleue du Pacifique sous l'aile du bimoteur, Arnaud a le vertige et il n'en mène pas large. Cette fois, se dit-il, j'ai peut-être vu un peu trop grand… Quand l'avion d'Air Polynésie se pose enfin sur la piste cabossée du minuscule aéroport de Nuku-Hiva, un endroit sinistre baptisé «La terre déserte», le ciel est bas et plombé, une pluie fine accueille les voyageurs. Arnaud a un mauvais pressentiment, mais aussitôt il repense à sa promesse : réussir et rentrer vivant, pour Jenna, pour *Gravity*.

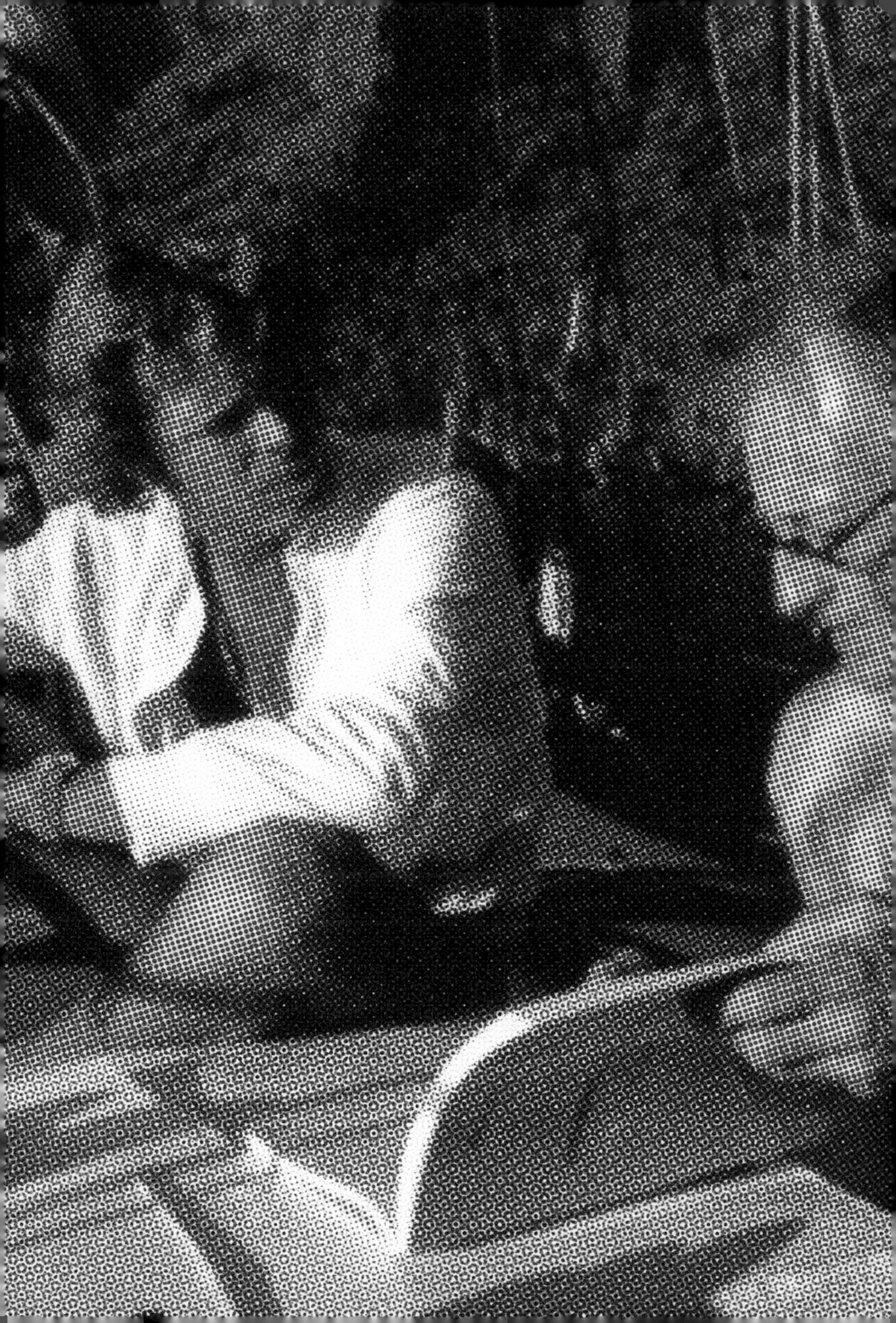

14

Le sage du Pacifique

Les eaux turquoise du lagon de Moorea dansent autour d'un ponton en bois où se tiennent deux silhouettes, en ce matin d'août 1980. Arnaud de Rosnay et Bertrand Laforêt, photographe de l'agence Gamma, observent un homme à bord d'une annexe, en provenance d'un voilier mouillé dans le lagon, un *ketch* à la coque rouge et ventrue.

Derrière eux, le domaine de Maaireia, avec le faré où réside Arnaud. En voyant le quinquagénaire qui s'approche du ponton, le photographe sait qu'il a déjà vu ce type-là quelque part… Comme il le raconte : « L'homme descend du canot. Arnaud semble ne pas le connaître et le gars se présente : "Moitessier, bonjour." Il nous serre la main, puis se tourne vers Arnaud, s'adressant à lui d'un ton très chaleureux :"Bravo pour ce que tu vas faire, mon petit gars. J'en ai entendu parler, c'est vraiment formidable." Arnaud était visiblement heureux qu'un tel personnage s'intéresse à lui. »

À ce moment, Arnaud n'est plus qu'à quelques jours de son départ pour Nuku-Hiva, aux Marquises et cette rencontre avec Bernard Moitessier va être déterminante. Au-delà de ses fantastiques capacités de navigateur d'instinct, Bernard était aussi un éclaireur d'hommes, et Arnaud ne s'y trompe pas, qui l'appelle tout de suite « le sage du Pacifique ».

Le destin de Moitessier est hors du commun et son nom demeure celui d'une légende. Douze ans plus tôt, ce remarquable navigateur pénétré par la mer et les éléments, a stupéfié l'opinion. Alors qu'il mène largement le Golden Globe en 1968, première course en solitaire autour du monde (sans escale, ni assistance), et que la presse mondiale l'attend triomphalement en Angleterre, Moitessier décide, en plein Atlantique, après un tour du monde presque bouclé, de repartir vers la Polynésie ! « Je continue sans escale vers les îles du Pacifique, parce que je suis heureux en mer, et peut-être aussi pour sauver mon âme », explique-t-il dans un message catapulté à bord d'un cargo en pleine mer, grâce à son fameux lance-pierre. Il n'arrivera en Polynésie qu'après dix mois de navigation en solitaire (!) sur son voilier avec lequel il fait corps, *Joshua*.

Bertrand Laforêt se souvient que ces deux hommes épris de liberté, Arnaud et Bernard, mutuellement fascinés par l'océan et le souffle de la haute mer, s'étaient entendus dès les premières secondes : « Les deux sont rentrés à l'ombre du faré d'Arnaud pour boire des rafraîchissements. Comme il y avait un planisphère au mur, Moitessier demande : "Montre-moi ta route sur la carte." Arnaud saisit un crayon et explique, en traçant une ligne droite : "Voilà, je vais partir de Nuku-Hiva aux Marquises, pour aller à Hawaï." Moitessier le regarde en hochant la tête et lui dit : "Si tu fais ça, tu es mort." Voyant Arnaud désarçonné, Moitessier explique : "Tu sais, là où tu comptes passer, il y a le pot-au-noir, cet endroit dans le Pacifique sans un souffle de vent, où les bateaux peuvent rester coincés pendant des mois…". »

Le photographe de Gamma se souvient aussi qu'en présence de ce grand bonhomme, Arnaud ne se livrait plus à son habituel numéro de baron. « Là, c'était le vrai Arnaud. Il buvait les paroles de Moitessier et ses enseignements, délivrés avec beaucoup de tact, de douceur et de pédagogie. »

« Un être pur et simple, qui croit ce qu'il voit », dira Arnaud à propos de Bernard.

Pour l'heure, dans l'ombre apaisante du faré polynésien, la discussion continue, telle que l'a vécue Bertrand Laforêt en témoin privilégié :

– Au fait, Arnaud, sais-tu te servir d'un sextant ? demande Bernard.

– Je n'ai pas de sextant. J'ai ma boussole. Elle est incluse dans la planche, répond Arnaud.

Moitessier et de Rosnay à Moorea. Entre le circumnavigateur et le jeune aventurier fougueux, une complicité s'installe immédiatement. *(© Bertrand LAFORET / GAMMA RAPHO)*

«Le navigateur prend très vite conscience que son hôte ne connaît pas les techniques traditionnelles de navigation, poursuit Laforêt. Aussi, Moitessier est-il revenu le lendemain pour lui offrir un sextant en plastique, dont il lui a appris le maniement. Très bon élève, Arnaud pigeait tout, tout de suite. Moitessier lui a rapporté d'autres choses, dont un petit fusil de chasse sous-marine pour prendre des poissons en mer, et ses propres lunettes de plongée. Il a passé de longues heures à lui prodiguer de précieux conseils.»

Plusieurs traces écrites demeurent, témoignant de ces entretiens. Arnaud lui-même en parle dans son autobiographie : «Je ne connaissais pas Moitessier lorsque son bateau, *Joshua*, a jeté l'ancre dans le lagon de Moorea. Le type, sec comme une nervure de palme, le feu dans le regard, est venu droit à moi, la main tendue. À ce moment, j'étais en pleine détresse morale, à la recherche de sérénité dans le brouhaha et le tohu-bohu de ma préparation à Tahiti. D'un coup d'œil, Bernard a jugé les conditions dans lesquelles je travaillais... Non seulement il m'a éclairé avec précision sur certains des problèmes que je devais rencontrer mais – et c'est sans doute le plus important – il m'a aidé à briser le cocon de facilité qui m'entourait à Moorea. Sous son influence, j'ai pu me concentrer sur des problèmes très pratiques.»

Moitessier, qui savait se faire sa propre opinion des gens, l'avait prévenu solennellement : «Oublie la télé, les photographes, la presse, etc. car il est évident qu'on ne peut pas se concentrer à la fois sur l'essentiel et "le reste".»

Arnaud expose son matériel de survie pour sa traversée.
Il était loin d'avoir improvisé son coup. *(© Bertrand LAFORET / GAMMA RAPHO)*

GS 21
GS 21
GS 21
GS 21
GS 21
ACCELEROMETER
WATER SPEED
LOG / TIME

Le 15 août 1980, Moitessier écrit une longue missive à son ami et confident Jean-Michel Barrault, journaliste au *Figaro* et collaborateur du magazine *Neptune Nautisme*, afin de lui relater sa rencontre avec Arnaud. Son contenu est éloquent : « Tout ce que je t'ai écrit dans ma lettre d'hier concernant mes doutes et mes inquiétudes sur les capacités techniques et les faiblesses du matériel d'Arnaud de Rosnay, tout ce que je t'ai écrit là-dessus, est un ramassis de conneries… et c'est une belle leçon de sagesse et d'humilité pour moi. Je viens de passer cinq heures en tête à tête avec Arnaud, d'abord dans le faré, puis à table, tranquilles pour dîner, puis de nouveau dans le faré. Nous avons monté ensemble sa planche à voile, boudins gonflables, gréement amarré en travers avec les deux flotteurs fixés au bout pour transformer l'embarcation en trimaran : c'est à toute épreuve. Impeccablement sanglé, rien ne peut glisser ni foutre le camp, rien ne peut se desserrer, la planche à voile se transforme en véritable petit bateau absolument sûr, stable, flottant bien au-dessus sur l'eau, sec à l'intérieur. C'est parfait. Les boudins gonflables mesurent 25 cm de haut, on dirait un petit Zodiac, un peu étroit, mais totalement stable. Un boulot génial. Matelas gonflable sur le "plancher", vraiment confortable.

« Arnaud m'a montré où et comment sera arrimée la ligne du cerf-volant, là encore c'est parfait, à toute épreuve, aucun risque de ragage (usure du cordage par frottement), tout est solide, pensé, logique, tous les réglages sont réalisables très simplement, sans aucun casse-tête : bonne technologie au service de la simplicité, aucun bricolage, rien que du bien-pensé en allant droit au but. On a mis la planche-trimaran à l'eau. Il a enfilé sa combinaison dodo et j'ai enfilé sa seconde combinaison. Il est monté sur son trimaran et m'a montré comment il s'installait pour la nuit. Ensuite, j'ai essayé pour bien me rendre compte : c'est super-confortable, à n'y pas croire. Ce gars est génial, pas d'autre mot. Il a inventé quelque chose de tout simplement fantastique. Il avait déjà inventé la planche à roulettes à voile dans le désert, et il vient d'inventer la planche à voile transocéanique, c'est dingue et c'est vrai, ça marche à 100 %. Je parle en marin, c'est une révolution dans nos conceptions touchant la mer, un énorme pas en avant. Quand je t'écrivais hier, je ne savais pas que de Rosnay avait été sélectionné pour les championnats de *Hobie Cat* en 1974. »

Dans sa lettre, Bernard Moitessier décrit avec précision le dispositif prévu par Arnaud : « Bouffes : tablettes NASA hautes calories et dattes. Il a l'expérience des dattes hautes calories, nourriture de base des bédouins. Peu de poids à emporter pour aller loin. Eau : il est paré. Solitude : s'il perd le contact avec *Zeus* (son voilier d'accompagnement), il n'en a rien à foutre, il est paré sur tous les plans. Et son mât ne cassera pas, ce n'est pas un débutant. Il sait ce qu'il fait (...) Navigation, route, cap, estime : *La Combattante* (patrouilleur rapide de la Marine nationale) l'accompagnera pendant 70 milles qui permettront à Arnaud de se tester physiquement, de comparer son estime avec les points journaliers communiqués par *La Combattante*, de se faire une idée de sa route vraie sur le fond, de modifier éventuellement des détails d'armement (de fignoler plutôt), bref d'être prêt à 100 % au moment de la prise en charge par *Zeus*. À ce moment-là, s'il juge qu'il peut tenter le grand coup, sûr et certain qu'il le réussit, et que non seulement il le réussira, mais qu'il n'aura même plus besoin de *Zeus* pour cela (...) et je crois qu'Arnaud pense que ce serait même souhaitable, car alors il serait vraiment libre et il a tous les éléments pour gagner, pour prendre son pied au plus haut niveau. Il emporte un bon petit fusil sous-marin que je lui ai offert, qui sera solidement fixé sur la plage avant, avec la tablette des déclinaisons du soleil collée également à l'époxy transparente. Il a un bon petit compas de relèvement. Il sait s'orienter la nuit avec la Grande Ourse, Cassiopée, Orion, la Croix du Sud. Il a son sextant en plastique, des sacs étanches, vraiment tout l'essentiel. En plus, comme je te le disais dans ma lettre d'hier, un dieu de l'Olympe va forcément tomber amoureux de lui en cours de route, pour moi ça ne fait pas l'ombre d'un doute, ça ne peut pas se passer autrement. (...)

« J'ai entendu des tas de gens dire des tas de choses idiotes sur Arnaud de Rosnay. Je peux vous affirmer que ces gens déconnent, c'est un gars fantastique, qui a chiadé un coup fantastique, qui l'a chiadé lucidement et le réussira », ajoute pour finir Bernard Moitessier à l'adresse de Jean-Michel Barrault.

Aujourd'hui encore, le journaliste et écrivain de marine n'a pas oublié ces échanges épistolaires : « Bernard m'a écrit quatre lettres à quelques jours d'intervalle à partir du 11 août. Il a d'abord été agacé par certains aspects du personnage et la cour qui l'entourait. Mais il avait l'instinct, et a très vite cerné l'énorme potentiel du jeune aventurier, derrière son sens excessif de la publicité personnelle. Il a été épaté par son courage, son inventivité, la précision de sa préparation et le fait qu'il pigeait tout très vite, notamment l'initiation au maniement du sextant et à la navigation astronomique. Pas la peine de lui répéter les choses deux fois. Bernard croyait fermement qu'Arnaud allait réussir et il l'a aidé du mieux qu'il a pu. Je suis intimement persuadé que ses précieux conseils ont contribué à *sauver sa peau* comme disait Bernard, dans cette traversée du Pacifique qui s'avérait des plus périlleuses. Arnaud était déterminé à partir, quoi qu'il arrive. Et finalement, il effectuera une traversée beaucoup plus courte de 500 milles. J'ai parfois entendu des gens insinuer que Moitessier avait convoyé Arnaud sur son *ketch*, des Marquises à Ahé, dans l'archipel des Tuamotu. Pour reprendre l'expression de Bernard, c'est un ramassis de conneries. C'est totalement le méconnaître que d'imaginer une chose pareille de sa part. C'est même aux antipodes de ses valeurs. Et puis comment se seraient-ils retrouvés tous les deux en plein Pacifique ? Tout cela est absolument grotesque. »

Jean-Michel Barrault n'est pas le seul à partager ce sentiment. Ileana Drăghici, compagne de Bernard Moitessier à l'époque, et mère de son fils Stefan né en 1971, tombe des nues quand on lui parle de cette hypothèse. « C'est totalement invraisemblable. Quand Arnaud a réalisé sa traversée, Bernard voguait vers San Francisco par la route Nord. Une traversée de 5 000 milles. Il est parti le 25 août et est arrivé début octobre à Sausalito au terme de trente-huit jours de mer. Comment aurait-il pu, dans le même temps, transporter Arnaud ? »

Bernard et Arnaud auront plusieurs entrevues, dont une chez Mico Sauzier, un cousin de ce dernier, « en tête à tête et à l'abri des médias » (le navigateur y tient), pour discuter « sérieusement et à fond des points essentiels de la survie, de la route *safe*, de la mer », raconte Moitessier à son ami Jean-Michel Barrault. Le 17 août, soit huit jours avant de mettre le cap sur la Californie, Bernard Moitessier prend le temps d'écrire une dernière longue lettre à Arnaud de Rosnay. En voici les passages les plus forts, et bien dans son style :

« Arnaud ! Il faut que tu écoutes sérieusement ce que je vais te dire. Pour que ta formidable tentative réussisse, l'aspect purement technique de ce voyage *en mer* doit être maîtrisé. Cela signifie que tu dois concentrer l'énergie qui te reste avant le départ à bien cerner l'ensemble des conditions auxquelles tu feras face *par toi-même* lorsque tu seras seul en plein océan, tous les contacts étant rompus avec le monde extérieur. Cela arrivera forcément un jour ou l'autre. » Bernard Moitessier ajoute quelques conseils précieux de survie pour recueillir de l'eau douce et attraper des poissons, puis : « À l'issue des premiers 700 milles grandeur nature, tu sauras exactement où tu en es sur le plan *technique, physique, spirituel*, et tout sera devenu clair en toi pour la suite : ou bien tu *sauras* que tu peux continuer avec 99 % de chances de réussite, ou bien tu sauras que tu ne pourras pas aller plus loin.

« *Tu continues* : si le *Zeus* n'est pas là (pour quelque raison que ce soit), tu n'en as rien à foutre : tu te débarrasses du poids inutile en électronique, tu remplaces par un peu plus de dattes... Et tu continues seul, avec tes quelques chances sur cent de réussite, à condition de vraiment prendre la route correcte sûre, plus longue mais sûre à cent pour cent, jusqu'à la latitude 20 degrés. Et à partir de là, tu fais plein Ouest, et tu arrives jusqu'à la plage sur ta planche magique.

« Si le *Zeus* est là, tu peux continuer à naviguer quelques jours de conserve avec lui, ça donnera les images qui manquent pour le film et du matériau journalistique pour Bertrand (Laforêt)... D'ici là, tu seras totalement au point. Et alors tu peux dire à *Zeus* : "Rendez-vous à Hawaï, et chacun pour soi". *Zeus* prend alors la route directe pour t'attendre à Hawaï, et toi tu continues seul, libre, sans emmerdes, sans électronique, avec seulement ta b..., ton couteau, tes tripes, ta lucidité, ton immense liberté. Et tu continues sagement, lucidement, sur la route *safe* qui te place à l'est d'Hawaï. Tu réussis le super grand chelem, tu auras gagné sur tous les tableaux, tu auras vaincu les dragons de la mythologie, tu te seras fait péter le cigare et tu feras péter le cigare à tous ceux qui te verront arriver, tu fais un boum gigantesque. Si tu restes lucide jusqu'au bout... »

Les derniers mots de Moitessier résonnent avec force. Arnaud les relit à la veille de son départ : « Arnaud, pour gagner ton combat contre le dragon, il te faudra le vaincre par trois fois. La première fois, ce sera au cours des 700 milles du début où se produira le rendez-vous entre le vrai Arnaud et le faux Arnaud. Quand tu auras gagné ce premier combat, le dragon sortira de sa tanière. Profitant de ta fatigue, il fera miroiter dans ton corps et ton esprit toutes sortes de belles raisons pour t'attirer et te faire tomber dans le piège de la route directe, *qui n'est pas la bonne*. Quand tu seras sorti vainqueur de ce deuxième combat, le dragon t'attendra à l'est de ton but, et utilisera ton exaltation pour essayer de t'hypnotiser sur une latitude trop juste pour être vraie. Alors tu vaincras le dragon, si tu as su tirer la leçon des deux premiers combats pour bien unir ensemble ton corps, ton esprit et ton âme, rester vigilant en toutes circonstances. Tu feras attention au courant qui porte vers le Sud en septembre dans les parages d'Hawaï, tu feras attention à tout, pendant cette troisième et dernière rencontre entre les deux Arnaud. Beaucoup d'amis veilleront et chercheront à t'aider, mais tu seras seul pour gagner ton formidable combat et vaincre le dragon, je t'embrasse. Frère Bernard. »

15

Faux départs

La baie d'Anaho, sur la côte Nord de Nuku-Hiva, n'avait pas connu pareille effervescence depuis des lustres. En ce vendredi 29 août 1980, à 8 heures du matin, les Marquisiens et les Marquisiennes ont mis leurs vêtements de fête et sont descendus des hauteurs afin d'assister au départ d'Arnaud de Rosnay pour Hawaï. Personne ne se doute alors que cette aventure, sur les traces des anciens Polynésiens, va tourner court en moins de 24 heures. Une émotion étreint la petite île, dont les prières et les encouragements accompagnent encore le «baron intrépide», ou «le baron terrible», comme l'ont surnommé les journalistes locaux.

Au moment où Arnaud pousse sa planche dans l'eau depuis la plage, résolu à affronter l'immensité du Pacifique, il se donne 25 jours pour venir à bout des 2 100 milles séparant Nuku-Hiva de Big Island, Hawaï. Le voilier *Zeus* s'est fait attendre, mais semble enfin prêt à l'escorter pendant ces 4 000 km, chargé de vivres, d'eau et du matériel d'appoint nécessaires à la traversée. Malte Simmer, l'assistant d'Arnaud, ainsi que Paul Miller, le *skipper*, observent depuis le pont du voilier le véliplanchiste qui double la pointe de Mataohotu et prend la direction du grand large, cap plein Nord.

L'aventurier a la boule au ventre. Caméras et objectifs sont braqués sur lui et il ne peut plus reculer. Le vrai Arnaud va enfin éclipser le personnage de dandy qui restait jusque-là sa marque de fabrique. Il ferme les yeux et pense très fort à Jenna, sa sirène, qui l'attend là-bas, de l'autre côté, à Maui.

Initialement programmé le 18 août, ce départ a été maintes fois repoussé. Le photographe de Gamma, Bertrand Laforêt, se souvient de l'interminable attente à Nuku-Hiva : «Ça a bien duré dix ou douze jours. Arnaud ne nous disait pas ce qui se passait. On était coupés du monde. Il n'y avait même pas de téléphone, là où nous étions. Les journalistes d'ABC Sport, venus tourner un reportage, perdaient les pédales. L'un d'eux criait toutes les nuits, car il avait la phobie des rats et des lézards, et ses piqûres de moustiques s'infectaient... Dès que le soleil se couchait, les *nonos* s'abattaient sur nous et nous piquaient. Il y avait aussi des scorpions sur l'île, non venimeux mais impressionnants. Arnaud en a même retrouvé un en pleine mer, caché dans son sac de couchage lors de son premier départ ! »

Retenu à terre pendant cette période, l'aventurier se morfond, lui aussi. Les autorités lui signifient leur accord pour que le patrouilleur *La Combattante* l'escorte officiellement pendant 70 milles. Quant au *Zeus*, qui doit – en principe – l'accompagner jusqu'à Hawaï, il se fait longuement désirer.

En attendant, Arnaud sillonne Nuku-Hiva, et c'est ainsi qu'un jour, il s'aventure parmi les vestiges d'un sanctuaire là-haut sur les hauteurs, dans des lieux où les sorciers pratiquaient autrefois des sacrifices humains. Il perçoit alors comme une ombre qui vient le visiter. Arnaud ressent un oppressant vertige dans ces lieux habités par la magie occulte des Marquisiens. Cette rencontre avec un esprit ancien va le hanter tout au long de sa traversée et bien au-delà... Ce raid sportif et initiatique dans le Pacifique allait mettre à l'épreuve non seulement son physique, mais aussi sa volonté et sa raison.

Les dernières mises au point du matériel, avec son assistant Malte Simmer, l'absorbent énormément. Un jour qu'il a disposé sa « planche magique » (comme l'a surnommée Moitessier) en position trimaran, une bande de dauphins vient jouer avec lui, poussant les boudins gonflables de leurs rostres. Ces jeux redonnent le moral à Arnaud. Neptune semble lui sourire enfin.

Le 29 août, Bertrand Laforêt embarque avec ses appareils photo sur *La Combattante*, car il souhaite rentrer en France au plus vite, dès que le patrouilleur aura lâché Arnaud en dehors des eaux territoriales françaises. L'équipe télé d'ABC Sports, censée aller jusqu'à Hawaï, prend place à bord du *Zeus*, l'ange gardien du *French Baron*.

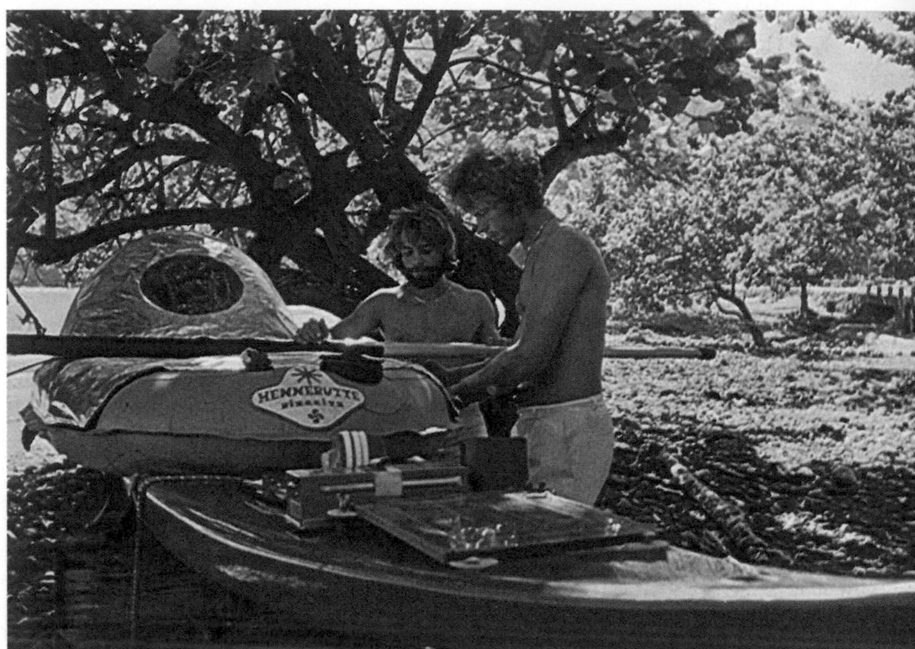

Avec Malte Simmer, préparant le matériel à Nuku-Hiva. (© Collection Famille de Rosnay)

« Le lieutenant de vaisseau Jacques Rouyer, commandant du patrouilleur, nous a fait comprendre qu'il allait mettre Arnaud à l'épreuve de la haute mer, *explique le photographe de Gamma.* Les autorités étaient persuadées qu'il n'irait pas au bout de sa folie et qu'elles devraient inévitablement voler à son secours. Du coup, Rouyer espérait secrètement qu'Arnaud abandonne très vite. »

Dès qu'on aborde le grand large, le véliplanchiste disparaît dans des creux de quatre à cinq mètres. « La mer était très impressionnante. Équipés de jumelles puissantes, les marins de *La Combattante* eux-mêmes n'arrivaient plus à le suivre, dès qu'il s'éloignait à plus d'un mille nautique. Le commandant Rouyer nous dit alors :

“On va ralentir. Dans deux heures, vous verrez qu’on va le récupérer.” Pour ce marin, l’exploit envisagé par Arnaud n’était pas réaliste. Il était convaincu qu’il louperait les îles Hawaï, car le vent de sud-est le ferait passer à côté, et le véliplanchiste comptait beaucoup se laisser tracter par son cerf-volant. »

Filant parfois sur sa planche à une vitesse estimée entre dix et quinze nœuds, Arnaud a la confirmation qu’il progresse deux fois plus vite que son voilier d’escorte. En effet, le *Zeus* se traîne comme une tortue, loin des huit à dix nœuds promis par Miller. Du coup, le véliplanchiste est obligé de tirer des bords et de revenir à plusieurs reprises sur ses pas afin de garder le contact ! Que de temps et d’énergie perdus... En revanche, il tient la forme. La seule fois où Arnaud tombe ce jour-là, c’est lorsqu’il est déventé par le passage de *La Combattante*...

À 16h30, Arnaud a parcouru 47 milles nautiques en ligne droite. La tension des dernières semaines, jointe à la fatigue de cette première journée, le conduisent à passer en position trimaran, opération délicate qui prend une bonne vingtaine de minutes. Cela permet au voilier *Zeus* de le rattraper. Arnaud s’aperçoit alors qu’ils se dirigent tous deux droit sur les récifs de Motu-One, où ils risquent de s’échouer. À bord de *La Combattante*, Jacques Rouyer et ses marins suivent l’engueulade entre Miller et de Rosnay par l’intermédiaire de la radio. À 19h30, le *Zeus* et Arnaud sont face au danger. Ils l’éviteront de justesse en utilisant les moteurs du voilier, qui prend l’aventurier en remorque.

Ballotté sur sa planche tractée, douché par les vagues, Arnaud passe alors une nuit horrible, la première sur sa planche-trimaran qui se révèle heureusement très fiable. C’est à ce moment qu’il tombe sur un scorpion en ouvrant son sac de couchage ! L’insecte termine à la mer, balayé par un coup d’antenne de l’émetteur portatif.

Le lendemain 30 août dès l'aube, Arnaud décide de parlementer avec Paul Miller, suggérant de changer le système de progression. Le Californien envoie Arnaud sur les roses. Les membres de l'équipe télé d'ABC Sports aussi. Ils ont terriblement souffert du mal de mer depuis le départ de Nuku-Hiva et font savoir qu'il n'est plus question de passer trois semaines dans de telles conditions pour filmer un véliplanchiste au milieu des vagues.

La situation se résume donc ainsi pour Arnaud : son voilier d'escorte est un boulet incapable de le suivre, et la télévision américaine veut arrêter les frais. C'est sur ce constat d'échec que, la mort dans l'âme, il accepte de rebrousser chemin vers la baie d'Hatiheu, qu'il touche avec *Zeus*, dans la soirée du 30 août.

Le lendemain, de bon matin, l'aventurier organise une réunion de crise à bord du *Zeus* et révèle son plan B : puisque Hawaï est hors d'atteinte avec un bateau d'escorte deux fois plus lent que sa planche à voile, il va tenter de rejoindre Tahiti. Le *Zeus* pourra l'accompagner.

Paul Miller refuse catégoriquement cette éventualité. « Ce n'est pas écrit dans le contrat passé à Moorea ! » rétorque l'Américain. Furieux, Arnaud jette l'éponge, avec le sentiment d'avoir été roulé dans la farine. Miller lui avait en effet promis que son bateau tiendrait une moyenne de 10 nœuds. Il n'a jamais dépassé les 6 nœuds. Au final, le *skipper* va empocher 12 000 $ pour deux jours de boulot. Une véritable escroquerie. Malte Simmer assiste à l'empoignade verbale entre les deux hommes avant d'aller réparer la planche d'Arnaud, qui a subi quelques dommages lors du remorquage devant Motu-One.

Le courant passe entre Arnaud et le jeune pacha de *La Combattante*, Jacques Rouyer, même si ce dernier doutait, au départ, qu'Arnaud irait jusqu'au bout.
(© Bertrand LAFORET / GAMMA RAPHO)

De leur côté, le photographe de Gamma, Bertrand Laforêt, ainsi que l'équipe télé d'ABC Sports, en profitent pour filer à l'anglaise et quittent les Marquises via l'unique vol hebdomadaire pour Tahiti, abandonnant Arnaud à son triste sort. Dépité, mais loin d'être abattu, ce dernier accepte de rencontrer le pacha de *La Combattante*, qui le reçoit longuement dans son carré.

Comme on l'a vu avec le témoignage de Bertrand Laforêt, l'officier de la Royale doute fortement de la manière dont Arnaud entend conduire son raid dans le Pacifique, mais il apprécie sa volonté et son courage. L'aventurier soumet au militaire son nouveau projet, cartes à l'appui : il veut se rabattre sur la route Sud et rejoindre Tahiti, distante de 1 500 kilomètres environ, avec la possibilité de toucher l'archipel des Tuamotu dès 500 milles (environ 900 km).

Le commandant Rouyer secoue négativement la tête. Arnaud n'a pas l'autorisation de naviguer sans assistance avec sa planche à voile. Tout départ sans escorte des Marquises sera empêché par la gendarmerie. Dans un mémo écrit de sa main, qu'il adresse à de Rosnay dans la journée, l'officier de la Royale lui demande « de ne pas se lancer dans une opération suicide », et lui conseille instamment « de reprendre à zéro ses préparatifs » pour les Marquises-Hawaï. « Tu dois pouvoir réussir ce raid en te faisant accompagner d'un bateau à moteur », ajoute amicalement l'officier.

Raisonnablement, Arnaud aurait dû suivre les conseils du commandant Rouyer, embarquer avec ses planches et son matériel à bord du *Zeus* et rejoindre Jenna à Hawaï afin de revenir quelques mois plus tard, mieux préparé. Mais il ne l'entend pas de cette oreille : « Ni mon nom, ni ma position, ne m'autorisent à rester sur un échec ! » lance-t-il, bravache. Le 31 août au soir, il adresse un communiqué à la presse, dans lequel il annonce un nouveau départ sous 48 heures vers Tahiti. En réalité, il a déjà pris sa décision : il partira secrètement la nuit même, bravant le veto des autorités françaises.

Arnaud dans son sac de couchage étanche, sur sa planche.
Image marquante, mais confort rustique à ras de l'eau. *(© Bertrand LAFORET / GAMMA RAPHO)*

OCÉAN PACIFIQUE SUD

ÉTABLISSEMENTS FRANÇAIS DE L'OCÉANIE

Longitude Ouest (Greenwich)

DERNIER MESSAGE LU PAR ARNAUD DE ROSNAY RECU DU COMMANDANT DE LA COMBATTANTE A 20 HEURES LE 31 AOUT 1980.

L'emploi de la double urgence est recommandé

(S) SECRET DÉFENSE (Z) FLASH
(C) CONFIDENTIEL DÉFENSE (O) IMMÉDIAT
(R) DIFFUSION RESTREINTE (P) URGENT
(U) NON PROTÉGÉ (R) ROUTINE

RÉSERVÉ AUX TRANSMISSIONS AU-DESSUS DE CETTE LIGNE

FM — AUTORITÉ ORIGINE: CDT COMBATTANTE

NOMINAL / BASEGRAMME — INSTRUCTIONS DIVERSES

TO (1) — DESTINATAIRES POUR ACTION (Une seule adresse par ligne): ARNAUD DE ROSNAY

INFO (1) — DESTINATAIRES POUR INFORMATION (Une seule adresse par ligne)

PRIMO : TE RAPPELE QUE GENDARMERIE INTERDIRA TON DEPART SANS ESCORTE

SECUNDO : IL N'EST PAS QUESTION QUE LA COMBATTANTE T'ESCORTE.

TERTIO : ~~NE DOIS PRENDRE A BORD QUE~~ SUIS DISPOSÉ A PRENDRE A MON BORD TES DEUX PLANCHES POUR LES RAMENER A PAPEETE, MAIS EN AUCUN CAS UNE SEULE PLANCHE

QUARTO : TE DEMANDE A NOUVEAU DE NE PAS TE LANCER DANS UNE OPERATION SUICIDE ET DE REPRENDRE A ZERO TES PREPARATIFS POUR LE BUT QUE TU AVAIS FIXÉ : MARQUISES-HAWAI QUE TU DOIS POUVOIR REALISER AVEC UN BATEAU A MOTEUR

Amicalement

Jacques Romani

NOM et signature du rédacteur	Téléphone	VISAS DIVERS	SIGNATURE ET CACHET DE L'AUTORITÉ
VISA DU CHEF DE SERVICE			

(1) Réservé aux transmissions.

Se doutant de quelque chose, le commandant Rouyer décide de le faire surveiller depuis *La Combattante*, dont les puissants projecteurs vont balayer, toute la nuit durant, la baie et le pont du *Zeus*, mouillé à un kilomètre du patrouilleur.

Le moment du vrai départ est arrivé. Il se déroule en petit comité, sans la foule marquisienne, ni les médias, et encore moins les autorités. Le 31 août à 23h30, Arnaud de Rosnay se glisse dans l'eau à l'arrière du *Zeus* avec sa planche et son matériel. Un premier flash crépite dans la nuit noire, puis un second, pas très discrets. Son assistant Malte Simmer, prend des photos afin d'immortaliser la scène. L'Hawaïen se souvient de ces instants comme si c'était hier : « Arnaud n'avait pas peur. En tout cas, il n'en laissait absolument rien paraître. Il avait une grande confiance en lui-même et finissait par vous convaincre qu'il avait raison. À ce moment-là, il était très en colère contre Paul Miller du *Zeus* et ABC Sports, qui l'avaient laissé tomber. Il ne voulait pas décevoir ses sponsors, ses partenaires, les médias. Voilà pourquoi il est parti coûte que coûte. »

Les deux hommes se saluent chaleureusement. Malte Simmer, qui pense appareiller dès le lendemain pour Hawaï avec Paul Miller, souhaite bonne chance à son ami. En réalité, il sera retenu plusieurs jours par la gendarmerie, qui lance une enquête, dès le départ d'Arnaud connu.

Ce dernier doit faire vite pour quitter Taiohae, car la lune s'apprête à se lever et il ne veut pas être démasqué. Les flashs ont été remarqués à bord de *La Combattante*. L'officier de quart, qui a reçu des instructions de Rouyer, envoie sur-le-champ une chaloupe, afin de savoir ce qui se trame à bord du *Zeus*. Pendant ce temps, Arnaud s'éloigne discrètement vers le large en pagayant.

Le commandant Rouyer tente en vain, par écrit, de dissuader Arnaud d'un départ solitaire.

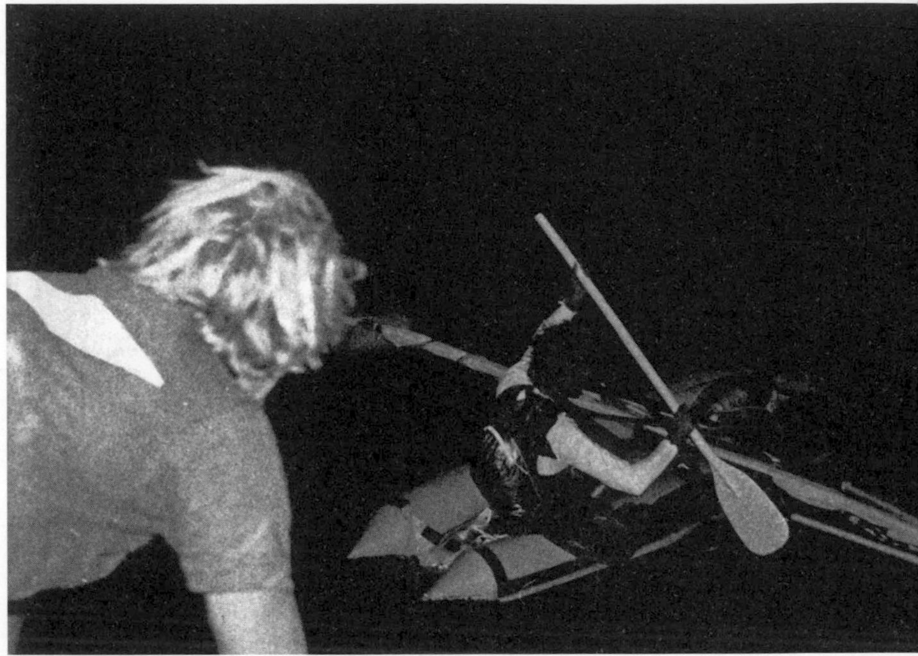

Arnaud part clandestinement du *Zeus* en pleine nuit. *(© Collection Famille de Rosnay)*

Constatant sa disparition, les marins de *La Combattante* passent la baie au peigne fin avec les projecteurs, puis lancent les moteurs pour prendre le fuyard en chasse. Arnaud a déjà hissé sa voile pour leur fausser compagnie. Le patrouilleur sort alors de la baie avec ses feux de combat afin de ne pas gêner la vision des guetteurs. Couché sur sa planche, sa voile rabattue à plat sur l'eau, Arnaud voit distinctement les petites lumières rouges s'approcher dangereusement de lui. Dans quelques secondes, il risque d'être broyé par la masse d'acier du navire, puis déchiqueté par les hélices des turbopropulseurs. « Quelle fin à la con ! », pense-t-il. Un autre péril le guette : un fort courant l'entraîne vers les falaises battues par les vagues, où il risque de se fracasser. Finalement *La Combattante* passe à 30 mètres de lui et s'éloigne sans même le repérer.

Arnaud s'élance derrière la masse sombre du navire. C'est un peu l'histoire de la souris chassant le chat. Sous la pâle clarté de la lune, les leçons de *windsurf* à Maui se révèlent bien utiles, quand Larry Stanley lui apprenait à naviguer les yeux fermés. Moins de deux heures plus tard, épuisé par la tension physique et nerveuse, il décroche du sillage du bateau militaire, met sa planche en position nuit et s'endort, tracté par son cerf-volant. Il est satisfait du bon tour qu'il vient de jouer aux autorités qui ne l'auraient jamais laissé partir sans assistance. De toute façon, il a signé une décharge demandant qu'on n'entreprenne pas de recherches. Le voilà donc enfin seul face aux éléments.

16

Le grand saut

Quand il s'éveille à l'aube, Arnaud, impressionné, aperçoit l'île d'Ua Pou, une masse montagneuse qui jaillit de l'océan, composée de pics tutoyant les nuages jusqu'à 1 200 mètres d'altitude. Une dernière fois, il hésite. Il pourrait encore rejoindre Ua Pou et arrêter l'aventure, ou bien continuer... Ses hésitations ne durent guère longtemps, et il met le cap plein pot vers le sud-ouest, aspiré par le grand large.

L'horizon est dégagé sur 360 degrés, pour longtemps désormais. L'alizé compose une sorte de sérénité à ce tableau presque abstrait, où Klein rejoindrait Gauguin. Le cerf-volant géant louvoie dans le ciel, tractant la planche et les rêves d'Arnaud. Étendu au soleil, ce dernier respire à pleins poumons, en écoutant chanter l'eau sur la carène du *windsurf*. Voilà 24 heures à peine qu'il creuse son sillon dans l'océan. Jamais il ne s'est senti aussi libre, aussi vivant. Bernard, le sage du Pacifique, avait mille fois raison !

Arnaud contemple les bulles d'eau et d'écume qui dansent dans le sillage de sa planche. Pour la première fois depuis son départ, ses pensées montent vers ceux qu'il aime et vers Dieu, entre les mains duquel il s'abandonne. Les yeux fermés, il adresse une prière d'espoir au ciel, pour revoir très vite Jenna et sa famille, dès qu'il sera revenu du grand nulle part.

Passé ce moment de plénitude, Arnaud se replonge dans les détails de son périple, effectuant un rapide inventaire de ses provisions et de son équipement. Il constate qu'il a été un peu court en dattes, son principal « carburant ». Certes, l'équipage du *Zeus* lui en a mangé une dizaine de rations à bord, et il ne lui en reste plus que 2 kg. Il dispose également de 500 grammes de noisettes, autant de biscuits salés, dix barres *Survival* de la NASA et un assortiment de cachets de sel et de pilules allant du Geritol (un complexe de vitamines) au Fulcin (médicament contre les infections de la peau) et 6 litres d'eau douce stockés dans un sac étanche qu'il va couper avec un tiers d'eau de mer, pour les faire durer plus longtemps. Ses deux dessalinisateurs peuvent compléter ses réserves. S'il manque de nourriture, il peut toujours manger du poisson cru, en particulier des poissons volants. Dans la précipitation de son départ nocturne, le fusil sous-marin et les lunettes de plongée donnés par Bernard Moitessier sont restés hélas, dans le voilier.

Plus gênant, Arnaud a également oublié à bord du *Zeus* ses lunettes de soleil, qui devaient protéger ses yeux de la lumière et de la réverbération intense du Pacifique Sud. Maigre consolation : grâce à l'alizé du sud-est, il va naviguer bâbord amure, c'est-à-dire à gauche de la planche, la voile portée sur la droite. Celle-ci le protégera donc du soleil qui, dans sa trajectoire équatoriale, passe au nord de sa route.

Les premières heures de navigation sont éprouvantes. Arnaud commence par faire une réaction allergique à sa combinaison blanche très élégante sur les photos, mais qui s'avère très irritante pour sa peau. Elle est jetée à la mer. Du coup, il navigue le plus souvent avec sa combinaison de nuit norvégienne bleue, qui sèche en peu de temps. Elle le protège du soleil le jour, et de la fraîcheur nocturne.

Autre problème perturbant, il n'arrive pas à aligner le soleil avec l'horizon pour faire sa visée avec le sextant en plastique donné par Moitessier, car la planche bouge trop, même en position trimaran. Après la combinaison, c'est donc le sextant qui rejoint les fonds marins. Mais comment naviguer sans sextant? Cette fois, il sait qu'il s'agit d'une question de vie ou de mort. Voici ce qu'il pense alors : «Les anciens Polynésiens m'ont montré la voie, mais leurs méthodes me seront surtout utiles à proximité des îles. Je décide donc de tenir ma route à l'estime, comme le font nombre de plaisanciers qui prennent le large pour aller en Corse, sans avoir jamais vu un sextant de leur vie... Je ne peux pas manquer le chapelet d'atolls des Tuamotu. Mon but est d'arriver sur n'importe quel îlot coco, renouveler ma provision d'eau, me reposer, puis repartir sur Tahiti.» Un scénario bien optimiste...

Arnaud lâche son cerf-volant géant, ou parafoil, lors d'essais dans le Pacifique. Bien avant tout le monde, il avait imaginé le *kitesurf*, qui supplantera le *windsurf*. (© Bertrand LAFORET / GAMMA RAPHO)

Le 3 septembre, vers le milieu de la matinée, alors que le vent mollit, Arnaud a mis une fois de plus sa planche en position trimaran. Il est assis tranquillement, en train de confectionner un bouchon pour son matelas pneumatique afin de remplacer celui qu'il a perdu, quand un choc violent le fait sursauter. Affolé, l'aventurier jette un regard circulaire autour de lui et découvre un aileron de requin qui va et vient tout près. « Dans l'eau, je vois l'ombre noire sous l'aileron, puis le profil de sa tête. Il donne des coups de tête contre le flotteur gauche ! Ce requin essaye de me soulever comme le ferait un taureau. Je suis balayé par la panique. »

Arnaud ne réfléchit plus. Il amène le cerf-volant comme un fou, monte sa balise de détresse, relance le tout pour appeler la terre avec son émetteur miniature : « Le voyage est terminé. Si *La Combattante* est dans les environs, je veux qu'elle vienne me chercher tout de suite. » Le patrouilleur ne captera pas le message. Et il y aura d'autres attaques de requins, notamment le 8 septembre, ainsi que la nuit, quand il est allongé sous sa toile. Arnaud découvrira que les squales sont attirés par le tapotement régulier des flotteurs sur l'eau, qui envoient des vibrations comme le ferait un poisson en détresse.

Il se guide avec les étoiles, les courants et la force du vent. Quand il navigue en position planche à voile, Arnaud file à dix-quinze nœuds en prenant soin de s'attacher à la planche avec un *leash* (courroie qui relie sa cheville à l'embarcation). Quand il lance le *parafoil* dans le ciel, il estime avancer à une vitesse de 3 à 5 nœuds. Ces séquences où il est tracté par sa voile gonflante lancée comme une aile, vont lui permettre de s'économiser physiquement. Car au fil des jours, la fatigue s'accumule. Seul bémol, ce type de navigation risque de l'entraîner loin des Tuamotu.

Le 5 septembre, enfin, Arnaud rencontre la pluie bienfaisante qui lave son corps brûlé par le soleil, le sel et les réactions allergiques. Deux jours plus tard, il découvre qu'il a perdu son journal de bord, ses deux visières de protection ainsi que la paire de chaussons qu'il portait la nuit pour dormir. Cela lui flanque un petit coup au moral. Il décide de consigner ses impressions au crayon, derrière sa carte :

«Les jours se succèdent, tous semblables sous le ciel et la lumière meurtrissante. Au lever du soleil, l'alizé est généralement fort, 15 à 30 nœuds, force 5. Puis il tombe lentement. De 10 heures à 16 heures la brise mollit jusqu'à 7 ou 10 nœuds, force 2, pour se relever entre 10 et 15 nœuds, force 4 jusqu'au crépuscule. Les coups de vent ne durent guère plus d'une demi-heure. Sous la gifle énorme de ces rafales, je réalise des moyennes ahurissantes. Mais gare à la chute. Car dans ces moments critiques, la force du vent me plaque irrémédiablement à l'eau. Je dois attendre le passage du grain avant de poursuivre ma route vers le sud-est.»

Arnaud s'enfonce petit à petit dans un rythme qu'il pense contrôler : planche, cerf-volant, sommeil, estime, brise, calmes, alimentation, eau... Ses provisions diminuent dangereusement. «Je ne suis pas venu là pour avoir des marges de sécurité, mais j'ai besoin d'eau si je veux continuer vers les Tuamotu, le problème devient critique», raconte Arnaud à la date du 6 septembre. «La précision de ma navigation est insuffisante pour me garantir l'exactitude du point où je me situe. Je suis parti depuis une semaine. Bien que je ne puisse pas dire avec la plus extrême précision où je me trouve, je ne suis pas perdu. J'ignore alors que je suis seul à le croire.»

À partir du cinquième jour, en effet, l'alerte est donnée. Pour Jenna, pour sa famille et les autorités, Arnaud de Rosnay s'est évaporé corps et biens dans le Pacifique. Des recherches sont lancées pour le retrouver. À Paris, Joël de Rosnay se bat et maintient la pression sur les médias et le gouvernement, afin qu'on retrouve son jeune frère. *La Combattante*, dont l'équipage n'est pas au bout

La planche d'Arnaud pouvait se transformer en trimaran léger, tractée par un *parafoil*. C'est ainsi qu'il a pu parcourir de grandes distances en se reposant la nuit.
(© Bertrand LAFORET / GAMMA RAPHO)

de ses peines avec le baron, est chargée de ratisser la zone présumée dans laquelle il est censé se trouver. L'équipage entier participe à la veille optique, du cuisinier au maître d'hôtel. Des avions de patrouille maritime à long rayon d'action de type Neptune, sont engagés.

Animé d'une flamme rare chez les militaires, le commandant Rouyer déclare à la presse : « Avec son orgueil, son égocentrisme, la volonté irrésistible qui le caractérise, je suis persuadé qu'Arnaud de Rosnay est capable de réussir. Il abordera à la première terre venue pour ramasser l'eau de coco. C'est lui qui a pris le pari de cette traversée, il est capable de se défoncer. S'il est au bout du rouleau, il doublera la gomme, trouvera le second souffle. Et s'il sent qu'il a une possibilité, il fera tout pour y arriver. »

Le 8 septembre, un pétrolier ravitailleur de la Marine capte un signal faible, correspondant à la fréquence de la radio d'Arnaud. Mais il se termine par une petite musique en fin d'émission : c'est une fausse piste, probablement en provenance d'un radio amateur américain. Le même jour, un avion Neptune relève deux signaux très faibles. L'un provient d'un pilote, l'autre correspond à la fréquence de la balise de détresse qu'Arnaud vient d'actionner en voyant passer un bateau au loin. Cette fois encore, les marins font chou blanc. Dans l'immensité du Pacifique, un véliplanchiste est aussi peu visible qu'une aiguille dans une botte de foin.

Le 9 et le 10 septembre, Arnaud, qui vient de passer en mode survie, se remémore ses lectures de deux classiques : *Survivre à la dérive* de Bernard Robin et *Naufragé volontaire* d'Alain Bombard. Ce dernier, interrogé en personne par Joël de Rosnay, estime alors qu'Arnaud doit pouvoir survivre 60 jours. Un médium annonce même à des amis de la famille que le véliplanchiste est en perdition sur Arutua, un atoll situé à quarante-cinq milles de Ahé et deux cents de Tahiti.

La vérité, c'est qu'Arnaud n'est effectivement plus très loin d'Ahé. Il a perçu un changement dans la couleur de l'eau depuis son entrée dans le canal des Tuamotu. Les courants également sont différents. Le 11 septembre il voit flotter à la surface une feuille rouge, signe que la terre n'est pas loin. Vers 13 heures, il aperçoit trois points sombres à l'horizon : des cocotiers. Hourrah !

C'est dans un état d'épuisement et de détresse morale qu'il découvre, le 12 septembre au matin, l'atoll d'Ahé, pile sur sa route. Mais il ignore encore où il se trouve précisément. Dans les instants qui suivent cette providentielle apparition, Arnaud prend une décision importante : il avale sa dernière tablette de survie, range le plus vite possible le pont de sa planche sans jeter d'affaires à la mer, au cas où il en aurait encore besoin, puis il se remet en position planche à voile pour mieux manœuvrer. À 13 h 30, il repart, mais les cocotiers ont disparu ! Le courant l'a déporté… Cramponné à son *wishbone*, Arnaud ne se laisse pas abattre et trace dans la direction qui lui semble la plus judicieuse. Les arbres finissent par réapparaître à sa gauche, puis il distingue avec soulagement l'atoll et la plage.

C'est une chance inouïe. La nuit précédente, Arnaud a utilisé le cerf-volant en guise d'ancre flottante, espérant que le courant des Tuamotu l'entraîne vers l'est, plutôt que de se laisser déporter vers l'ouest par le vent. Les conseils du commandant Rouyer n'ont pas été inutiles. Arnaud espérait ainsi ne pas louper l'archipel, car il était temps que l'aventure s'achève. Ses réserves sont à sec. Il est abattu, régulièrement secoué de sanglots. Ses yeux brûlés ne donnent plus de larmes. « Dieu, ma famille, ma fiancée, occupent en permanence mes pensées » confiera-t-il après coup.

À Paris justement, sa famille commence à se désespérer. Dans son appartement de la rue de l'Université, son frère Joël et sa belle-sœur Stella attendent toujours un signe de vie et prennent chaque jour des nouvelles auprès des autorités. « Nous étions persuadés qu'il avait une chance de s'en sortir, mais que de stress ! » se remémore Stella.

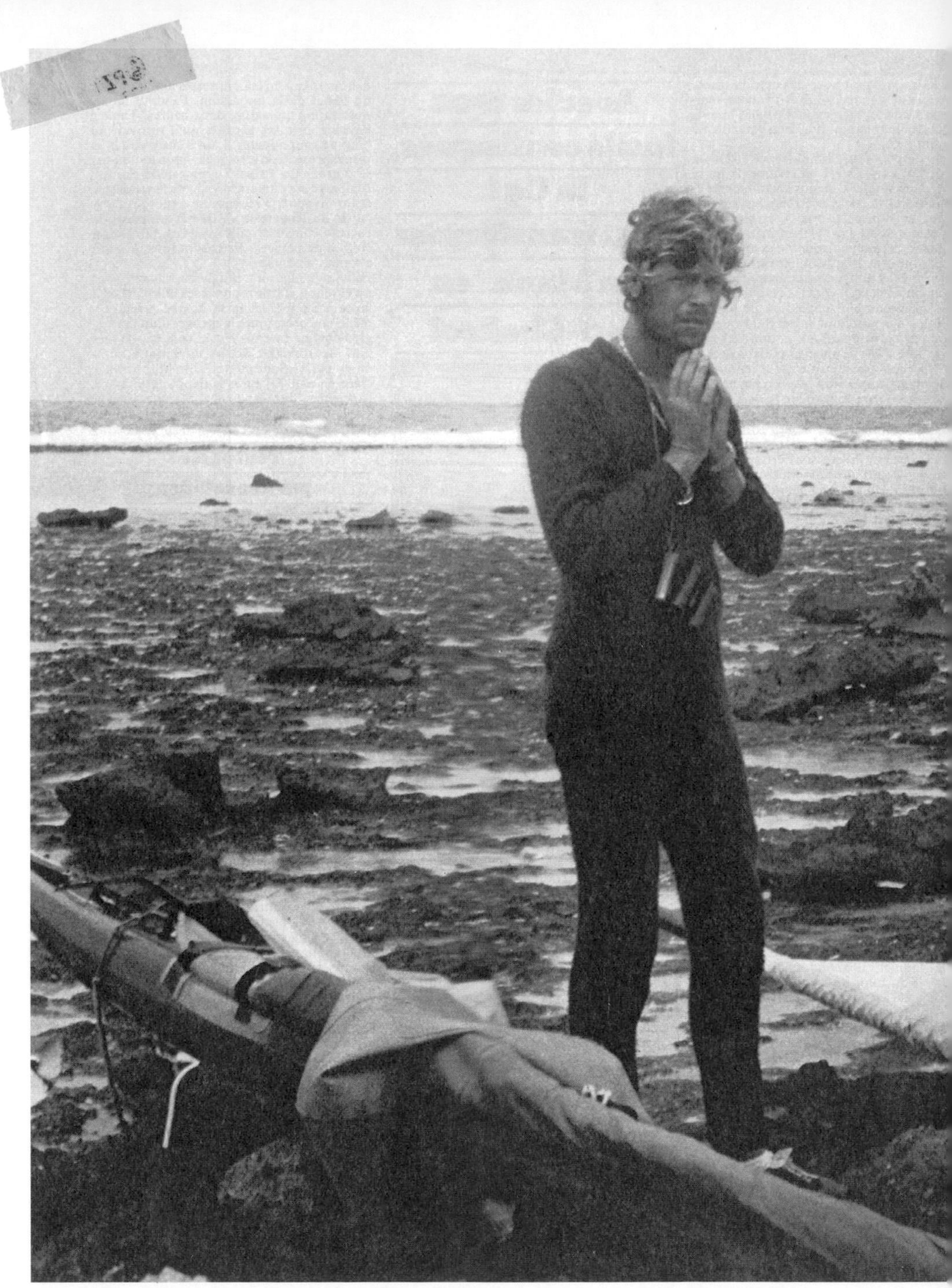

Paris Match capte cette image forte d'Arnaud au bord du lagon de Ahé, aux Tuamotu, dans les heures qui suivent son arrivée mouvementée. (© PARIS MATCH / SCOOP)

ARNAUD DE ROSNAY

OUI ! J'AI REUSSI

« Suis-je bien à Ahé ? », demanda le baron aux habitants de l'atoll. « Etes-vous le windsurfer perdu ? », questionnèrent les villageois. « Je ne me suis jamais perdu », répondit Arnaud de Rosnay. C'était le 12 septembre dernier. Il venait de parcourir 917 kilomètres en douze jours sur une planche à voile. Les autorités de Papeete furent aussitôt prévenues et trois heures plus tard, quatre avions pleins de médicaments, de vivres et de journalistes atterrirent sur l'île. Deux de ses amis, dont Jean-Pierre Marquand, sautèrent même en parachute. Le premier geste de Rosnay fut d'appeler « Paris Match » pour lui raconter son étonnante aventure (lire en page 38). Nous l'avons mis au courant de certains doutes émis par des champions français de planche à voile. Ils s'étonnaient qu'on puisse tenir aussi longtemps sur une planche. Sa réponse : « J'emploie une technique spéciale. De plus, j'ai une preuve irréfutable : j'ai croisé le lundi 8 à 15 h un cargo géant. Je l'ai dessiné. J'ai montré le dessin aux gendarmes. Ils ont reconnu l'African Star qui était à cet endroit à ce moment précis. »

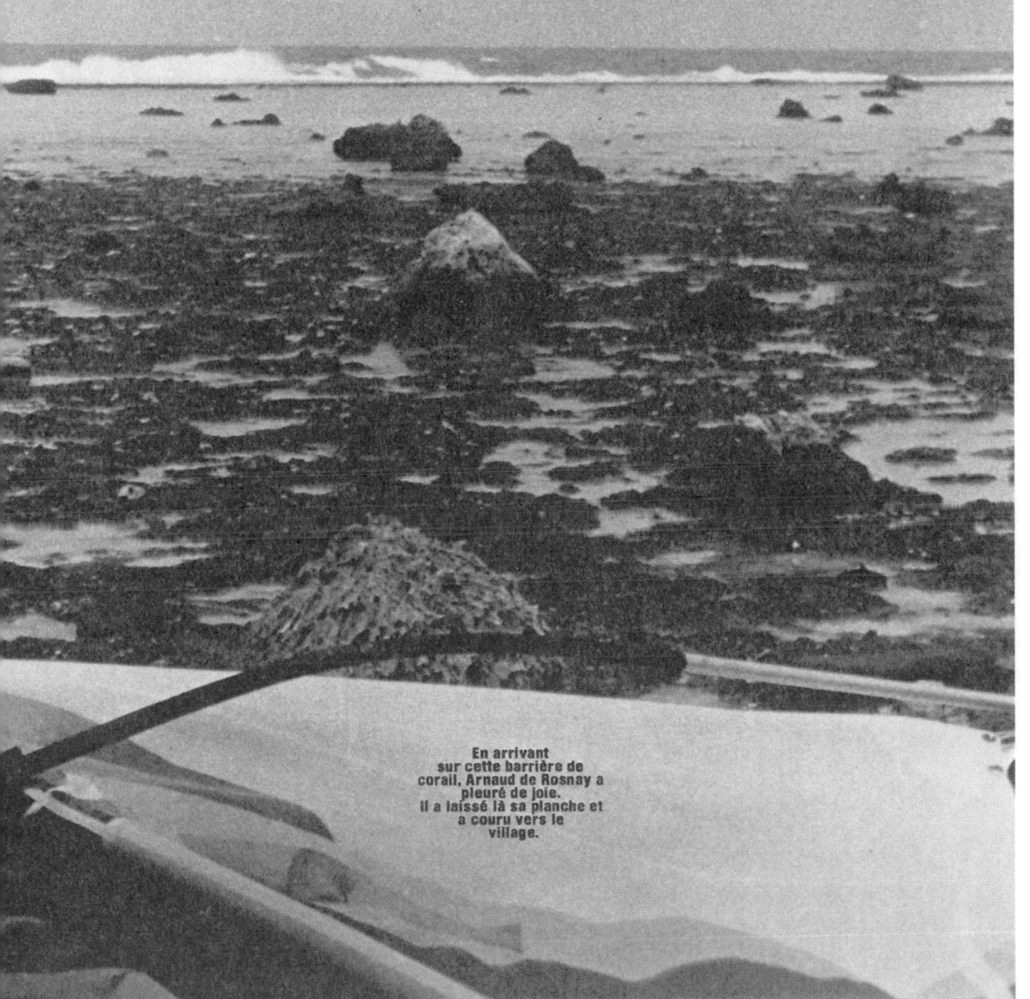

En arrivant sur cette barrière de corail, Arnaud de Rosnay a pleuré de joie. Il a laissé là sa planche et a couru vers le village.

Même angoisse à l'île Maurice, où séjournent alors Gaëtan et Natacha, les parents d'Arnaud. Il faut dire que des personnes bienveillantes ont commencé à leur adresser des messages de condoléances... Une certaine presse harcèle le clan. D'autres journalistes se montrent plus bienveillants. *Paris Match* interroge Jenna sa fiancée qui «ne veut pas croire qu'il lui soit arrivé malheur». Pour elle, «Arnaud est invincible». Jean Durieux, le rédacteur en chef, propose à Joël de l'aider pour les recherches. Tous ne se doutent pas alors que leurs angoisses vont bientôt prendre fin.

Cependant, l'arrivée d'Arnaud sur Ahé est loin d'être une partie de plaisir. L'aventurier est contraint de composer avec le vent et le courant, ainsi que les vagues, pour réussir à approcher de cette Terre promise, difficile d'accès. Il se présente du côté de l'île opposé à la passe et enfile chaussures et gants pour traverser la barrière de corail, ultime obstacle entre l'océan et la plage salvatrice. Sa combinaison norvégienne, qu'il n'a quasiment pas quittée, le protégera d'éventuelles coupures.

Arnaud s'approche au maximum de la zone d'impact où les vagues viennent se briser sur les patates de corail accumulées depuis des millénaires. Il roule son gréement et le sépare de la planche, qu'il lance dans une vague. Le flotteur se dresse et bascule, nez en avant, heurtant le corail. Une partie du nez de la planche est brisée lors du choc. Arnaud empoigne le gréement roulé et nage vers la plage. Une vague l'entraîne par-dessus le récif. Par chance, le corail est mort et il ne se blesse pas. Il récupère son matériel et accoste.

Une fois à terre, Arnaud s'écroule, épuisé. «J'ai cru en Dieu plus fermement que je ne l'avais fait de toute ma vie. Je n'arrêtais pas de sangloter, sans pouvoir verser de larmes. J'avais gagné mon pari. Seul, sans bateau d'accompagnement, en navigation à l'estime. J'étais arrivé sur l'atoll qui se trouvait directement sur la ligne de Tahiti.»

Arnaud a jeté ses ultimes forces dans la bataille. Il était temps d'accoster, car il arrivait au bout de ses ressources. Une fois sur l'îlot, il met deux heures avant de réussir à ouvrir une noix de coco épargnée par les rats et les crabes, pour en boire l'eau et en manger la pulpe nourricière. Ensuite, il s'endort dans un bosquet de veloutiers, enroulé dans sa voile, ouvrant les yeux toutes les heures, comme en mer. Le lendemain, vers 5 heures, le soleil le réveille.

Avant de se remettre en marche, Arnaud lance une feuille de coco dans l'eau pour voir la direction du courant et s'oriente ainsi vers la passe où il est sûr de trouver un village. Dos au soleil, il marche trois heures, tel un automate. Vers 9 h 30, il découvre les premières cases.

La suite, c'est lui qui la raconte : « Il y a là deux jeunes filles. Elles font un bond de surprise à la rencontre d'un étranger, un grand type au visage barbu et brûlé, dont la venue n'a pas été annoncée. Le premier moment de stupeur passé, elles me conduisent au maire. C'est le village d'Ahé. Avec Manihi, ce sont les îles les plus à l'ouest du chapelet nord des Tuamotu. Ahé se trouve sur la ligne droite Nuku-Hiva – Tahiti, mais j'y suis parvenu par l'est-sud-est, selon une route courbée par les alizés. Quelques minutes plus tard, le maire s'approche, un large sourire sur le visage, les bras tendus, et me dit : “Êtes-vous le navigateur ? Êtes-vous Arnaud de Rosnay ?”. »

Les habitants couronnent Arnaud de fleurs, il est fêté en héros. On lui offre du poisson frit et de quoi se désaltérer. Un infirmier le prend en charge et panse ses plaies. Il téléphone lui-même au haut-commissaire, qui lui dit : « Vous nous avez fait une belle peur. Tout le monde vous croyait mort ou disparu. » Arnaud rit. Il est épuisé et vulnérable, mais il n'a jamais été aussi vivant. La bonne nouvelle ne tarde pas à se répandre dans toute la Polynésie, puis en métropole puis dans le monde entier.

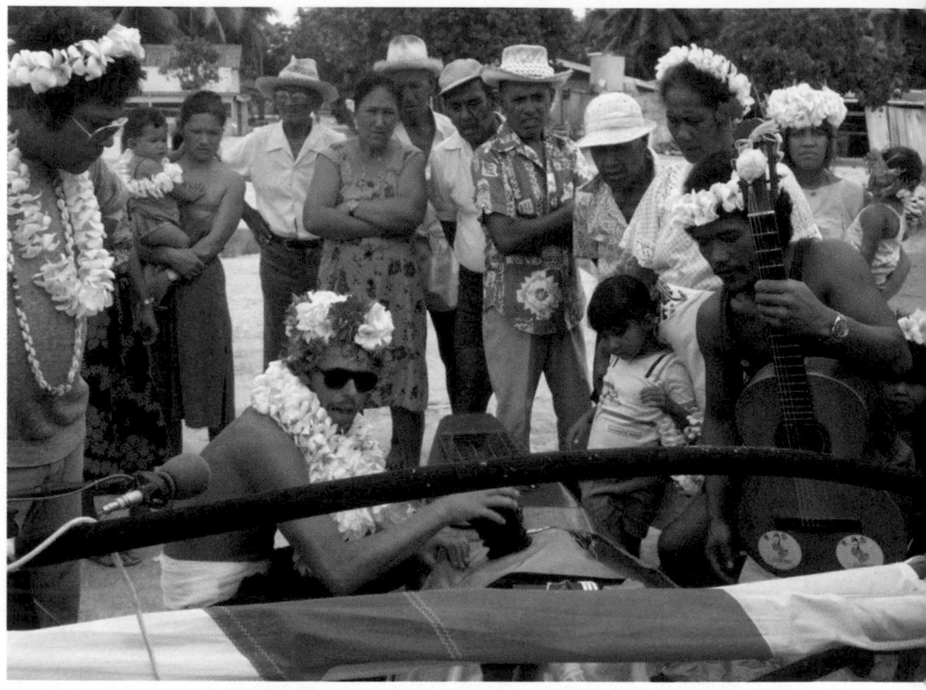

Arnaud montre son matériel aux habitants d'Ahé qui l'accueillent en héros.
(© Dominique ARLES / GAMMA RAPHO)

C'est Stella qui l'apprend en décrochant le téléphone, dans l'appartement de la rue de l'Université. « Quand la sonnerie a retenti, j'étais tétanisée. Joël était parti dans un cinéma au rond-point des Champs-Elysées pour se changer les idées. J'ai embarqué Tatiana avec moi, le chien Crissy, notre Beagle, et on a filé à sa rencontre. Le film n'était pas terminé. Le caissier ne voulait pas que j'aille chercher Joël. Finalement, après lui avoir expliqué qui on était, j'ai pu entrer dans la salle et trouver mon mari. Je lui ai annoncé qu'on venait de retrouver Arnaud et qu'il était vivant. Joël a éclaté en sanglots et il est resté un moment à pleurer, dans mes bras. Après on a prévenu Zina. Il était 2 heures du matin à l'île Maurice, et on a appelé Gaëtan et Natacha. »

Arnaud de Rosnay reprend des forces et commence à répondre aux sollicitations des journalistes qui l'appellent sur l'un des rares téléphones d'Ahé. Un seul se rend sur place… en sautant en parachute ! C'est un reporter atypique, qui a déjà vécu des expériences extrêmes comme Tahiti-Bora Bora en monoski d'une traite ou les 225 km de la Vallée de la Mort en Californie à pied. Il s'appelle Jean-Pierre Marquant, et sera l'un des rares à réaliser une vraie enquête fouillée sur le terrain.

Sous les feux des médias, Arnaud jubile, Arnaud se lâche. Il est loin de se douter qu'en France une tempête se lève, violente, sournoise, bien pire que toutes celles qu'il a essuyées lors de ses traversées. Et l'aventurier n'y est nullement préparé. Tout à sa joie de retrouver les siens et son pays, il va vite regretter la compagnie des requins du Pacifique.

partie 4

—

LE GRAND VOYAGE

(1980-1984)

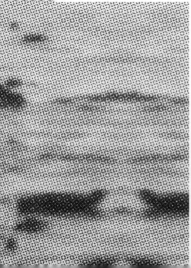

prélude

La descente aux enfers

Ma main tient encore le téléphone, mais je ne la contrôle plus. Je ne sais même plus qui je suis... Je viens d'insulter ce type à l'autre bout du fil, pauvre connard malfaisant, journaleux charognard... Ce n'est pas moi, Arnaud, qui ai fait cela, non, c'est mon double, sorti de moi à cause de leurs mensonges, de leurs calomnies, de cette rumeur qui m'empoisonne.

Je ne peux pas croire ce qui m'arrive, c'est forcément une blague, un mauvais rêve, ou peut-être une hallucination? Et pourtant, lorsque je regarde par la fenêtre du Plaza Athénée, je vois la silhouette de la tour Eiffel, bien réelle, toute droite dans le ciel nocturne de Paris. Je vois également le désordre de mes valises, les cadavres de bouteilles vides qui jonchent la moquette. Les acides de l'alcool me brûlent intérieurement, aussi sûrement que mon désir de vengeance.

Sur le lit défait, des journaux, des magazines froissés, déchirés, des titres ignobles. Tout est venu d'eux, ils m'ont écharpé, sacrifié, torturé, mis à mort... La bave aux lèvres, ils se sont lâchés, telle une meute de chiens enragés. Je ne suis plus rien, rien qu'un «baron flottant», et ces salauds du torchon Le Meilleur *m'appellent même «Le Tartarin de l'océan»! Je suis ridiculisé, roulé dans la fange par la presse. «Imposteur... Baron des craques... Saltimbanque...» Ils ne savent plus quels mots trouver pour me haïr, m'humilier. Si j'étais mort en mer, les mêmes hyènes seraient en train de me glorifier.*

Je pensais avoir traversé le pire au milieu du Pacifique, seul avec les squales et les fantômes, mais ce n'était rien, rien du tout, comparé à ce qui m'attendait ici. Je suis arrivé à Tahiti dans la lumière, auréolé de mon exploit, escorté par la beauté et le charme de Jenna. Mon sponsor et ami, Patrick, m'a loué cette suite somptueuse dans l'un des plus beaux quartiers de Paris. Tout aurait dû être parfait pour couronner ma traversée historique. Mais de retour en France, la presse m'attendait. J'ai failli crever cent fois, seul, là-bas, au milieu de nulle part. Aujourd'hui, je regrette de ne pas y être resté. Il aura suffi de quelques mensonges, savamment distillés par un ou deux pisse-copies, pour allumer la mèche de la rumeur, l'arme des lâches. Il leur a suffi de quelques mots, écrits le cul sur leur chaise, pour détruire mes exploits et me crucifier.

Après cinq jours sans sommeil et vingt-deux heures d'avion, je débarque – dans un état second – à Paris au cœur de ce monde hostile qui m'intente un procès. J'ai passé douze jours terribles entre ciel et mer, entre la vie et la mort, luttant de toutes mes forces pour survivre, et des gens qui n'ont jamais vu une planche à voile me piétinent allègrement, me traînent dans la boue, m'accusent d'être un mystificateur, sans l'ombre d'une preuve! Un cauchemar glacial s'abat sur moi, comme si le diable, furieux de m'avoir raté dans le Pacifique, se vengeait cruellement à mon retour...

« On dit qu'il s'est fait aider... Un bateau l'a transporté secrètement... Son exploit est bidon, trafiqué, c'est un imposteur! Il n'y a pas de fumée sans feu... » *Elle court elle court, la folle rumeur, comme une cellule maligne qui se propage dans l'organisme, répercutée, déformée, multipliée, et bientôt il ne reste plus qu'elle, cette saloperie gluante qui tue sa cible sans même salir celui qui en est l'origine... Ce n'est même plus de l'injustice, à ce stade, c'est du lynchage! Même mes amis doutent de moi... Je suis maudit!*

Quand je ferme les yeux, je vois des tikis grimaçants, des bûchers ardents, des rochers ensanglantés. Je n'arrive plus à oublier ces spectres croisés la nuit, dans les montagnes des Marquises, ou dans la houle géante du Pacifique. Je me croyais seul sur l'océan, mais je naviguais en permanence avec des milliers d'esprits qui m'accompagnaient et parfois m'aidaient, parfois m'effrayaient. Ils portaient en eux la trace subtile et invisible de tous ceux qui s'étaient aventurés jadis sur l'immensité océane à bord de leurs pirogues, leurs radeaux, leurs catamarans, pour fuir la mort, explorer le monde ou trouver de nouvelles îles d'abondance. L'océan les avait égarés, accueillis, ensevelis, bus. Certains, comme moi, ont réussi à traverser, à toucher terre et à survivre...

HH
Helly-Hansen

Il est deux heures du matin, je suis recroquevillé sur mon lit, plus seul dans cette suite de l'avenue Montaigne qu'au milieu du Pacifique, bousculé par les requins. Je regarde le téléphone. L'envie remonte très fort en moi de rappeler mon bourreau, celui qui a répandu le mensonge et le doute pour rien, pour un article, par bêtise, jalousie, ignorance, médiocrité... Le réveiller encore en pleine nuit, là-bas, à Marseille, pour lui déverser dans l'oreille un tombereau d'injures et de menaces... Lui foutre la trouille, lui qui a bousillé ma vie! Ma main se tend vers le combiné, mes doigts remuent, impatients de composer le numéro... Il a souillé mon honneur. Si j'étais au temps des rois, je le provoquerais en duel, j'irais l'occire de la pointe de mon épée.

Mais une voix s'élève en moi. C'est Jenna. Elle est partie d'ici tout à l'heure, en larmes, sans même claquer la porte, avec une lueur de désespoir dans les yeux. Elle me voit sombrer. Elle sait de quoi je suis capable. Et sa voix me souffle : « Non, Arnaud, ne fais pas ça... Le mal que tu feras aux autres se retournera toujours contre toi... ».

Alors je respire profondément en pensant à elle. Une bouée de sauvetage dans la pire tempête que j'aie jamais connue. Ma main recule du téléphone. Je ne vais pas me salir à nouveau. Merci, Jenna! Toi, au moins, tu me crois et tu m'aimes. Jenna, mon ultime rempart contre le désespoir, ma dernière raison de vivre. J'ai mis toute ma force, toute mon âme dans cette aventure du Pacifique. Depuis que nous nous sommes retrouvés, tu vis un calvaire à cause de moi. Parfois, je ne sais plus où j'en suis, je ne me contrôle plus et je te blesse. Pardon, mon amour. Pardon pour eux. Quand je suis venu t'enlever à Hawaï, je voulais te montrer les beautés de la ville lumière, le charme de la France, le génie de nos créateurs, pas ces ordures nauséabondes...

Marqué dans sa chair et dans son âme, Arnaud doit, en plus, encaisser la méchanceté et l'infamie. *(© Dominique ARLES / GAMMA RAPHO)*

Il y a trois manières de juger un homme : sur son passé, son présent, ou son avenir. Je n'ai pas eu le privilège d'être jugé sur ce que j'offrais au présent. On a mis en doute mes traversées, jeté la suspicion sur le Sahara mauritanien, Béring, le Pacifique. J'ai été marqué dans ma chair. Les cals que portaient mes mains quand j'ai touché l'atoll d'Ahé, je ne les ai pas eus en me grattant le nez. L'hygroma qui gonflait mon coude gauche, n'est pas venu en levant des coupes de champagne... J'ai aussi été marqué dans mon âme. On ne sort pas indemne d'attaques aussi indignes. Des choses insensées ont été écrites sur moi à mon retour du Pacifique.

J'ai beau exhiber des preuves irréfutables, des témoignages de militaires ou de médecins, arborer mes blessures de manière impudique, les sceptiques continuent de faire la moue en prenant un malin plaisir à jeter le doute sur moi. Je ne sais plus que dire, que montrer... Mon cul ? Je suis à bout. Ils m'ont eu... Je me revois sur un plateau télé, lors du point presse au pavillon d'Ermenonville, tel un accusé à la barre du tribunal. Combien sont-ils, à guetter mes faits et gestes, à chercher la faille ? Qui me croit encore ? Ne sont-ils venus que pour me voir dévoré vivant ?

Le Pacifique était certainement plus clément que cette meute qui refuse de croire qu'avec mes seules forces et ma seule intelligence, j'ai affronté le grand Océan sur une planche à voile. Et que, loin de succomber, j'ai bel et bien réussi ce que personne n'avait accompli avant moi : la liaison Marquises-Tuamotu. Soit 900 km, 900 km de souffrances, d'efforts insensés, de sales moments, 900 km qui ouvrent une ère nouvelle pour ce sport fabuleux qu'est la planche à voile. En partant des Marquises, j'estimais mes chances de réussite à cinquante pour cent. Le record de distance sur planche à voile était alors de cent trente-huit milles. Pourtant, en réalisant une traversée de cinq cents milles en ligne droite, je n'avais même pas eu le désir d'établir un record. En fait, sur ma planche, j'étais bien loin de ce type de préoccupations. On ne pense pas vraiment aux records lorsqu'on cherche à sauver sa peau.

Mon pauvre Arnaud! Toute cette souffrance, ces sacrifices, ces risques insensés… Pour rien! Désormais, ce que tu entreprendras dans le futur, tes plus nobles défis, tes traversées accomplies au péril de ta vie, le moindre de tes exploits, sera scruté d'un autre œil, remis en question, balayé d'un sourire moqueur… Tu es pestiféré!

Le matador enfonce son épée entre mes épaules et je m'effondre à genoux, comme le taureau qui a vaillamment combattu. Ma tête tourne. Je m'aperçois dans le miroir. Défait, enlaidi, abruti. Ils m'ont eu… Je rêve que je cours dans les couloirs de Roissy. Mon avion est en partance. Je suis en retard. Je cherche Jenna partout. Je ne peux pas partir sans elle. Enfin, une silhouette au bout de la plateforme, c'est elle! Je cours, mais le sable de mes rêves est aussi mou que du plomb. Plus je cours, plus je m'enfonce, tandis que Jenna s'éloigne. Sans elle, je sombre dans la nuit noire, réduit à l'état de saltimbanque, comme ils disent…

Et quand elle revient enfin à l'hôtel, le lendemain matin, je suis au bord du gouffre, je n'ai même plus envie de vivre. Mais dès que je plonge dans le bleu de ses yeux, je prends conscience que la vraie vie est là, et nulle part ailleurs. Jamais plus je ne recommencerai une telle aventure. Il faut savoir s'arrêter.

DE ROSNAY le tartarin DE L'OCÉAN

Notre reporter G. Leroux

Il a évité "Le Meilleur"

FACE AU '

Notre env… spécial a… interdit à… du bateau s…

De ROSNAY a perdu son pari contre « Le Meilleur » ! C'est « La Dépêche », journal de Papeete qui, en raison du décalage horaire, a été le premier à l'annoncer.

Mais c'est aussi une dépêche qui a annoncé dans la nuit de mardi son abandon pour cause de « mauvais temps ». Derrière cet échec, il y a une histoire rocambolesque sinon fumeuse, comme nous le laissions prévoir dès la semaine dernière.

« Le Meilleur » avait envoyé, dès le 16 décembre, Gérard Leroux, responsable du service photo pour suivre, comme il était convenu, de Rosnay dans un bateau que celui-ci avait frété.

Les termes du pari étaient clairs : de Rosnay devait prendre le départ pour réaliser sa nouvelle tentative en notre présence, avant le 24 décembre à minuit et battre…

…) millions

…ue, très … sincère… décidés à … tre colla… is place … veur, de … le jeu en … constater … la condi… proque), … perfor…

…'a dit, de …ait pour

Hiva où de Rosnay s'était installé, qu'une liaison par semaine. Le vendredi et idem pour le retour.

Lorsque Gérard Leroux arriva, il y avait sur place, un photographe free lance (indépendant), ami intime de de Rosnay, que le baron voulait absolument emmener dans sa traversée plus un caméraman de FR3 (Goderman) et un preneur de son de la station de Papeete qui étaient accrédi-tés par TF1 …

MONOD-FRANÇAISE DE BA…

… mille FRANCS

ARNAUD DE ROSNAY

7 02738 1000 …
LES MEILLEURES EDITIONS
36 RUE DU SENTIER
75002 PARIS

MILLIC…

En ce temps-… paraissait prêt … leur ». Il mon… numéro 577, lo… presse du …

La performance en planche à voile d'Arnaud de Rosnay de plus en plus contestée

Un héros ambigu

16 SEP. 1980

Arnaud de Rosnay est-il un surhomme ou un imposteur ? Playboy fort connu de la « Jet Society », à la vie sentimentale agitée, Arnaud de Rosnay a pu agacer les spécialistes par une opération publicitaire tapageuse, par la petite cour qui l'entourait à Tahiti lors de sa préparation, par les contrats liés à son exploit. Mais les véliplanchistes confirmés et les marins avancent d'autres arguments pour contester la traversée record entre les Marquises et les Tuamotu. Est-ce la jalousie qui les fait parler ou des motifs plus sérieux ?

Rappelons les faits : l'homme annonce une traversée Marquises-Hawaii, soit quelque 2.400 milles et doit être escorté d'abord par un navire de la Marine nationale, « La Combattante », puis par le yacht « Zeus ». De Rosnay part, mais, dès le premier soir la fatigue l'empêche de gréer le cerf-volant qui doit maintenir le contrôle de sa planche pendant les heures de repos. Il ne peut dormir et, le lendemain, le « Zeus » le ramène aux Marquises. Le 31 août, seul, de… Arnaud de Rosnay ap… sans témoin, avec l'ambi… gagner, cette fois-ci, Ta… arrive onze jours plus … Ahé, l'une des îles les p… nord des Tuamotu, après … parcouru environ 500 mille…

L'exploit a coûté cher. … recherches spontanément … clenchées par la Marine (… que la famille ne les avaient … demandées et ne semble … s'être inquiétée outre mesu… ont mobilisé durant soixan… huit heures un avion « Ne… tune », pendant quatre jours … navire « La Combattante » … dérouté, un jour et demi, un p… trolier ravitailleur. Qui paiera ?

Discutable par son audace et ses risques, l'exploit est également discuté : Bernard Moitessier, qui a longuement aidé Arnaud de Rosnay à se préparer, m'a adressé, à l'époque, plusieurs lettres contradictoires, témoignant de l'ambiguïté de la situation. Dans l'une, il s'indigne de la légèreté de la préparation du navigateur qui, avant d'appareiller pour sa longue traversée, n'a encore jamais passé une nuit en mer ni expérimenté son matériel en vraie grandeur et ignore la navigation.

Le lendemain, Moitessier a changé d'avis : *« C'est un génie. Son matériel est impeccablement pensé. Il réussira. »*

Un cimetière à bateaux

La traversée des Marquises à Ahé est délicate …

Parti pour 3.520 kilomètres sur une planche à voile, Arnaud de Rosnay est en difficulté dans le Pacifique Sud

Le saltimbanque de la mer

La marine nationale a entrepris des recherches pour retrouver le baron Arnaud de Rosnay, qui avait décidé de relier Hawaii depuis les îles Marquises à bord d'une planche à voile et dont on était sans nouvelles depuis dimanche soir, date de son départ. Le patrouilleur « La Combattante » et un avion Neptune de l'aéronavale ont été dépêchés sur les lieux. Un bateau d'escorte, le « Zeus » accompagnait le navigateur.

PAR PIERRE GALLEREY

Equipements sophistiqués

Planche à voile : un sport désormais olympique

Arnaud de Rosnay : après la traversée du détroit de Behring entre Alaska et Sibérie, une tentative risquée dans le Pacifique Sud entre Hawaii et les Marquises.

P. G.

…ILLEUR", DE ROSNAY A CRAQUÉ !

ne suscita pas un enthousiasme délirant.

Pourtant, il était porteur d'un chèque de 100 000 francs qu'il était habilité à remettre à de Rosnay à l'issue de la tentative si elle était couronnée de succès !

Il y eut différents reports. A cause de la radio de bord qui ne fonctionnait pas puis de vents de force 5 à 8 que de Rosnay estimait insuffisants pour se mettre à l'eau.

Il avait affirmé que des vents de force de 15 nœuds au moins étaient indispensables !

Puis lorsque de Rosnay fit quelques essais en mer, il n'invita pas notre collaborateur à prendre place dans le bateau suiveur !

On voit tout de suite l'état d'esprit !

Quant au capitaine de ce bateau l'Aquaholics IV, Léo Wooten, un texan, il n'était pas très à l'aise…

Arnaud de Rosnay devant sa drôle de planche à voile qui sert de support publicitaire à SEIKO. Il a pourtant raté son heure bien que notre reporter lui ait laissé quelques jours de délai.

Une "trempette" qui provoque la tempête

Dès son arrivée le photographe de de Rosnay et les caméramen de FR3 demandèrent à Gérard Leroux s'il « savait faire le point » parce que le commandant, lui, ne savait pas le faire !… Ainsi, en venant depuis Hawaï, s'était-il laissé entraîner aux îles Cook au lieu d'accoster à Papeete !

Bref, selon le câble de notre envoyé spécial, on nageait en plein amateurisme pour ne pas dire laisser-aller.

Pour compliquer la situation, de Rosnay qui a le sens des affaires - et c'est son droit - avait négocié un contrat avec la firme Seiko dont la marque apparaît glorieusement sur la voile de son « bateau ».

Cela n'était pas prévu par TF1, qui, plutôt que d'être accusée de se prêter à une opération …

Notre collaborateur en compagnie de l'huissier gendarme et du skipper de l'Aquaholics IV

… ment accordée au véliplanchiste) Gérard Leroux, faute d'une décision de de Rosnay, était contraint de prendre le seul avion de la semaine pour regagner Papeete.

Et c'est le lendemain que le baron décidait, à la surprise générale, mais pas à notre …

… repoussées au-delà des 24 heures !

C'est alors que nous avons commencé à démonter scrupuleusement et indiscutablement ce qu'il convient d'appeler une imposture.

De Rosnay …

… mensonge encore. Leroux, matricule 11524 T 68, a été engagé volontaire pendant 29 mois ! Basé à Bizerte il a accompli de nombreuses missions, notamment sur l'Arromanches et même sur le porte-avions anglais Park royal… et a été libéré de ses obligations militaires avec les félicitations du vice-amiral d'escadre Marc Antoine, commandant supérieur de la base stratégique de Bizerte.

Mais de Rosnay est habitué à mettre son monde devant le fait accompli et à ne pas avoir de solides contradicteurs faute pour ceux-ci d'avoir de solides informations.

Nouveau …

… gentleman et l'aurait pris à bord pour faire taire les accusations et les interrogations qui pèsent sur son prétendu premier exploit.

En jouant à cache-cache de Rosnay a perdu son pari avant même de prendre le départ, dès l'instant où il laissait partir notre reporter… parce que, ne l'oublions pas, il pouvait aussi bien lui dire : « Je pars demain » et Leroux serait naturellement resté pour accomplir la mission pour laquelle « Le Meilleur » l'avait envoyé au bout de la terre prendre place sur le bateau et le suivre, en raison même de ses capacités à supporter une longue traversée.

En nous empêchant de constater l'authenticité de sa tentative le baron prenait le risque de perdre la face. Il aura, cette fois-ci, le récit de ses aventures à raconter qui ne manqueront pas de sel et qui feront peut-être autant sourire que …

SON EXPLOIT ES…

UNE voix s'élève au-dessus des calomnies proférées contre Arnaud de Rosnay, que des champions de planche à voile accusent de tricherie. …

Soupçonné de supercherie

Le «baron flottant» lance un défi

Canular ou véritable exploit? La «performance» d'Arnaud de Rosnay qui a relié en onze jours les Marquises à Tahiti soulève, si l'on peut dire, beaucoup de vagues.

Hier, le baron a relevé le défi que lui lançaient dans les colonnes du «provençal» deux spécialistes français de la planche à voile. Jean-Marie Fabre, champion d'Europe de planche à voile et Jean-Marie Faucheux avaient sérieusement mis en doute la véracité de l'exploit accompli par de Rosnay.

Ce dernier a fait savoir à ses détracteurs par le biais de son frère qu'il était prêt à les affronter à la Pointe du Raz ou dans les vagues d'Hossegor par force 8.

Pour couper court aux bassesses

C'est son frère, Joël de Rosnay, qui, dans un communiqué adressé à l'AFP, a lancé ce défi au nom d'Arnaud, «pour couper court à ces bassesses». Ces spécialistes des régates en Méditerranée (…) ne connaissent que peu de choses à la randonnée et à la survie en mer», a-t-il dit dans son communiqué. «Christian Marty, l'homme qui a rallié Marseille à la Corse en planche à voile, peut d'ailleurs en témoigner», a-t-il conclu.

La traversée du détroit de Béring

Les arguments des véliplanchistes sceptiques mettent très sérieusement en doute les capacités de marin d'Arnaud de Rosnay. Leur réquisitoire est formulé en trois principaux points.

Premièrement, à propos de la traversée du détroit de Béking par le baron les spécialistes français estiment impossible que le jeune homme ait pu maintenir une vitesse de 20 nœuds durant sept heures. Selon les anti-Rosnay personne au monde ne peut tenir une telle moyenne durant un temps aussi long.

Il faut rappeler à ce propos que le recordman (officiel) de la longue distance a parcouru 100 km en 24 h et 17 minutes. Exploit qui l'aurait épuisé. Alors se demandent les adversaires de de Rosnay comment celui-ci a-t-il pu tenir onze jours en mer, au milieu des requins et sans manger durant 120 heures?

La compétition de Cannes

Deuxième argument de l'accusation. De Rosnay ne pratique la planche à voile que depuis deux ans. Les «spécialistes» qui eux en font depuis des années s'étonnent de ce génie si vite apparu. Et très modestement l'un d'eux d'ajouter «je ne pense pas qu'il soit de notre niveau». Enfin et c'est là le plus troublant, il paraîtrait que le «baron flottant» aurait fait piètre figure, l'an dernier, lors d'une compétition de planche à voile à Cannes. Il ne serait pas parvenu à quitter le port.

Les deux champions français, bons seigneurs ont donc proposé à de Rosnay de se rencontrer pour juger de leurs capacités réciproques. Si la compétition a lieu elle risque d'être intéressante à plus d'un titre. Maintenant Arnaud de Rosnay est «au pied de la vague» et le baron doit faire ses preuves sous peine de mériter un pseudonyme auquel ont vraisemblablement pensé ses adversaires: celui de baron de Münchhausen.

Alain Bombard défen… Arnaud de Rosnay…

A l'aide de flotteurs gonflables fixés à l'extrémité du mât mis en balancier, Arnaud de Rosnay pouvait transformer sa planche en pirogue, et ainsi garder l'équilibre pour pouvoir s'allonger sur son matelas, et pouvoir se reposer. La photo ci-dessous montre comme… voile enroulée autour du balancier.

"AVEC SON MATERI… POUVAIT TENIR DIX-…

Il n'a même pas été capable de sortir du port de Cannes lors d'un récent meeting. Aussi, je pense qu'il a été aidé dans sa traversée. » Et ce n'est pas tout ! On reproche des tas de choses à de Rosnay. D'abord de n'avoir pas voulu s'expliquer sur sa traversée du détroit de Behring. Traversée accomplie, selon ses dires, à des vitesses de 37,04 km/h pendant sept heures.

…MENT IL POU… …IR A BORD

MOYENNE IMPOSSIBLE

Celui qui l'accuse, Stephane Peyron, affirme que personne n'est capable de tenir une telle moyenne. Il sait de quoi il parle puisqu'il termina, complètement épuisé, un parcours de 251,87 km accompli en 24 h 11 mn.

Un autre spécialiste de la planche à voile, Felix Aubry de la Noe, qui travaille au Provençal, asssure, à l'unisson avec J.-M. Fabre, que l'an dernier, de Rosnay n'était même pas parvenu à sortir du port de Cannes.

A ceci, Arnaud répond qu'il se trouvait à ce moment-là à Tahiti et que, par ailleurs, il n'a jamais fait de planche à voile sur la Côte d'Azur. *« On doit me confondre avec un autre. »* affirme-t-il. D'ailleurs, à ceux qui mettent en doute son exploit, Arnaud de Rosnay répond qu'il a lui même demandé l'ouverture d'une enquête qui ne pourra que confirmer ses dires.

Le frère d'Arnaud, … de Rosnay, est acc… par ces accusations… suivi pas à pas sa… tastique prépa… avant la tentative… l'Océan.

LES YEU… BRULES

« Regardez dan… état est Arnaud… perdu plus de… kilos. Ses mai… rongées par le… yeux brulés par… Il était si épuisé… vant sur les… corail, qu'il e… comme une m… mant pendan… res d'affilée… deux jours, …

17

La rumeur qui tue

« *Goldorak des océans… Tarzan de la vague… Batman à voile… Tartarin de l'océan… Héros ambigu… Baron des craques… Saltimbanque de la mer…* » Voilà quelques-uns des titres humiliants et grotesques qu'on a vu fleurir dans la presse, et qui submergent Arnaud de Rosnay dès sa descente d'avion à Paris. Journaux et magazines mettent en doute l'authenticité de sa traversée du Pacifique. Les mots lui explosent au visage comme autant de gifles et de camouflets. Radios et télévisions ne sont pas en reste. On ne lui donne même pas le bénéfice du doute. La presse, y compris « sérieuse », a décidé de se payer le scalp du baron, tel un guignol à la foire. C'est un lynchage médiatique en règle.

« La mer est franche, elle attaque en blanc » avait dit Arnaud. Les hommes, eux, sont sournois. Dans un premier temps, l'aventurier encaisse les coups sans broncher. Tel un boxeur sur le ring, il est sonné, mais pas KO, naïvement persuadé que la vérité finira par s'imposer d'elle-même. Parfois, il s'emporte et monte sur ses grands chevaux, mais l'effet est désastreux. Sept jours seulement après avoir rejoint avec succès le petit atoll d'Ahé sur sa planche à voile depuis les Marquises, le retour sur terre est plus que brutal. Le voilà passé du statut de héros à celui de mytho.

À l'aéroport de Roissy Charles-de-Gaulle, où ses proches l'ont rejoint, Joël improvise une communication de crise et prévient d'emblée son frère que les journalistes doutent de sa traversée et l'attendent de pied ferme. Pour Arnaud, pas question de tomber dans le panneau, il veut sortir de cette situation par le haut, il essaiera de tout expliquer sans s'agacer. Mot d'ordre : rester *low profile*, pas d'emphase, ni d'exagération. Arnaud doit exposer son matériel, détailler comment il a navigué au cerf-volant autant qu'à la voile, il doit également évoquer ses systèmes révolutionnaires de navigation de nuit et d'alimentation.

Arnaud et Jenna à Los Angeles, interviewés par Antenne 2. *(capture d'écran)*

Un peu groggy à cause des médicaments et des calmants qu'il ingurgite depuis plus d'une semaine pour soigner son corps et son psychisme, meurtris par onze jours de mer, Arnaud hoche la tête et lit distraitement la note que lui tend Joël. On ne sait trop s'il acquiesce ou rumine. Avec lui, aucune situation n'est jamais totalement sous contrôle. «Je sais très bien ce que j'ai à dire», assure-t-il à son frère.

Amoureuse et transie, la belle Jenna demeure à ses côtés. Elle arbore une jolie tunique à fleurs et a coiffé ses cheveux blonds en tresses afro. Elle n'a même pas dix-huit ans et la pression qui s'accumule sur ses délicates épaules, est énorme. Jenna est submergée par la joie d'avoir retrouvé l'homme qu'elle aime mais tétanisée par l'électricité ambiante. Habituée aux dépressions tropicales, elle se voit soudain projetée dans l'œil du cyclone.

19 SEPT 1980

A R N A U D

F O R Y O U R E Y E S O N L Y

A LIRE ABSOLUMENT AVANT LE SALON DES JOURNALISTES A 18 H 00 ET TF1 A 20 H 00.

Conseils des spécialistes, des médias et des campagnes politiques.

1. ATTENTION : PAS DE LUNETTES NOIRES - Il faut qu'on voit tes yeux : charme.
   Tu n'as pas le droit d'être fatigué.
   N'aies pas l'air fatigué. Ne le dis pas.

2. RESTE COOL - SYMPA - N'exagère rien, pas d'emphases.
   - Ne critique pas les journalistes,
   - Ne critique pas les spécialistes.

3. Dis-toi bien que tu ne retourneras pas la France entière et les journalistes en 3 minutes de RTL en direct à 6 h et 4 minutes de TV où tu auras en plus un dupleix avec tes détracteurs.
   Tu es parti pour une course de fonds, prends ton temps.
   . Ce vendredi, seule ton attitude influencera les gens, pas les preuves. Il n'y en a pas d'irréfutables.
   . Mardi, à ta conférence de presse, donne les détails et entame le début de ta campagne pour apporter des faits vérifiables.

4. Le grand événement de ce vendredi est visuel :
   → C'EST TA PLANCHE ET TA TECHNIQUE.
   Parles-en sans arrêt avec conviction à la TV. Couche dedans, mime ce que tu as fait.
   Explique bien : Il y a deux planches en une ---> Vitesse (comme les autres windsurfs).
   ---> Radeau de survie lent et sûr.

5. Renvoie les questions trop longues (preuves détaillées) ou trop délicates (coût des recherches pour marine, remboursement de la famille) à ta conférence de presse de mardi.
Quand tu es attaqué par tes détracteurs marseillais, garde ton calme. Ne te fais pas bouffer ton temps de parole, fais comme Marchais ! Ramène tout à ce que tu veux dire, toi. C'est-à-dire à ta technique et à ta planche.

---

6. A la question : "quelles preuves irréfutables amenez-vous pour confondre vos détracteurs ?"
Réponds : "Je leur amène d'abord, ainsi qu'au public français, les détails techniques de base et les explications qui manquent à tout le monde. Nous reparlerons plus longuement mardi des faits précis que vous appelez des preuves".

---

7. Ne m'associe pas au plan scientifique et institutionnel (Pasteur) à ton expédition. Auteur de la Malbouffe, je t'ai donné quelques idées d'alimentation. *Menus pour l'expéd.*

---

8. Enfin, dis que ce n'est pas un exploit dans l'absolu (des gens sont restés plus longtemps que toi, un homme termine de traverser l'Atlantique à la rame).
Mais c'est un exploit pour toi. Préparation et équipement nouveaux (pas révolutionnaires). Préparation physique intense. Tu voulais prouver quelque chose à toi-même.

ON NE TRICHE PAS AVEC SOI-MEME

C'EST TOUT

Voici les seules idées qui devraient passer ce soir. Tu as tout le week-end pour revoir ta conférence de presse.

Quelques formules :
"J'ai fait une moyenne assez minable".
"Les spécialistes de Marseille auraient sans doute fait comme moi, ou mieux, avec mon équipement".
"Si j'avais été tiré ou accompagné, aurais-je pris le risque d'avoir des gens qui me fassent chanter toute ma vie ?"
"J'ai eu une chance folle, pas de tempête, après une route en zig-zag, j'ai atteri sur Ahé, ligne droite entre Marquises et Tahiti".

Alors que la campagne de dénigrement fait déjà rage, Joël de Rosnay donne des conseils à Arnaud pour corriger le tir lors de son intervention sur TF1.

Le couple débarque de Los Angeles où, 24 heures plus tôt, l'avion d'Arnaud faisait escale, en provenance de Papeete. Lors des retrouvailles, Jenna a beaucoup pleuré, évacuant d'un coup les tensions accumulées au cours des heures d'angoisse, alors que le monde entier cherchait en vain le véliplanchiste perdu entre les Marquises et Tahiti. Elle a été l'une des seules à ne jamais se décourager. Aujourd'hui, Arnaud est là, près d'elle, bien vivant, c'est un miracle. Elle espère qu'il ne la quittera plus jamais. Jenna se réjouit de découvrir Paris en amoureux, et de faire connaissance avec la famille de son fiancé.

Tout en marchant le long des tunnels futuristes du terminal 1 de Roissy, Arnaud s'efforce bravement de donner le change pour ne pas apparaître tel un héros outragé. Mais lorsqu'il pénètre enfin dans le salon d'honneur privé que les autorités ont ouvert spécialement pour le soustraire à la horde des journalistes, ses proches découvrent alors un homme blessé, extrêmement éprouvé et fragilisé sur le plan physique et mental.

Avant de quitter Tahiti, Arnaud de Rosnay a été mis au parfum par son frère et ses amis au téléphone, qu'une campagne de dénigrement est orchestrée en France à son encontre. Elle a été initiée, quelques heures seulement après son arrivée officielle aux Tuamotu, par un trio de Marseillais dont l'offensive, totalement à charge et sans la moindre preuve, a obtenu un écho surprenant, repris dans les médias nationaux. Ce trio est composé d'un journaliste du *Provençal*, Félix Aubry de la Noë et de deux véliplanchistes : Jean-Marie Fabre, champion de France et d'Europe de *freestyle*, et Jean-Marie Faucheux, véliplanchiste au palmarès un peu moins étoffé. Félix Aubry de la Noë a navigué avec Alain Colas et Éric Tabarly, et il est alors *skipper* du *Palynodie*, le voilier de Gaston Deferre, puissant maire de Marseille et futur ministre de l'Intérieur.

Que disent ces messieurs ? En clair, qu'Arnaud est un imposteur et un menteur. Sur quelles preuves s'appuient-ils ? Aussi incroyable que cela puisse paraître : *aucune* ! Ils n'avancent que des suppositions, des doutes, s'appuyant sur des « on-dit ». (Mais lorsque, quelques mois plus tard, Christian Marty bouclera sa traversée de l'Atlantique sur sa planche à voile, soit 4227 km en 37 jours, il n'aura pas droit, lui, à un tel scepticisme gratuit…)

Ainsi, voilà ce que déclare Jean-Marie Faucheux : « Personne au monde n'est capable de tenir une telle moyenne, même pas un *recordman* du monde sur grande distance, le Français Stéphane Peyron. Celui-ci, après avoir parcouru 136 milles en 24 heures et 17 minutes, était complètement épuisé. Alors, imaginez qu'après douze jours de mer, dont plusieurs sans nourriture, ce n'est pas un petit déjeuner qu'il aurait fallu à de Rosnay, mais un médecin. »

Jean-Marie Fabre, de son côté, « ne pense pas de Rosnay capable de naviguer dans la brise ». Argument imparable, selon lui : « De Rosnay pratique la planche à voile depuis deux ans seulement ! Et il est impossible qu'il soit de notre niveau. Aussi je pense qu'il a été aidé dans cette traversée. » Rien n'est étayé. Tout est supposé, insinué, sous-entendu. On se pince pour le croire.

Mais ce n'est pas tout ! Pour « l'expert » Jean-Marie Faucheux, il y aurait un autre problème, qu'il explique en long et en large dans *Le Figaro-Magazine* du 20 septembre 1980, au travers d'un article insidieux signé Michel Durand. Ce texte est un démolissage en règle d'Arnaud de Rosnay, un brûlot plein de fiel emballé dans du papier cadeau. Faucheux, y déclare : « Des tests médicaux ont été effectués. Ils prouvent qu'après deux heures de navigation dans la brise, autrement dit dans des conditions similaires à celles décrites par Arnaud de Rosnay, on perd autant de calories qu'un joueur de rugby disputant un match de dimension internationale. Permettez-moi de vous dire que de Rosnay n'aurait pas réussi le coup sans recevoir de secours. (…) Vous comprenez donc que je puisse émettre de sérieux doutes sur l'authenticité de cette traversée. »

Arnaud de Rosnay : un

Onze jours et onze nuits sur une planche à voile ? Possible ? Impossible ? « Le Figaro-Magazine » a enquêté et révèle les dessous de cette affaire.

par Michel Durand

Depuis son exploit solitaire mis en doute par des véliplanchistes de grande valeur, le baron Arnaud de Rosnay ne dort plus. Il le jure. Accusé de fanfaronnade, il récuse les opinions de ses adversaires, leur dénie le droit à l'incrédulité et les traite d'escrocs ! Conférences de presse, présentations de photos, communiqués, certificats médicaux, le bel Arnaud utilise les médias au maximum pour, dit-il, l'honneur de la France. Pour jeter aussi – par un juste retour des choses – le discrédit sur ses contempteurs.

Ils estiment, ces jaloux, que le play-boy des mers du Sud ment effrontément. L'impossible, selon eux, rejoint l'invraisemblable : personne au monde, à moins d'être un surhomme, ne peut voltiger sur les crêtes des vagues du Pacifique, durant douze jours, en parcourant neuf cents kilomètres.

« *Le gros problème,* explique Frédéric Beauchène qui, sur une planche à voile, doubla il n'y a pas un an le cap Horn, accompagné de deux bateaux pneumatiques, *c'est qu'on n'a jamais vu (hélas !) Arnaud sur un plan d'eau ! On en parle toujours d'Arnaud, mais on parle de lui à l'étranger. En France... néant ! On ne l'a jamais vu ! Je lui ai téléphoné personnellement avant mon passage au cap Horn. Je voulais lui proposer une rencontre à l'issue de ma tentative qui réussit d'ailleurs. Eh bien il a refusé de répondre à mon appel. Pourquoi ?*

Impossible ?

« Avec Stéphane Peyron, qui détient le record d'endurance « Ile de Sein-La Baule », nous voulons nous faire les porte-parole de tous les véliplanchistes. Nous invitons Arnaud de Rosnay à La Baule, avant la fin de l'année 1980, à la date de son choix, pour une expérience « longue distance ». Qu'il n'hésite pas ! Qu'il vienne avec nous ! Et l'on va naviguer, croyez-moi. Si véritablement Arnaud de Rosnay a navigué douze jours sans assistance, cela se verra tout de suite. Personnellement, je ne pourrais pas tenir si longtemps. Je le répète : sans assistance, ce haut fait d'armes n'est pas possible. Si Arnaud de Rosnay accepte, je suis prêt à monter dans un bateau pour le suivre tout le long du chemin et l'encourager ! ».

mposteur ou un héros ?

SYGMA

Après les tablettes de survie et les poissons volants... retour à la « vie naturelle » du play-boy.

Du choix de la photo dévalorisante aux insinuations nombreuses, Le *Fig Mag*, comme d'autres, enfoncent Arnaud. *« Avec l'aimable autorisation du groupe Figaro »*

Et le festival des perles continue : «Je demeure de plus en plus persuadé qu'Arnaud de Rosnay ne dit pas la vérité, *enchaîne Jean-Marie Faucheux*. D'ailleurs, il n'a jamais voulu venir s'expliquer sur son autre traversée, tout aussi bizarre, du détroit de Béring. Beaucoup de véliplanchistes auraient aimé qu'il s'expliquât sur sa vitesse. Des journalistes lui demandèrent d'accepter de répondre à des questions purement techniques. Il n'a pas accepté et pour cause ! (…) Son sextant ? Il dit l'avoir jeté. Il affirme également s'être dirigé en s'aidant des étoiles et des courants tout en étant privé de repères terrestres. C'est impensable ! Arnaud de Rosnay est un grand farceur. La planche à voile demande un long entraînement et une pratique intensive, surtout lorsque l'on veut s'attaquer à une tentative de cette sorte. Il devrait bien venir naviguer en notre compagnie dans la brise ! (…) M. de Rosnay devra venir s'expliquer s'il veut que son record soit homologué. Pour nous, spécialistes, les véritables dieux de la planche s'appellent Naish et Winner. Pas de Rosnay. »

Ces déclarations péremptoires et gratuites sont reprises par de nombreux journalistes nationaux et régionaux. Aucun ne se donne la peine de vérifier ces assertions. La rumeur s'amplifie et le climat de suspicion s'aggrave quand Frédéric Beauchêne et Stéphane Peyron sautent dans le train en marche. Moins teigneux et plus prudents que leurs collègues marseillais, les deux véliplanchistes bretons se montrent néanmoins suffisamment dubitatifs pour enfoncer le clou.

« Le gros problème, *explique Frédéric Beauchêne dans ce même article du Figaro-Magazine*, c'est qu'on n'a jamais vu Arnaud sur un plan d'eau ! On parle toujours d'Arnaud, mais on parle de lui à l'étranger. En France… néant ! Je lui ai téléphoné personnellement avant ma traversée du cap Horn. Je voulais lui proposer une rencontre à l'issue de ma tentative, qui a réussi, d'ailleurs. Eh bien, il a refusé de répondre à mon appel, pourquoi ? Avec Stéphane Peyron, qui détient le record d'endurance Île de Sein – La Baule, nous voulons être les porte-parole de tous les véliplanchistes. Nous invitons Arnaud de Rosnay à La Baule, avant la fin de l'année 1980, à la date de son choix, pour une expérience longue distance. Qu'il n'hésite pas ! Qu'il vienne avec nous ! Et l'on va naviguer, croyez-moi. Si véritablement Arnaud de Rosnay a navigué douze jours sans assistance, cela se verra tout de suite. Personnellement, je ne pourrais pas tenir si longtemps. Je le répète, sans assistance, ce haut fait d'armes n'est pas possible. Si Arnaud de Rosnay accepte, je suis prêt à monter dans un bateau pour le suivre tout le long du chemin et l'encourager. »

Aucun de ces « experts » ou « spécialistes » ne sait réellement ce qui s'est passé dans le Pacifique au-delà des récits dans la presse qui demeurent imprécis. Selon sa fâcheuse habitude, Arnaud en a rajouté une louche, et a même enjolivé certains détails, dès son arrivée à Ahé. Son interview à Antenne 2, lors de l'escale de Los Angeles, n'a guère été plus convaincante. Il s'est emporté, menaçant de jeter son passeport français, et s'est drapé dans une dignité chevaleresque décalée...

Dans le magazine *Wind*, le journaliste Daniel Nottet livre son analyse, quelques années plus tard, en 1989 : « Ce que je concède sur le personnage, c'est qu'à chaque fois qu'il faisait quelque chose, Arnaud rajoutait 10 % de légende. C'était un type pour qui la réalité n'était jamais assez belle, un enfant qui veut toujours le petit truc en plus du prince de la légende, du chevalier. C'était précisément ces 10 % qui faisaient qu'on lui rétorquait : "Oui, mais là, c'est impossible. Donc tout le reste est faux !" Ce qui était, évidemment, une erreur. »

Fin 1980, Daniel Nottet a aidé Arnaud de Rosnay à rédiger son seul livre *Tout m'est défi*, destiné à apporter les preuves définitives de l'authenticité de sa traversée. Pour ce qui est des « preuves », voici le témoignage du journaliste :

L'adversaire du baron

JEAN-MARIE FAUCHEUX, le champion marseillais qui a mis en doute l'exploit du baron Arnaud de Rosnay, s'entraîne, et de quelle manière, sur les vagues de la Méditerranée pour répondre au défi du baron. Ce dernier doit arriver à Paris vendredi où — sans nul doute — il s'expliquera.

Jean-Marie Faucheux, l'un des contradicteurs d'Arnaud, sera débordé par la polémique qu'il a initiée.

«Je ne voulais pas me lancer dans une aventure d'écriture qui pourrait m'exposer à devenir la risée de tous six mois plus tard. Aussi, je me suis d'abord assuré de l'authenticité de cette traversée, et l'une des meilleures preuves qu'il m'ait donnée, a été de me montrer ses fesses, complètement bouffées par la mer avec des espèces d'abcès, de trous, de cornes, les trucs abominables du type qui a souffert sur une planche à voile au soleil et dans le sel de la mer. Des trucs qu'on ne se fait qu'en frôlant la fin, dans des conditions de survie. Il a fait ça très simplement. C'était la

Au journal de 20 heures d'Antenne 2 du 19 septembre 1980, PPDA aborde la polémique.
(capture d'écran)

preuve dont j'avais besoin. Toutes les preuves raisonnables, aussi fortes soient-elles, c'est très bien, mais vient un moment où il faut adhérer à quelque chose qui, en plus, révèle l'individu qui se cache derrière l'image. »

Arnaud de Rosnay refusera, en revanche, de montrer ses fesses en public. Dès le 14 septembre, trois jours à peine après l'arrivée de l'aventurier à Ahé, la campagne de doute gagne Tahiti, alors que les lettres de félicitations du haut-commissaire, de l'amiral ou du conseil de gouvernement de Polynésie française, commencent

Les fesses d'Arnaud : « Il avait des blessures qu'on ne s'inflige pas », dira un médecin.
(© Collection Famille de Rosnay)

à parvenir au héros, pour saluer sa traversée. Celle du vice-président de l'Assemblée territoriale, Francis Ariioehau Sanford, apporte en particulier du baume au cœur d'Arnaud, qui se sent compris : « Nous sommes un peuple de marins et nous connaissons l'océan que nos ancêtres ont parcouru et peuplé depuis l'aube des temps. C'est pourquoi nous apprécions à sa juste valeur ce que vous avez fait, et qui prouve que l'homme peut encore réaliser de grandes choses lorsqu'il sait et veut se remettre en accord avec la nature. »

Le 16 septembre, toujours en convalescence à Tahiti, Arnaud se fend d'un communiqué pour tenter de couper court à la controverse.

Il se déclare «attristé par les déclarations de MM. Fabre et Faucheux». Le terme «scandalisé», d'abord choisi par Arnaud, sera biffé par son frère Joël. Ce dernier ne veut surtout pas que son jeune frère offre du grain à moudre à ses détracteurs, qui le font déjà passer pour arrogant et impulsif. «Il est facile d'accuser quelqu'un qui ne peut pas se défendre efficacement à des milliers de kilomètres d'ici, *écrit Arnaud.* J'apporterai les détails et les preuves nécessaires dès mon arrivée.»

En attendant, l'aventurier démonte aisément certaines accusations fantaisistes des deux Marseillais, ce qui aurait dû suffire à les discréditer d'entrée de jeu aux yeux de la presse. Ces derniers avancent qu'en 1979, le «héros du Pacifique» n'aurait pas réussi à franchir la sortie du port de Cannes par vent de force 7. Et pour cause... Arnaud de Rosnay n'a jamais mis les pieds sur la Côte d'Azur et n'a donc pu participer à ces régates!

Comme l'explique Arnaud, non sans une certaine délectation : «C'est facile à vérifier sur les feuilles d'engagement. MM. Fabre et Faucheux m'ont confondu avec Frédéric Beauchêne, l'homme qui a passé le cap Horn en planche à voile, spécialiste d'endurance. Cela prouve, une fois de plus, que la régate ou le *freestyle* n'ont que peu de rapport avec le raid d'endurance en haute mer. Christian Marty, l'homme qui a rallié Marseille à la Corse en planche à voile, en a d'ailleurs apporté le témoignage sur les antennes des radios.»

Autre grossière erreur : selon eux, Arnaud serait inexpérimenté... Le navigateur rappelle ses performances à Hawaï, son succès éclatant contre Ken Winner et Cort Larned le 5 mai 1980 à Maui, lors de la course de vitesse d'Hoyle Schweitzer; ses entraînements dans les vagues du Pacifique, à raison de 40 à 50 km quotidiens en compagnie de Mike Waltze, «reconnu par Robby Naish et Ken Winner comme l'un des meilleurs *riders* au monde en *windsurf* sauvage».

POLYNÉSIE FRANÇAISE

N° 299 V./P.

CONSEIL DE GOUVERNEMENT

Le Vice-Président

Papeete, le 15 Septembre 1980

Mon Cher Ami,

L'exploit que vous venez d'accomplir en reliant, en planche à voile, Nuku-Hiva à Ahe a suscité l'intérêt et l'admiration de tous les Polynésiens.

Nous sommes un peuple de marins et nous connaissons l'océan que nos ancêtres ont parcouru et peuplé depuis l'aube des temps.

C'est pourquoi nous apprécions à sa juste valeur ce que vous avez fait et qui prouve que l'homme peut encore réaliser de grandes choses lorsqu'il sait et veut se remettre en accord avec la nature.

Au nom de mes compatriotes, je vous félicite pour votre courage et votre réussite.

Avec tous mes encouragements, veuillez agréer, Cher Ami, l'expression de ma sympathie.

Cordialement

F. Sanford

Francis Ariioehau SANFORD.

F. SANFORD

Monsieur le Baron Arnaud de ROSNAY

- PAPEETE -

Le peuple polynésien félicite Arnaud par l'entremise du vice-président du Conseil de gouvernement.

Comme l'ajoute Arnaud à propos des champions hawaïens : « Il est facile de leur demander si j'étais capable de faire cette traversée. » Quelques semaines plus tard, Arnaud reçoit en effet le soutien des Naish et consorts, l'élite de la planche à voile dans le monde. Hélas pour lui, tous ses arguments tombent à plat et ne sont pas relayés. Le lynchage est en marche et l'infernale machine médiatique s'active à broyer sa réputation.

Les journalistes sont trop occupés à passer sa vie à la moulinette. La presse dont il s'est longtemps servi, lui renvoie à la figure ses excès, dresse de lui, le portrait caricatural d'un play-boy mystificateur. De Bianca Jagger, avec laquelle il s'affichait encore il y a quelques mois, à Isabel Goldsmith Patino, sa vie sentimentale mouvementée est jetée en pâture.

On le roule dans le caniveau. Ce n'est pas de l'information, mais de la calomnie et de la défiance. On s'éloigne de plus en plus de la navigation et de l'exploit accompli. Afin d'exciter le contribuable et de sombrer encore un peu dans le poujadisme, la facture coûteuse des recherches en mer est montée en épingle… Qu'il semble loin, le grand océan Pacifique, ses houles géantes et ses nuits immenses, qu'Arnaud a dû affronter tout seul pour accomplir son fantastique exploit.

Dès lors, quand Arnaud apparaît dans le hall de sortie de l'aéroport au bras de Jenna, on ne s'étonne guère que journalistes et photographes se piétinent mutuellement pour saisir une réaction d'Arnaud « héros ou imposteur ? », selon les titres en vogue. L'intéressé n'est plus que l'ombre de lui-même. L'auteur des insinuations infondées, Félix Aubry de la Noë, est là, lui aussi, en première ligne, accompagné de ses deux « experts », Jean-Marie Faucheux et Jean-Marie Fabre. Les télévisions, tout excitées, poussent les détracteurs vers le baron. « En le voyant au bras de sa très jolie compagne, j'ai vu Arsène Lupin en face de moi », confiera maladroitement Félix Aubry de la Noë, trente-quatre ans plus tard.

attristé

Je suis ~~[illegible]~~, comme le sont tous les amis d'Arnaud de Rosnay, par les ~~[illegible]~~ déclarations de MM. Fabre et Faucheux, champions de wind-surf, contestant l'authenticité de l'exploit réalisé par mon frère des Iles Marquises aux Touhamotou en planche à voile.

Il est facile d'accuser quelqu'un qui ne peut se défendre efficacement à des milliers de kilomètres d'ici. Arnaud sera là vendredi et il s'expliquera lui-même. On ne peut cependant laisser passer les déclarations de ces spécialistes de régates en Méditerranée, habitués à des parcours triangulaires entre des bouées ou à des acrobaties sur la tranche de leur planche et qui ne connaissent que peu de choses à la randonnée et à la survie en haute mer.

Ayant critiqué la publicité faite par mon frère autour de sa tentative, ils utilisent ~~[illegible]~~ les mêmes moyens, cherchant à tout prix à accoler leur nom au sien, par suite d'une volonté malsaine de faire des titres à la une. Ils utilisent pour cela des informations erronées. ~~[illegible]~~. Exemple : ils accusent Arnaud d'avoir ~~lamentablement~~ échoué aux championnats de France de wind-surf à Cannes l'an dernier, étant incapable de franchir l'entrée du port par vent de force 7. Or les enregistrements du concours le prouvent facilement, Arnaud n'a jamais participé à ces régates. MM. Fabre et Faucheux dans leur hâte à le dénigrer, l'ont confondu avec Frédérique Beauchesne, l'homme qui a traversé le Cap Horn en planche à voile, spécialiste d'endurance, mais modeste régatier. Ce qui prouve, une fois de plus que la régate ou le "free-style" n'ont que peu de rapport avec le raid d'endurance en haute mer. Christian Marty, l'homme qui a rallié Marseille à la Corse en planche à voile, peut d'ailleurs en témoigner.

MM. Fabre et Faucheux fondent également leurs accusations sur le fait qu'Arnaud n'aurait que deux ans de wind-surf derrière lui. Or, ce qui compte, ce sont les heures passées sur la planche. Arnaud s'est entraîné depuis un an tous les jours à Hawaï, dans les vagues du Pacifique à raison de 30 à 50 km par jour avec Mike Waltze, reconnu par Robby Naish et Ken Winner, spécialistes du saut de vagues, comme l'un des meilleurs au monde en wind-surf sauvage. Il suffit simplement de leur demander si Arnaud était capable de son exploit. Je doute d'ailleurs qu'ils connaissent MM. Fabre et Faucheux.

Enfin, Arnaud a battu Ken Winner et Cort Larned, champions de free-style aux championnats de vitesse à Mauï, Hawaï, le 5 Mai 1980. Il est arrivé 17ème sur les 33 sélectinnés par Hoyle Schweitzer, l'inventeur du wind-surf. Ken Winner est arrivé 25ème. Il suffit de se reporter aux journaux pour avoir confirmation de cette épreuve.

De toutes manières, pour couper court à ces bassesses, Arnaud donne rendez-vous, quand ils le voudront, à MM. Fabre et Fuacheux, à la Pointe du Raz ou dans les vagues de Hossegor, par force 8. On verra alors qui tiendra le plus longtemps sur sa planche.

En définitive, le plus bel hommage à l'exploit authentique d'Arnaud est celui de l'Amiral Commandant la flotte du Pacifique et celui des Polynésiens unanimes.

Arnaud tente de riposter aux dénigrements par un communiqué, corrigé par Joël.

Un proche d'Arnaud, Patrick Dussossoy, alors chez Dufour et futur créateur de Tiga, principal sponsor d'Arnaud et de Jenna de Rosnay de 1980 à 1984, se souvient aussi d'un autre épisode surprenant qui s'est produit lorsqu'il est venu accueillir Arnaud à l'aéroport : «Je garderai toujours cette image de l'immense foule des photographes et des journalistes, tellement excités par cette histoire, qu'ils ont carrément ignoré Johnny Hallyday lorsqu'il passait par là au même moment, avec ses bagages. Tout le monde s'en foutait. Le sujet du jour, c'était Arnaud de Rosnay!»

Grand reporter à *Planche Mag*, Gilles Lhote se trouvait, lui aussi, à Roissy ce jour-là pour accueillir Johnny : «Ce qui m'a choqué, c'est le clan des détracteurs aux premières loges. Ils étaient venus contempler les dégâts qu'ils avaient causés. Ils se sont étonnés, ensuite, qu'Arnaud ne veuille pas les rencontrer ! Ces mecs étaient vraiment sans vergogne. Arnaud était complètement désespéré. On voyait qu'il ne comprenait pas. Jenna semblait totalement désemparée aussi. Les médias français n'ont eu aucune compassion. »

Arnaud prend conscience qu'il a joué à l'apprenti-sorcier avec la presse et que désormais, rien ne semble pouvoir l'arrêter. L'aventurier devra boire le calice jusqu'à la lie... Sa prestation sur le plateau du journal télévisé de 20 heures, face à Roger Gicquel, ne va guère inverser la vapeur, comme le souligne Éric Besson, futur ministre, qui avait consacré un livre à Arnaud, *Le Magnifique* aujourd'hui épuisé : « Ulcéré que l'on puisse mettre en cause sa bonne foi et, dit-il, son honneur, Arnaud s'emporte. Les Français découvrent un de Rosnay tendu, maladroit, parfois grandiloquent (...) qui parle parfois de lui à la troisième personne. Arnaud est passé à côté de la plaque, il le sait » souligne Éric Besson.

Même impression désagréable sur Antenne 2, dans le journal de PPDA qui présente une interview exclusive à Los Angeles, où Arnaud parle autant de son honneur que de sa souffrance. « Mais pourquoi on m'attaque ? Parce que je suis un baron de chez Castel, on me prend pour un minet du seizième ? Mais j'ai un nom et un honneur. Si on ne me croit pas, je quitte la France », lâche Arnaud. Ces outrances font mauvais effet.

Le lendemain, chez Michel Denisot, animateur d'une émission-débat sur le sport, Arnaud, qui a compris la leçon, se révèle plus convaincant. Sur le plateau, il déploie son matériel, détaille sa

Sur le plateau du journal de 20 heures de TF1 de Roger Gicquel.
Sous l'œil narquois des journalistes et pseudo-experts,
Arnaud déballe son matériel. *(© Bertrand LAFORET / GAMMA RAPHO)*

TF1 ACTUALITES
TF1 ACTUALITES
HENNEBUTTE
BIARRITZ

Michel Denisot, qui doute lui aussi, accueille Arnaud dans son émission débat.
(© Jean-Claude COLIN / TÉLÉ 7 JOURS / SCOOP)

navigation de jour et de nuit, se montre calme et pédagogue. Yves Bessas, auteur du livre *La Glisse*, venu jouer les contradicteurs, le trouve néanmoins un peu confus : « Ses histoires de requin étaient exagérées. Ses explications sur la navigation et son arrivée à Ahé me semblaient un peu légères. Je n'avais pas envie de tirer sur une ambulance, alors j'ai préféré y aller mollo. À la fin, Michel Denisot était contrarié : "Vous auriez dû davantage lui rentrer dedans!" Ce

Les journalistes attendent Arnaud dès sa descente d'avion.
(capture d'écran)

qui agaçait le plus Denisot, c'était la suffisance d'Arnaud et le fait que les recherches pour son coup de folie avaient coûté une fortune à l'État. » Les journalistes sont agacés, les marins aussi.

La violence des attaques et calomnies que subit Arnaud de Rosnay est difficilement imaginable. L'événement survient à la fin de l'été, en l'absence d'actualité croustillante. Aussi cette affaire est-elle du pain bénit pour des journalistes en mal de sensationnel. Au même moment, les Français se passionnent pour la traversée de l'Atlantique à la rame de Gérard d'Aboville, dont la personnalité, plus humble, plus « franchouillarde », tranche avec les extravagances d'Arnaud.

Les dérives sont aussi explicables qu'inexcusables. Combien de journalistes s'y connaissent en navigation ou en planche à voile ? Une poignée, et encore ! Combien sont-ils à avoir enquêté sur place ? À part l'équipe télé américaine d'ABC Sports et les photographes de Gamma et *Paris Match*, aucun. Par ailleurs, ces derniers n'ont qu'une vue incomplète de ce qui s'est passé. Choqué par de tels manquements à la déontologie journalistique, Joël de Rosnay s'en émeut auprès des autorités, condamnant ces pratiques françaises par rapport au professionnalisme anglo-saxon. Mais le mal est fait.

Plusieurs personnalités morales importantes apportent leur soutien à Arnaud de Rosnay, dont Jean-Claude Killy et Alain Bombard. Ce dernier déclare à la radio que ce n'est pas à Arnaud d'apporter les preuves de son expédition, mais bien plutôt à ses détracteurs de prouver qu'il ne l'a pas accomplie.

Paul-Émile Victor monte, lui aussi, au créneau. À plusieurs reprises, dont une chronique parue le 30 janvier 1981 dans *Le Figaro*, l'explorateur polaire se montre scandalisé : « Dès la nouvelle de l'arrivée d'Arnaud de Rosnay aux Tuamotu (après ses onze jours en mer sur sa planche à voile) parvenue en France, et avant qu'aucun détail ne fût connu, deux petits champions de ce sport annoncèrent à grand tapage (bonne publicité pour eux) que cet exploit était "impossible". Ils ne savaient rien de plus que ce que les journaux avaient annoncé : le départ clandestin des Marquises et l'arrivée à Ahé. La question n'est pas de savoir si Arnaud de Rosnay a fait ou n'a pas fait cette traversée. La question se situe dans l'état d'esprit envieux, grincheux, dubitatif par principe, détracteur par caractère, de ces deux personnages qui sont les successeurs évidents de ceux qui ont failli détruire Bombard après son exceptionnel exploit de la traversée de l'Atlantique en radeau pneumatique ; les descendants de quelques autres (trop nombreux) démolisseurs dont la politique consiste à entraîner dans leur boue ceux qui les dépassent. »

Quelques semaines plus tard dans *Le Quotidien de Paris*, Paul-Émile Victor en remet une couche : « Comment de petits mesquins personnages, sans avoir aucune preuve, sans avoir pris la peine de se renseigner, ont-ils pu dire d'emblée : c'est impossible ? Cette médisance frise l'escroquerie. Dans un mois, dans dix ans, lorsqu'on parlera de cet extraordinaire exploit, il y aura toujours quelqu'un pour dire, non, ce n'est pas vrai, parce que des irresponsables en quête de publicité ont semé le doute. »

L'insidieux poison du doute coule désormais dans les veines d'Arnaud, le plaçant dans une obligation continuelle de prouver, de se dépasser, de ne pas toujours bien calculer les risques. Une attitude, parfois suicidaire, qui le conduira droit à ce fatal détroit de Formose, quatre ans plus tard.

18

« Quelque chose s'est cassé »

«Arnaud de Rosnay n'aurait pas été assez riche pour acheter mon silence pendant plus de trente ans!» Malte Simmer rit de sa provocation. Aujourd'hui installé sur l'île de Maui à Hawaï, où il surfe, fait du *kite* et développe une ligne de vêtements destinés à la pratique du yoga, l'assistant personnel d'Arnaud pendant les mois précédant son aventure dans le Pacifique, est formel : ce dernier n'a pas bidonné sa traversée. Et Malte ne comprend toujours pas comment les Français ont pu à ce point douter et s'enflammer sur le sujet en septembre 1980 :

«J'étais tout le temps avec Arnaud sur Tahiti, Moorea et Nuku-Hiva. Il n'aurait pas pu entrer en contact avec un autre équipage sans que je le sache. Tout se sait très vite en Polynésie! Un yacht de connivence aurait été immédiatement repéré. À l'époque, on était loin de disposer de téléphones portables, d'Internet, de GPS et de radios sophistiquées. Sur Nuku-Hiva, on pouvait à peine téléphoner! Dans ces conditions, comment Arnaud aurait-il pu s'arranger pour retrouver un bateau en mer? Les gens qui pensent encore ça sont les mêmes qui croient à toutes ces théories du complot. Des paranos et des malveillants.

«Et puis psychologiquement, c'était mal le connaître que de l'imaginer s'engager dans un tel coup tordu, poursuit Malte Simmer. Arnaud était tout sauf un tricheur. C'était quelqu'un qui avait une haute idée de lui-même et de son honneur, un mec fort dans sa tête, capable d'aller au bout en dépit des risques. Dans le Pacifique, il a eu beaucoup de chance de s'en sortir. En septembre 1980, Paul Miller, le *skipper* du *Zeus*, m'a ramené des Marquises à Hawaï. Nous avons pas mal échangé pendant les quatorze jours de traversée. Ce Californien était fin connaisseur de la navigation dans le Pacifique. Miller était persuadé qu'Arnaud réussirait, car les alizés et les courants portants lui étaient favorables et son système de navigation était astucieux. En débarquant à Honolulu, nous avons appris avec soulagement qu'Arnaud avait été retrouvé sain et sauf. Sa confiance presque aveugle et sa force de caractère m'ont beaucoup marqué. Avec le recul, je suis certain que cette polémique l'a blessé très profondément. Arnaud était aussi quelqu'un de très sensible. »

Trente-quatre ans après, une enquête sur Arnaud de Rosnay ne serait pas complète sans un retour sur les faits qui se sont déroulés dans le Pacifique, au regard des nombreuses informations et témoignages disponibles. Commençons par la théorie du bateau fantôme. Comme le dit Malte Simmer, elle reste la plus tenace dans l'opinion des détracteurs qui prétendent qu'Arnaud s'est fait convoyer de Nuku-Hiva à Ahé. Or, cette hypothèse n'aurait pas dû tenir la route plus de quelques jours.

En effet, dès que les autorités françaises ont constaté le départ d'Arnaud de Rosnay, une vaste enquête a été lancée, à laquelle ont participé la Gendarmerie, la Marine et l'Armée de l'air. Des moyens très importants ont été déployés : des avions d'observation Neptune ont quadrillé le Pacifique pendant plusieurs jours. *La Combattante*, patrouilleur hauturier qui devait interdire le départ d'Arnaud vers Tahiti, fut mobilisé sur zone. Tous les mouvements de navires de plaisance ou navires marchands furent enregistrés et décryptés. Chaque bateau qui accostait dans les îles alentour, fut contrôlé.

Les bateaux les plus suspects étaient le *Zeus* de Paul Miller et le *Joshua* de Bernard Moitessier. Concernant le premier, nous avons vu que Miller appareilla pour Hawaï avec Malte Simmer dès que les autorités françaises lui donnèrent le feu vert. Pour les besoins de l'enquête de gendarmerie, *Zeus* fut immobilisé quelques jours à Nuku-Hiva. Il est donc totalement mis hors de cause.

Sur l'hypothèse d'un convoyage d'Arnaud par *Joshua*, le journaliste du *Figaro* Jean-Michel Barrault et Ileana Drăghici, la compagne de Moitessier, disent bien que c'est totalement absurde.

Au-delà de leurs opinions catégoriques, les faits, là encore, sont têtus, n'en déplaise aux sceptiques : après avoir levé l'ancre de Moorea le 25 août, Moitessier effectue une escale technique à Papeete pour s'avitailler avant de mettre le cap sur la Californie. Son départ vers San Francisco est consigné le 31 août 1980, le jour même où Arnaud arrive dans la baie de Taihoae à Nuku-Hiva, après son premier départ loupé vers Hawaï. « Cette baie était alors uniquement joignable par préposé radio », signale Jean-Pierre Marquant, dans son enquête réalisée à l'automne 1980 pour *Neptune Nautisme* et *Planche à Voile Magazine*. Pour l'anecdote, ce spécialiste de la survie alors résident à Tahiti a été le premier journaliste à rejoindre Ahé le 12 septembre, en se faisant parachuter sur la plage de l'atoll ! « Un rendez-vous en mer ou sur une île entre de Rosnay et Moitessier relève de la pure fantaisie, poursuit Marquant. Les yachts remontant vers les Marquises, par suite des vents contraires dominants, ne savent jamais quand ils vont toucher terre. Certains d'entre eux ont mis trois semaines pour franchir la distance. »

De plus, nous savons grâce à Jean-Michel Barrault et Ileana Drăghici, que *Joshua* arrive à Sausalito début octobre. À moins d'être supersonique, il n'aurait pas eu le temps de faire la route depuis Papeete et récupérer entre-temps Arnaud aux Marquises, pour le redescendre à son bord vers Ahé.

Pour en finir avec la théorie des bateaux fantômes, Jean-Pierre Marquant précise encore que la gendarmerie a procédé à une enquête sur tous les bateaux ayant touché les Marquises pendant une période de deux mois en août et septembre 1980. Un seul yacht a paru suspect aux autorités, le *Drac II*, arrivé à Ua Pou le 20 août. « La gendarmerie étant loin, les militaires n'avaient pas jugé opportun de l'inspecter », souligne Marquant. « *Drac II* se signalait à Manihi dans la journée du 23 août, y séjournait jusqu'au 28 août, gagnait Ahé dans la même journée, et arrivait à Rangui (diminutif de Rangiroa) le 5 septembre, après avoir passé 6 jours sur Ahé». Là encore, ce bateau n'a pas pu convoyer Arnaud de Rosnay.

En 1980 les détracteurs d'Arnaud ont également prétendu que sa traversée n'était pas crédible sur le plan de la santé et de la nutrition. De nombreux journalistes, dont Félix Aubry de la Noë, se sont même étonnés publiquement qu'Arnaud ne soit pas «plus marqué physiquement» par son expédition, ce qui était à leurs yeux, une preuve supplémentaire de sa supercherie.

Dire qu'Arnaud «ne paraît pas trop marqué» quand il débarque à Paris, sept jours seulement après son arrivée à Ahé, est totalement subjectif. Aidé par sa forte constitution et sa résistance, ainsi que les soins de qualité dont il a bénéficié en Polynésie, il a déjà bien récupéré. Mais il porte encore dans sa chair les stigmates physiques de ses 500 milles en solitaire sur sa planche à voile dans le Pacifique sud. Sa peau est irritée et infectée en plusieurs endroits, ses fesses sont «un vrai chantier» comme l'a constaté le journaliste Daniel Nottet, ses mains sont meurtries, son coude enflé par un hygroma. Ses yeux ont beaucoup souffert.

Qu'en pense le corps médical? Le docteur Cayrol, médecin militaire qui l'a examiné à Tahiti, déclare à l'époque : «Brûlé comme il l'est, ce garçon a bien passé une dizaine de jours en mer.» Arnaud présente toutes les caractéristiques d'un homme ayant séjourné dans des conditions difficiles. Selon les informations recueillies par Jean-Pierre Marquant, «il semble qu'Arnaud n'a pas subi les effets de ce que l'on nomme en médecine tropicale, l'effet de pied d'immersion qui dégrade la peau au contact prolongé de l'eau de mer. Il a trouvé un océan assez calme pour se faire sécher régulièrement.»

Le journal *Minute* interroge à l'époque un médecin de la Marine nationale, professeur agrégé à l'hôpital Sainte-Anne de Toulon qui a navigué longtemps dans l'océan Indien et l'océan Pacifique. Ce dernier

livre de précieuses informations au cœur de la polémique, que la plupart des journalistes ne prendront pas la peine de relever :

« Lors de sa tentative, de Rosnay était confronté au problème physiologique de la survie. Il a été résolu avec les aliments concentrés comme ceux que les cosmonautes américains emportaient dans l'espace (n'oublions pas que la NASA s'est intéressée à l'exploit du planchiste français). Qu'il n'ait donc perdu que 2 kg en deux semaines ne peut pas être considéré comme anormal. »

D'autant qu'Arnaud a pu se nourrir également de ce qui arrivait sur sa planche : des petites puces de mer et des poissons volants qu'il mangeait crus. Concernant l'eau, il disposait de six litres de réserve et deux distillateurs pouvant fournir un litre et demi par jour. Il a coupé l'eau douce avec de l'eau de mer, selon les techniques de survie étudiées lors de son séjour avec les spécialistes de la NASA et de l'US Navy.

Le médecin de la Marine poursuit son analyse : « Certains ont dit également qu'il aurait dû être littéralement brûlé par le soleil. Là encore, il ne faut rien exagérer, le Pacifique n'est pas la Méditerranée, ni l'océan Atlantique. Dans le Pacifique, contrairement à ce que l'on croit, le soleil ne brûle pas comme il le fait sur notre littoral. La raison en est l'absence d'iode. Avec un bon produit filtrant et hydratant, il ne pouvait y avoir de problème.

« L'autre problème auquel de Rosnay était confronté, était d'ordre sportif. Comment tenir sur un millier de kilomètres ? Eh bien, si l'on prend en compte, comme il l'a lui-même expliqué, qu'il manœuvrait sa planche durant 8 heures et qu'il se reposait 16 heures, il n'y a là rien de surhumain ou d'impossible. Surtout avec les équipements dont il avait doté sa planche » conclut le médecin de la Royale.

Le navigateur Bernard Moitessier a toujours été intimement persuadé qu'Arnaud réussirait son pari. *(© Bertrand LAFORET / GAMMA RAPHO)*

Sa planche spéciale n'avait rien de commun avec celles que l'on voyait évoluer à cette époque sur le bassin d'Arcachon ou à Palavas-les-Flots. Elle disposait de deux compas, d'un panneau solaire, d'un compartiment étanche pour la nourriture, un autre pour l'hélium du cerf-volant, les pièces de secours, la radio, un troisième pour les vêtements, un matelas de repos gonflable qui lui permettait de dormir, trois balises, des flotteurs latéraux... Bernard Moitessier en fait une description détaillée dans les pages précédentes.

Autre argument utilisé en 1980 pour discréditer l'exploit d'Arnaud, sa méconnaissance supposée ou avouée de la navigation. Au moment de son arrivée à Ahé, il a plusieurs fois prétendu crânement, « qu'il n'était pas perdu », ce qui a irrité les ténors de la voile, dont Audry de la Noë. Arnaud a reconnu également plusieurs fois – maladroitement – qu'il n'avait « aucune expérience en matière de navigation ». Il l'avoue au *Figaro Magazine* du 20 septembre 1980 et il le répète au journaliste d'Antenne 2 venu l'interroger lors de son escale à Los Angeles.

L'incompétence d'Arnaud de Rosnay en matière de navigation est évidemment une déclaration excessive et inexacte. Bernard Moitessier constate lui-même, lors de leurs entrevues à Moorea, que le véliplanchiste a de solides notions de navigation et qu'il pige rapidement le maniement du sextant. L'aventurier, qui s'est initié à la navigation traditionnelle polynésienne, avait aussi deux compas, l'un sur sa planche, l'autre sur son *wishbone*. Il s'en explique de manière posée, sans en rajouter, dans une note destinée à la presse, au moment où l'opinion commence enfin à adhérer à ses idées. Et là, plus question de prétendre qu'il ne s'était jamais perdu :

« J'ai eu la chance de bénéficier d'alizés réguliers, soufflant toujours dans la même direction. Je connaissais également les courants. Je pouvais donc calculer ma route le jour et la nuit sous cerf-volant, ainsi qu'à la dérive des courants. Je faisais une navigation à l'estime et je maintenais toujours le cap au 180 ou au 230, ce qui me donnait une zone dans laquelle je pensais me trouver. En fait, j'ai beaucoup zigzagué. Grâce aux oiseaux et aux changements de couleur du ciel, de l'eau et des courants, j'ai pu me rendre compte que j'approchais des îles, *poursuit Arnaud.* Mais je ne savais absolument pas où j'étais. J'avais perdu mon point depuis longtemps. Alors que je pensais trouver les Tuamotu à ma gauche, et arriver dans la région de Rangiroa, je me suis retrouvé sur l'île de Ahé, avec les Tuamotu sur ma droite J'ai donc eu une chance extraordinaire d'atterrir sur Ahé, qui est justement en ligne droite entre les Marquises et Tahiti ! Je vous assure que je ne l'ai pas visée. Je ne croyais pas que j'arriverai exactement à l'endroit que les navigateurs visent, quand ils se rendent à Tahiti. »

Jean-Michel Barrault en est persuadé : « Après avoir examiné toutes les preuves et bien réfléchi, je crois qu'Arnaud de Rosnay était assez inconscient et audacieux pour avoir tenté et réussi un coup pareil. Du point de vue de la navigation, les Tuamotu forment une véritable barrière qu'il est presque impossible de manquer en faisant cap au sud. J'ai pu m'y rendre en 1975 sur un voilier. La navigation y est délicate. Les atolls bas sur l'eau, sans aucun balisage, ne sont visibles qu'à quelques milles. Des courants puissants et variables en compliquent l'approche. Mais la traversée Marquises-Tuamotu s'effectue dans une région de beau temps garanti et avec une stabilité absolue des vents qui soufflent de nord-est à sud-est. Dans ces conditions, de Rosnay a pu effectuer une partie de sa traversée en cerf-volant, ce qui explique sa moyenne de deux nœuds à l'heure, très faible. »

Arnaud lui-même le reconnaîtra. Pour tenir la distance, il a accompli la moitié de son parcours en naviguant à la voile sur sa planche, et la moitié tracté par le cerf-volant, ce qui explique sa moyenne très lente, puisqu'il progressait à trois kilomètres à l'heure et qu'il a parcouru 900 kilomètres en douze jours, ce qui est loin d'être un record de vitesse.

Toute cette histoire du Pacifique offre au final un sentiment d'immense gâchis. Malheureusement, Arnaud a donné, dès le début de la polémique, des verges pour se faire battre. Il le reconnaît implicitement : «Juste après ma traversée, je crois qu'il y a eu un manque de liaison entre Tahiti et Paris. Je ne me suis pas rendu compte qu'il fallait expliquer dans les détails comment j'avais fait, et ne pas s'énerver.»

Après les recherches menées pour retrouver l'aventurier, on a critiqué leur coût exorbitant pour le contribuable. Cette surveillance des eaux territoriales faisait pourtant partie du quotidien des militaires français déployés en Polynésie. Au début 1980, la France dépensait des milliards chaque année sur ce territoire où elle menait des expérimentations nucléaires sur l'atoll de Mururoa, dans les Tuamotu. Les autorités avaient la hantise des infiltrations étrangères ou d'ONG comme Greenpeace, qui organisait déjà sur place de nombreuses campagnes antinucléaires. (Cinq ans plus tard, ce fut d'ailleurs la triste affaire du *Rainbow Warrior*). Le fait que ces informations sur les coûts des recherches aient filtré à l'époque dans la presse n'est donc peut-être pas innocent... Ainsi, pendant que les médias s'intéressaient au cas d'Arnaud de Rosnay, ils se détournaient d'autres affaires. Fin août 1980, l'entourage de Valéry Giscard d'Estaing craignait que l'affaire des diamants, révélée par *Le Canard Enchaîné*, ne soit relancée à la rentrée.

Cette théorie du contre-feu médiatique pourrait expliquer l'étonnante ampleur prise par la polémique sur Arnaud de Rosnay. Elle est régulièrement citée par les témoins de l'époque, notamment le journaliste marseillais Félix Aubry de la Noë, principal détracteur d'Arnaud et ami de Gaston Deferre, futur ministre de l'Intérieur de François Mitterrand ; un connaisseur, donc. «Mais la personnalité très fantasque et médiatique d'Arnaud a joué aussi», pointe ce dernier.

Trente-quatre ans plus tard, le journaliste marseillais ne regrette rien : «Je n'ai fait que mon travail. J'ai rapporté des réactions, comme après un match, quand on interroge les entraîneurs et les joueurs des deux camps. Arnaud de Rosnay était hors norme, rocambolesque. Il a mené contre moi une campagne épouvantable, m'insultant au téléphone au journal, ou même la nuit, à mon domicile. Il m'a menacé, a annoncé que j'allais être poursuivi, que j'allais perdre ma carte de presse. Je lui disais : "Je comprends votre réaction, on va s'expliquer, venez à Marseille, je ne cherche pas à vous nuire." Son frère Joël m'a appelé pour calmer le jeu. Mais Arnaud n'est jamais venu. »

Écœuré, blessé, Arnaud met le cap sur Biarritz le 27 septembre afin de se ressourcer auprès de ses proches. Il y entame avec son ami surfeur Michel Barland, la construction d'une nouvelle planche pour tenter une traversée du Pacifique, mais cette fois avec accompagnement.

Un courant de sympathie entoure cette visite au Pays basque. Le journaliste local de *Sud Ouest* titre son article : « Croisade contre la jalousie ». Plusieurs connaissances d'Arnaud sont prêtes à certifier sur l'honneur l'avoir vu sortir en mer par gros temps, deux ans auparavant sur son *Hobie-Cat* 16, dans des vagues impossibles. « N'importe qui se serait fracassé les os sur les rochers. Arnaud s'en est sorti comme si la mer était d'huile », écrit le correspondant.

Au même moment, *Paris Match* publie un sondage sur les records, qui révèle que les Français plébiscitent les exploits sportifs et les aventuriers, même si seulement 20 % des sondés accepteraient de risquer leur vie pour réaliser un exploit comparable à celui d'Arnaud. Ce sondage, qui exalte son courage, lui met du baume au cœur.

A. de Rosnay hier à Biarritz : "Croisade contre la jalousie"

Le véliplanchiste repartira si les médecins l'y autorisent. Cette prochaine course, il la dédie aux Français qui l'ont soutenu.

LE PORT DES PECHEURS de Biarritz, hier, à l'heure de l'apéro de midi : Arnaud de Rosnay est exact à la minute près au rendez-vous donné aux journalistes. A peine descendu de voiture, il tombe dans les bras d'Albert, le restaurateur du coin; discrète, la jeune et sculpturale beauté blonde qui l'accompagne s'écarte pour s'allonger au soleil de ce merveilleux début d'automne sur la Côte Basque.

Arnaud de Rosnay connaît bien ces lieux qu'il fréquente depuis l'adolescence. Il n'y a que des amis et qui jureraient que l'homme est bien capable d'avoir fait ce qu'il a fait. Qui plus est, prêts à certifier sur l'honneur que, voilà maintenant deux ans, en juillet, ils l'ont vu sortir de ce port des pêcheurs sur son hobbie-cat par des vagues impossibles : n'importe qui se serait fracassé les os sur les rochers. Arnaud s'en est sorti comme si la mer était d'huile.

Embrassades, poignées de main, congratulations, félicitations : Jeannot Domalèche, une des figures du port, lui offre un pastis. On trinque. Lui parle évidemment de son aventure : « Les requins ? C'est horrible. Horrible, mais moins que les coups de pied au c.. que j'ai reçus ! »

Et Arnaud de montrer à la ronde — touristes et riverains ont afflué — certaines coupures de journaux qui l'accablent, mais aussi les résultats d'un récent sondage d'un grand hebdomadaire qui exalte son courage : « Vous voyez, lance-t-il à la cantonade, les Français ne sont pas dupes. »

DANIEL

ARNAUD DE ROSNAY en conversation avec Michel Barland, constructeur de sa planche, à qui il montre son coude gauche blessé.

Avec toute cette polémique, il n'a pas eu une minute à lui depuis son retour : la bagarre qu'il a dû mener lui a pris tout son temps. Ce n'est que vendredi qu'il a pu voir un médecin à Paris pour une ponction à son coude gauche : il souffre d'un hygroma consécutif à un traumatisme. C'est demain qu'un spécialiste local décidera si une intervention chirurgicale s'avère nécessaire (Arnaud de Rosnay pense qu'elle ne devrait pas l'immobiliser plus de quarante-huit heures dans une clinique bayonnaise). A la bonne heure, car sa décision est prise et il faut qu'il se remette sans tarder à l'entraînement : « Je reprends la mer le 18 octobre, à condition, bien sûr, qu'un bâtiment de la Marine nationale puisse contrôler ma course. D'ores et déjà, je la dédie aux Français qui m'ont aidé et soutenu. Tant pis pour ceux qui ont envoyé à mes parents des lettres de condoléances. Il faut qu'on le sache bien : je pars surtout en croisade contre la mesquinerie, la jalousie et la malhonnêteté. »

Arrive alors Michel Barland, le constructeur bayonnais de la fameuse planche, qui va en fignoler une nouvelle dans les meilleurs délais. C'est le moment que choisit la jeune et sculpturale beauté blonde pour rejoindre son compagnon visiblement fatigué et qui avoue être venu à Biarritz pour se refaire une santé au milieu des copains du surf et de la voile et dans un cadre de vie qu'il affectionne, loin du tumulte de ces derniers jours.

Jacques Balié.

BAYONNE

Arnaud de Rosnay opéré d'un bras

AVANT de réentreprendre sa traversée si controversée dans le seul but de confondre irrémédiablement ceux qui ont mis en doute l'honnêteté, voire la véracité de son exploit, Arnaud de Rosnay a dû livrer à la Faculté le coude gauche qui le préoccupe. Il souffre, en effet — ainsi que nous l'avions annoncé dans « Sud-Ouest Dimanche » — d'un hygroma consécutif à un traumatisme.

Le véliplanchiste a subi une intervention chirurgicale mardi en fin de matinée, à Bayonne. L'opération s'est déroulée sans problème, indiquait hier, en fin d'après-midi, le bulletin de santé du patient, lequel était encore sous l'effet de l'anesthésie.

Arnaud de Rosnay quittera probablement la clinique en fin de semaine si l'état de son bras est jugé satisfaisant, encore que celui-ci est susceptible de recevoir un plâtre qui l'immobiliserait pendant quelques jours seulement.

Tout laisse à penser que la date du 18 octobre, retenue pour sa nouvelle tentative, n'aura pas à être différée et qu'Arnaud de Rosnay pourra regagner Tahiti dans les délais envisagés pour y reprendre l'entraînement.

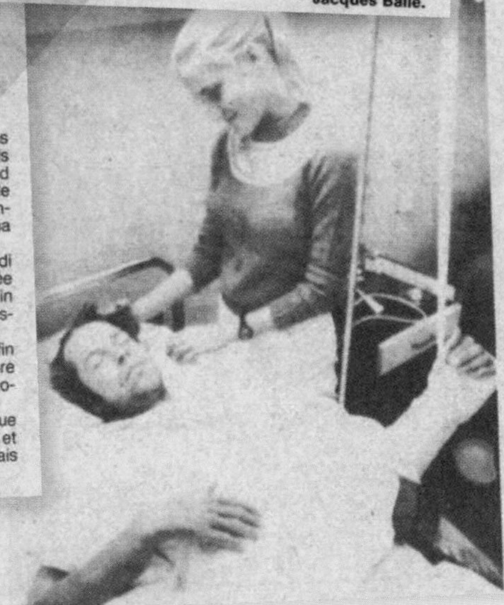

Quelques jours plus tard, il entre en clinique à Bayonne, afin de faire opérer son hygroma du coude, provoqué par ses chutes sur la planche et le corail. Cette intervention, sous anesthésie générale, lui impose huit jours de convalescence, trois semaines de plâtre et douze points de suture. « Lors du bilan préopératoire, les médecins de la clinique se sont aperçus que l'état physique et nerveux de leur patient était particulièrement mauvais », révèle à l'époque *Le Quotidien du Médecin*.

Après Biarritz, Arnaud de Rosnay s'envole pour Hawaï avec Jenna afin de préparer une nouvelle tentative de traversée du Pacifique sous escorte et avec un huissier, afin de clouer le bec définitivement à ses détracteurs. Au-delà, il caresse d'autres rêves : « Mon ambition est désormais de parcourir le monde pour filmer les plus grands champions, essayer d'oublier cette aventure que je voulais être une épopée, un exploit, comme on les appelle, et qui se termine de manière si triste, avec le sentiment que quelque chose s'est cassé. »

19

« Jusqu'à ce que la mort m'arrête… »

« Aujourd'hui Arnaud a regagné Paris : sur les bords de Seine lui fait-on fête ou grise mine ? Qu'importe ! L'incroyable traversée a été réalisée. Encore une fois, un homme a trouvé la vie belle au point de la risquer... Arnaud de Rosnay, à présent, peut se reposer, épouser Jenna, finir dans des pantoufles et couvert de bambins, son rêve du moment... Repartir vers d'autres projets, toujours battant, toujours allant. Il peut être certain que son aventure fera longtemps rêver dans les chaumières, fera peut-être oublier notre société aux idéaux *grisailleux*, aux molles mamelles qui ne savent plus donner qu'assistance et sécurité. »

L'écrivain Jean-Marie Dallet, qui a rencontré et longuement observé Arnaud de Rosnay à Moorea, lorsque ce dernier préparait sa traversée du Pacifique, s'enflamme, en cet automne 1980 dans les colonnes du *Quotidien de Paris*, pour le héros déchu. Ce texte, fort bien troussé et documenté, réhabilite Arnaud, dénonçant au passage les procès stupides et iniques qu'on vient de lui intenter. Mais le conte de fées est bien loin de la réalité. Le prince charmant est au fond du trou, sa réputation est écornée. Poursuivi par le fisc et les créanciers, il est vidé, au bord de la dépression. S'il n'y avait l'amour fou qu'il porte pour Jenna, on se demande ce qui l'aurait empêché d'en finir une fois pour toutes avec la vie.

« Si Jenna n'avait pas été là, je ne serais sans doute plus de ce monde, *confie Arnaud à son ami Hervé Hauss, de Wind Magazine*. Après la campagne que j'ai dû subir au retour de ma traversée du Pacifique, je me suis souvent retrouvé face à l'océan en train de me dire : “Je pars, tout droit, jusqu'à ce que la mort m'arrête.” Et puis j'ai pensé à elle et j'ai serré les dents. Les gens ne savent pas le mal qu'ils peuvent faire avec de simples mots. »

Dans un entretien accordé à *Paris Match* en juillet 1981, Arnaud renchérit : « Après mon retour du Pacifique, j'étais un animal blessé, vidé par la peur et par la fatigue. Si je ne suis pas revenu en France, c'est que j'étais au bord du suicide. Tant de veulerie et de mesquinerie m'avaient abattu. C'est une femme qui m'a sauvé. Une Hawaïenne de 18 ans. Elle me suit partout. Elle n'a peur de rien et croit en moi. »

Cette femme, c'est Jenna. Elle-même porte un regard lucide sur la terrible épreuve du Pacifique et la campagne honteuse qui a suivi. « J'ai vraiment connu l'angoisse, *témoigne l'intéressée, trois ans après le drame.* La sollicitude des gens qui m'entouraient avait parfois quelque chose de morbide, comme si Arnaud n'avait pas la moindre chance d'en réchapper à leurs yeux. Mais moi, je sentais qu'il n'était pas mort. Et quand, après ces douze jours terribles, j'ai vu tous ces visages soudain illuminés de joie tournés vers moi, j'ai eu un instant la prétention de croire que notre amour avait vaincu la fatalité. »

Début octobre 1980, Arnaud est donc loin d'être installé dans des pantoufles. Il a mis sa Rolex au clou, en échange de quelques « Pascal » (surnom donné alors au billet de 500 francs à l'effigie du célèbre philosophe et moraliste). Il faut bien survivre dignement ! Cette précieuse montre en or était le dernier vestige de ses années dandy, l'ultime témoin de l'époque insouciante où il roulait en Rolls, dînait chez Maxim's et « naviguait encore dans les eaux troubles de chez Castel, comme un petit poisson du Tout-Paris » ainsi que l'écrit, non sans ironie, le romancier Jean-Marie Dallet.

Du luxe, il ne reste qu'un vague souvenir du séjour enchanteur au Plaza Athénée que lui a offert son sponsor, le fabricant de planches à voile Dufour (futur Bic). Cela devait durer trois jours, qui sont devenus trois semaines. Sous les dorures du palace, Arnaud a touché le fond.

Après son escapade vers Biarritz et l'opération de son hygroma, il a bien fallu revenir à l'ordinaire, trouver des subsides, affronter l'inquisition fiscale. Toujours prompts à donner le coup de grâce, les vautours des impôts se sont abattus sur Arnaud une fois que leurs collègues de la presse l'avaient bien taillé en pièces, comme dans un roman de Flaubert. En cette fin 1980, le fisc lui réclame la bagatelle de 330 000 francs, une coquette somme pour l'époque. Arnaud prend la plume quelques semaines plus tard, afin d'écrire en personne au tristement célèbre Maurice Papon, alors ministre du Budget, pour négocier un arrangement à l'amiable. On y apprend que ses extravagances passées ont valu à Arnaud une taxation d'office sur son train de vie, suivie d'un redressement fiscal musclé.

« Ayant tiré le diable par la queue jusqu'à ce jour, et n'étant pas d'accord avec cette forme d'imposition, je n'ai jamais réglé cette somme », écrit Arnaud au ministre, avec ce mélange de naïveté et de culot, typique de sa personnalité. En guise de représailles, l'État lui a suspendu le renouvellement de son passeport français. Bloqué à quai, l'aventurier fulmine.

D'autres nuages sombres s'accumulent au-dessus de sa tête. Des membres de sa famille et quelques amis commencent à se lasser de ses frasques. Un échange de courriers doux-amers avec Joël, datés des 9 et 10 octobre, confirme le malaise. Le profond état de détresse physique et morale dans lequel se trouve Arnaud après l'affaire du Pacifique, y transpire entre les lignes, tout comme son isolement. Le différend porte sur un prêt d'argent que son frère rechigne à lui accorder, afin de déposer un brevet sur un système de sécurité imaginé lors de sa traversée Marquises-Tuamotu.

En vérité, la discorde est plus profonde. Joël reproche à son jeune frère, sa « façon intempestive d'agir sur des coups de tête ». Il blâme son « égocentrisme, son manque de reconnaissance, sa brutalité ». Il dénonce sa « désinvolture et son ingratitude », notamment vis-à-vis de sa famille et de ses amis qui se sont inquiétés pour sa vie, ou l'ont soutenu moralement et matériellement, sans guère de reconnaissance. « Il faut que tu te décides, Arnaud, à passer d'un stade infantile d'adolescent capricieux, à un stade d'adulte responsable », lui dit Joël.

Toute sa vie, Arnaud s'est profondément soucié de ce que disait ou pensait de lui Joël, comme le confirme un proche, Patrick Dussossoy : « Arnaud admirait et adorait son grand frère, mais il le craignait aussi pour sa dureté. Quand ils devaient manger ensemble, combien de fois l'ai-je vu m'appeler ou chercher à inviter une tierce personne, de cette manière, il espérait que Joël serait plus gentil avec lui que s'ils se retrouvaient en tête à tête. » Dussossoy, ancien patron de Dufour et créateur de Tiga, fut le principal sponsor, ami et confident d'Arnaud et Jenna, au cours des années 1980 à 1984.

François Lartigau, pionnier du surf biarrot, qui a bien connu les deux frangins de Rosnay dès les années 1960, abonde, lui aussi, dans ce sens : « Aussi loin que je me souvienne, Arnaud a toujours été un mec marrant, généreux, fantasque, imprévisible, une vraie rock star. Joël était beaucoup plus professoral, sérieux, austère, appliqué. Je me suis toujours demandé s'ils étaient de la même planète, tellement ils étaient différents. » Des années plus tard, Jenna découvrira cette rivalité parfois criante entre Arnaud et son frère. Un sentiment qui demeurait contenu dans la mesure où Natacha et Gaëtan de Rosnay veillaient à maintenir l'harmonie et le dialogue ; dans leur clan, la famille, c'est sacré. Trente ans plus tard, Jenna abonde dans ce sens : « Si Arnaud a poussé très loin ses exploits et aventures, je reste persuadée que c'était, en bonne partie, afin de prouver à son frère Joël qu'il pouvait accomplir de grandes choses. »

Qu'en pense l'intéressé aujourd'hui ? « Il n'y avait pas de rivalité entre nous, juste une saine émulation, ça correspondait bien à nos tempéraments, *analyse Joël de Rosnay, avec franchise.* On s'engueulait parfois, comme dans toutes les familles. Mais j'ai toujours aidé Arnaud, notamment pour préparer ses expéditions. Il me considérait même comme son conseiller technique et scientifique. »

Arnaud était-il aussi infantile que le pensait Joël ? Dans *Wind Magazine* de Noël 1982, Jenna expose un point de vue plus nuancé. Un témoignage prémonitoire, au regard du drame qui surviendra deux ans plus tard : « Bien qu'Arnaud ait vécu l'une des vies les plus riches que l'on puisse imaginer, il n'a jamais perdu son enthousiasme. Il a su préserver son sens de la joie, découvrant chaque chose nouvelle comme un enfant. Non qu'il soit immature, au contraire. Mais il puise dans son regard perpétuellement neuf, la force d'aimer et de comprendre. Pour lui, chaque jour est le premier jour. Il n'est jamais blasé. C'est ce que j'aime en lui. Et cette force, il me la transmet. Il est vivant au sens total du terme. »

Autre son de cloche, celui de la cousine Anne de Villalonga : « Joël et Zina ont toujours été protecteurs vis-à-vis de leur frère. C'était lié à leur grande différence d'âge. Il était le petit, celui qu'on couve. » N'empêche, lors de l'affaire du Pacifique, Joël de Rosnay a pu être agacé par Arnaud, comme il l'écrit en septembre 1980 à Paul Cousseran, haut-commissaire de la Polynésie française : « J'ai fait tout mon possible pour aider à sauver la vie de mon frère, puis pour l'aider à sauver son honneur. Ma contribution s'arrête là. Devant l'immense tapage publicitaire dont il s'entoure, je me dois de rester sur la réserve, et je suis sûr que vous le comprendrez. »

Arnaud va tenter de laver l'affront seul à la mi-décembre 1980, en retournant sur place comme il l'avait promis. L'hebdomadaire *Le Meilleur* lui promet un chèque de 100 000 francs en cas de succès, s'il prend le départ avant le 24 décembre 1980 à minuit, des Marquises vers les Tuamotu. Arnaud ne cracherait pas sur cette somme. Il a besoin de se remettre financièrement à flot pour rembourser, notamment, la dette que lui réclame le fisc. Aussi va-t-il convaincre un pool de sponsors, dont l'horloger Seiko, de le suivre dans l'aventure. Un huissier est prévu afin d'authentifier le record du monde de distance et sa durée. Un bateau accompagnateur est loué. Hélas, son capitaine texan se révèle un bien piètre navigateur...

Après plusieurs reports liés à la météo, la tentative est piteusement abandonnée le 26 décembre. Un fiasco dont se gargarise *Le Meilleur*. L'hebdomadaire en rajoute, mais l'échec était inévitable. Les conditions de navigation ne sont plus aussi favorables qu'en août. Arnaud, sévèrement éprouvé par ses douze jours de Nuku-Hiva à Ahé, est émoussé et manque de tonus. Le charme est rompu. Fin décembre, accompagné de Jenna, l'aventurier met le cap sur Hawaï. Il est temps de tourner la page.

Dans les eaux chaudes qui bordent l'île de Maui, Arnaud reprend goût à la vie et oublie enfin la France et ses esprits chagrins. À Hervé Hauss de *Wind Magazine*, qui fut l'un des premiers journalistes à avoir cerné la profondeur du personnage, il explique plus tard les raisons de cet exil : « Mes rapports avec la France sont comme ceux que l'on a avec une femme dont on est éperdument amoureux et qui vous abandonne : ou on se flingue, ou on part le plus loin possible. J'ai choisi la deuxième solution. À Hawaï, j'ai rencontré les meilleurs planchistes du monde et ils me respectent. Alors qu'en France, on brandit mon image comme un épouvantail : le mauvais de Rosnay d'un côté et le bon d'Aboville de l'autre. Ma non-conformité aux schémas doit déranger les esprits bien pensants… »

Rêvant toujours tout haut de devenir « le héros d'une génération qui n'est plus la sienne », Arnaud se console aussi dans les bras de Jenna. Les deux tourtereaux ne se quittent plus. Elle l'emmène dans la maison de son enfance, bâtie autour d'un arbre vivant qui supporte les fondations et la charpente ; la baignoire est creusée directement dans la roche volcanique. La question de l'avenir du couple est déjà tranchée, ils vont se marier. La cérémonie se déroulera en septembre 1981 à l'île Maurice, fief de la famille de Rosnay, où Arnaud possède tant de merveilleux souvenirs. Et puis les Mauriciens eux, ne l'ont pas abandonné !

Sur les plages paradisiaques d'Hawaï ou des Caraïbes, avec la douce compagnie de Jenna, Arnaud reprend goût à la vie. *(© Gilles Lhote / Starface)*

Professionnellement, Arnaud et Jenna s'engagent dans le *windsurf*, alors en plein boum. Les sponsors commencent à affluer. Arnaud a pas mal d'idées et de projets en tête. Il est alors persuadé que la nouvelle frontière des sports de glisse dont le *funboard* est alors l'évolution ultime, c'est la vitesse. « La vitesse en planche est une ivresse de puissance gratuite, un fluide ininterrompu de plaisir qui ne s'achève que selon le vouloir de celui qui sait l'apprécier, *explique Arnaud.* Qu'y a-t-il de plus pur, de plus simple et de plus humain que de vouloir flirter avec les éléments ? Avoir la vitesse, c'est pouvoir tous les jours se marier avec la nature, la respecter, la comprendre et l'aimer, savoir perdre. Avoir la vitesse, c'est aussi avaler les distances, avoir à portée de *wishbone*, les ports, les plages, les îles. »

La vitesse, c'est aussi la possibilité de franchir un jour les quinze plus beaux détroits du monde, un rêve fou qui lui trotte dans la tête.

« Avancer, progresser, c'est créer », explique de son côté Jenna à la même époque. Pour le couple, créer signifie aussi « rester en contact étroit avec la nature, parce que c'est elle qui dicte la voie à suivre… Je ne veux pas être esclave de contraintes que je me serais créées artificiellement. Je veux rester proche de la nature », insiste Jenna.

En septembre 1981, Arnaud et Jenna se marient au château de la Villebague, la demeure historique des de Rosnay, à l'île Maurice. *(© Yves HALBWACHS / GAMMA RAPHO)*

ELL

N° 1956

MAILLOTS DANS LE VENT

REGIME, BEAUTE, MO… METTEZ-VO… AU VERT

NOUS SOMMES PLUS INFIDELES QU'EUX

NOTRE SONDAGE LE REVELE (VOIR PAGE 42)

HEBDOMADAIRE. M 1648 – 1956 – 8 F. 4 JUILLET 1983. SOMMAIRE PAGE 29
…60 FB. LUX. 60 FLUX. PAYS-BAS 5,50 FL. GDE-BRET. L 1,25. SUISSE 2,50 FS. ALLEM. 4,40 DM. CAN. $ 2,25. ITAL. 3 300 L. ESP. 235 PTS. TUNI. 1000 M/L. U.S.A. $ 2,5…

connaître la force … faire un dernier tour d'horizon.

Impression cobra pour maillot une-pièce en Lycra pailleté froncé sur la poitrine (Arabel, 330 F chez Daniel Ho). Voir p. suivantes d'autres maillots.

Jenna la sirène, rêveuse sous le soleil de son île, Maui...

Impression panthère pour un maillot une-pièce en Lycra pailleté, froncé sur la poitrine, gansé de noir. Échancré très haut sur les cuisses (Arabel, 400 F chez Daniel Ho). Voir p. 96 où trouver ces maillots.

Réalisation Carlyne Cerf. Photos Arnaud de Rosnay.

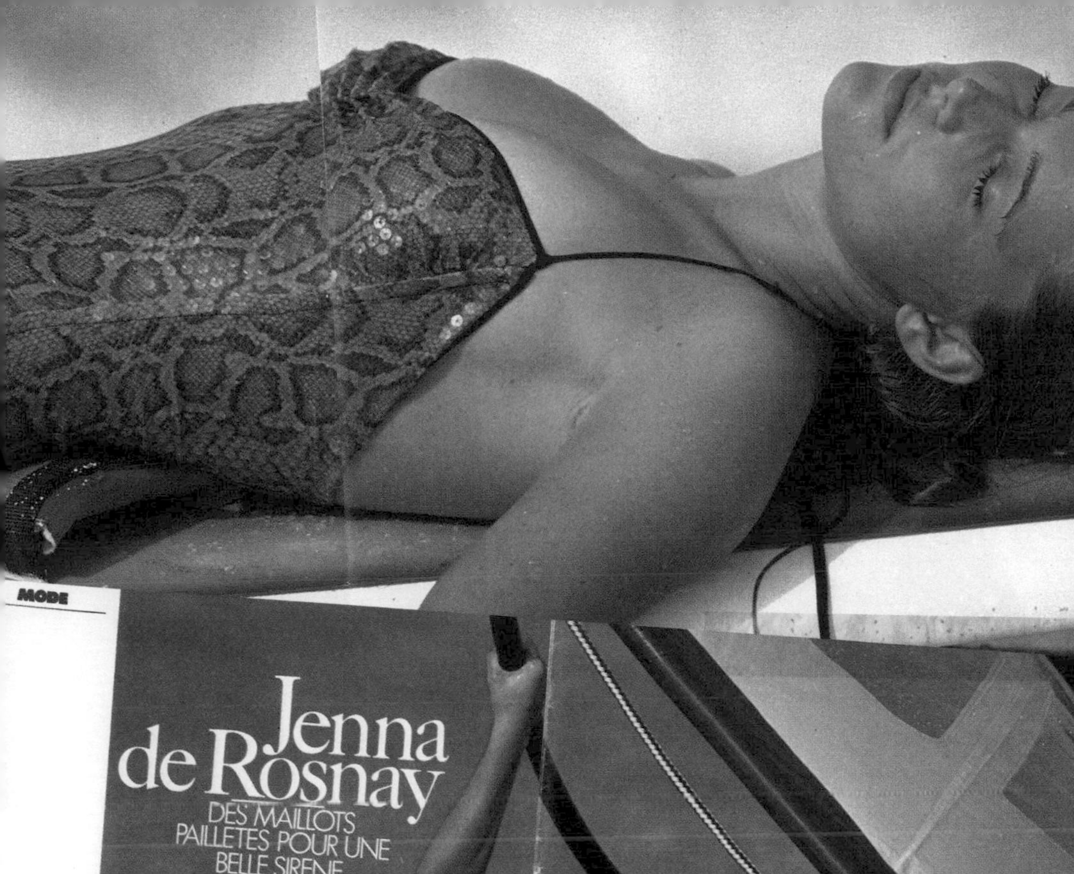

MODE

Jenna de Rosnay

DES MAILLOTS PAILLETES POUR UNE BELLE SIRENE

! Bonjour.
ci Jenna
raphiée par
e Rosnay son
cordwoman
diale de
ur planche
, elle vit
e île d'Hawaii
isiaque.
le, elle est
cintillants
naïade. Elle
nvite à
a passion
rt et de
ure.

s d'île déserte
ique et il fait
-bas, le ciel et
jours bleus.
r, Hawaii 7 h
e Maui. Des
p. suivante)

Maillot une-pièce
en Lycra pailleté à damier,
haut débardeur,
décolleté trapèze et bretelles
croisées dans le dos,
échancré très haut sur les
cuisses (Enrico Coveri, 990 F
chez Liliane Romi).

Amoureusement photographiée par Arnaud, Jenna, sublimissime, fait la une des magazines de mode, dont *Elle*. (© *ARNAUD DE ROSNAY / ELLE / SCOOP*)

Jeune, discrète mais déjà d'une grande maturité, la fille de John Severson se trouve en osmose avec Arnaud. Dans le livre coécrit en 1983 avec le journaliste de *Wind*, Hervé Hauss, Jenna se montre déterminée, lucide, bien loin de l'image de la jolie brindille timide et réservée. Elle prouve déjà qu'elle est bien plus qu'une sublime *cover-girl* saine et sportive, façonnée et dirigée par un Arnaud pygmalion. « La planche n'est pas toute ma vie, *déclare Jenna*. Je pense à l'avenir, sans pour autant me disperser. J'aimerais être photographe, et dessiner, aussi » explique la jeune femme, qui marche ainsi sur les traces de son père, surfeur et artiste total (journaliste, photographe, cinéaste, illustrateur, peintre, designer...). « Un jour peut-être, *continue-t-elle*, j'écrirai un livre philosophique sur le passage de l'enfance à la vie adulte. Une maison, une famille, des enfants, font partie de cette vie conjuguée au futur en compagnie d'Arnaud, parce que des enfants sont aussi générateurs d'énergie créatrice. »

Sous l'ombre douce des palmes que berce l'alizé, il n'est pas question de farniente. Les deux sportifs s'astreignent à un programme d'entraînement intensif avec les meilleurs *windsurfeurs* mondiaux. Jenna, qui n'a que 120 heures de planche dans les bras, passe ses journées dans l'eau, sous l'œil de son amoureux. « Elle m'a donné une vraie leçon de persévérance. Aujourd'hui, elle a prouvé qu'elle pouvait regarder le vent en face », confie Arnaud qui rêve déjà de faire de sa compagne, la femme la plus rapide du monde en planche. Ce rêve deviendra bientôt réalité.

En attendant, l'année 1981 débute sous les meilleurs auspices pour lui lorsqu'il se lance avec succès dans l'organisation du *Speed Crossing*. Cette course de vitesse se déroule le 4 avril 1981 sur une distance de 30 km, entre les îles de Maui et Molokaï, dans des vagues de plus de 6 mètres ! Robby Naish, champion du monde de *windsurf*, se classe premier en atteignant la vitesse moyenne de 25,4 km/h. Une performance pour le jeune homme

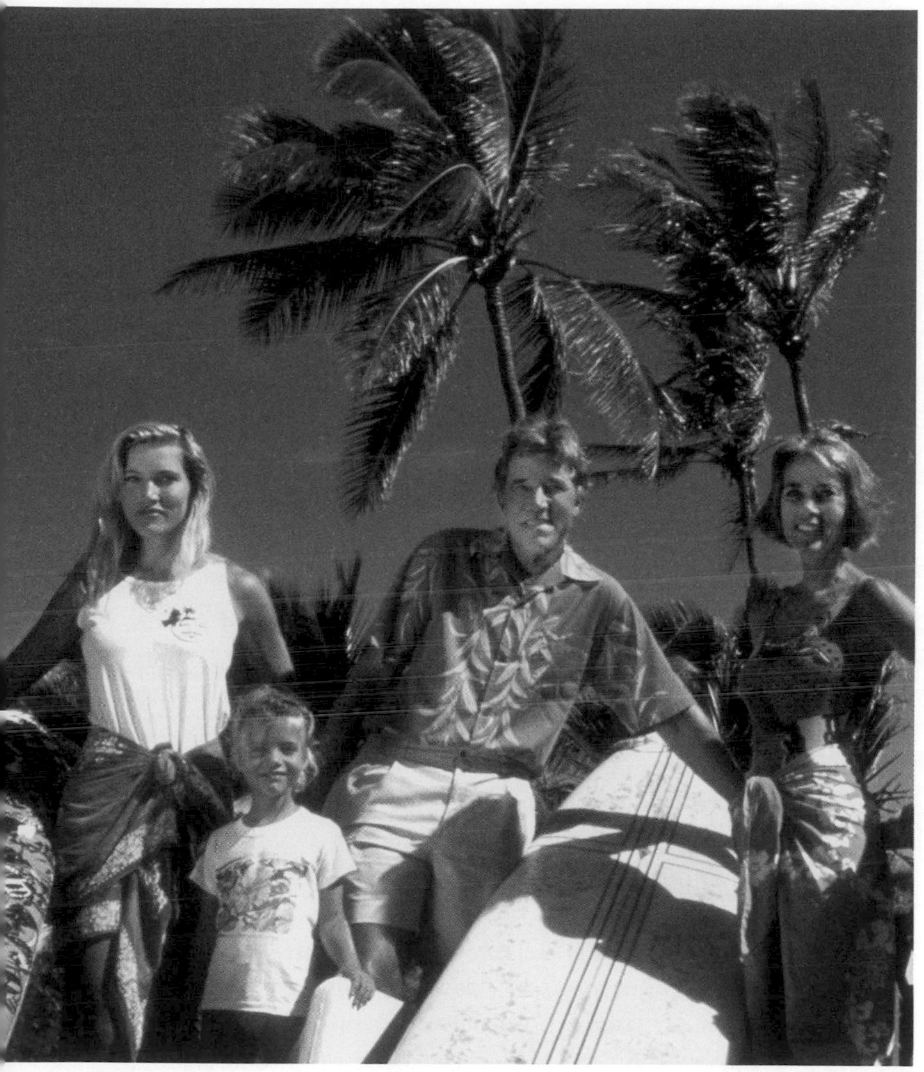

Le clan Severson et de Rosnay. Jenna, son père John, sa mère Louise et Alizé, cinq ans après la disparition d'Arnaud. *(© Gilles Lhote / Starface)*

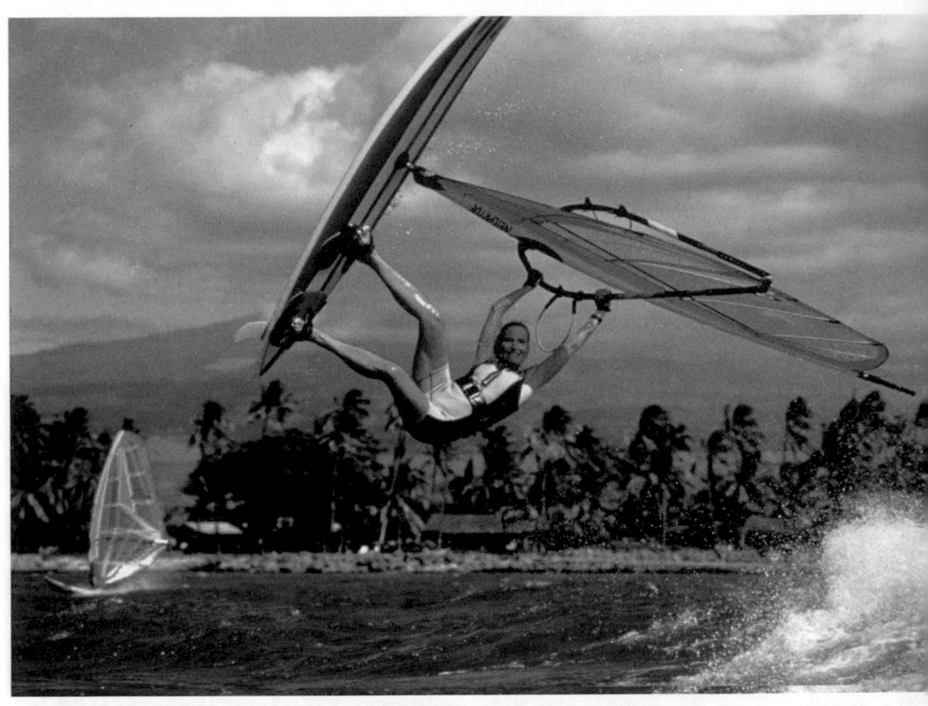

Jenna émerveille Arnaud par son aisance en *windsurf.* (© Sylvain Cazenave)

de 17 ans, encore lycéen à la prestigieuse école Punahou d'Honolulu, qui a vu passer Gerry Lopez ou Barack Obama. Arnaud de Rosnay arrive derrière Naish, à la seconde place. La presse spécialisée fait son mea culpa : « Il ne s'agit pas de reparler de l'exploit des Tuamotu mais de rétablir une vérité sportive sur Arnaud de Rosnay. Car, pour la première fois, une équipe de *Wind Magazine* a pu suivre bord à bord, celui dont le sérieux technique a été entaché, suffisamment pour que nous rétablissions ceci : de Rosnay en tant que véliplanchiste, tient parfaitement sur sa planche dans des vents soufflant à plus de six et sept

Arnaud, si fier après le record de vitesse de Jenna à Weymouth. (© Gilles Lhote / Starface)

Beaufort... Le Français a failli battre Américains et Hawaïens chez eux, ce qui n'est pas rien. Il a remporté le *speed trial* à la première manche, et a fini derrière Naish lors de la deuxième. Sur la trentaine de concurrents au départ, cinq seulement ont terminé l'épreuve. »

Apaisé, Arnaud se sent prêt à rentrer en France la tête haute. Mais il y retourne pour relever un nouveau défi, une traversée mythique et parsemée d'embûches, de dangers, de fantômes... La traversée de la Manche, qui fait alors fantasmer les dingues de vitesse sur l'eau.

Mille vies en une

Ils étaient partis pour traverser la Manche en seigneurs, les voilà soumis à la colère des éléments, tels de vulgaires manants. Le vent souffle à plus de force 8 dans les rafales. Des paquets d'eau glacée s'abattent violemment sur les deux *windsurfeurs* imprudents, qui se retrouvent frôlés par les dizaines de cargos, ferries et pétroliers sillonnant le chenal. Ces mastodontes suivent aveuglément le rail de navigation et ne se soucient pas plus des véliplanchistes que de deux moucherons. À tout moment, l'un de ces navires menace de les aspirer et les broyer sous leurs hélices.

En ce lundi 19 octobre 1981, 13 heures, il ne fait pas bon se trouver en fâcheuse posture au milieu du Channel. Incapables de relever leurs voiles, épuisés par les efforts déjà consentis, tétanisés par le froid, Arnaud de Rosnay et Ken Winner s'accrochent à leurs planches devenues simples radeaux de survie. À cette heure, les deux flambeurs ne pensent qu'à une chose : sauver leur peau.

Ils invectivent les éléments, mais le vent souffle de plus en plus fort, les mettant tous deux en danger. Arnaud et Ken se retrouvent alors désemparés dans une mer dure et hachée, levant leurs mains vers le ciel, comme si leur colère et leur rage pouvaient calmer la furie des éléments et les sortir de ce pétrin. Mais rien n'y fait. Sillonnant la zone dans un hélicoptère ballotté par les bourrasques, le journaliste Hervé Hauss, de *Wind Magazine*, ne perd pas une miette du spectacle homérique qui se joue sous le cockpit. L'intensité dramatique est superbe, mais il est grand temps d'alerter les gardes-côtes britanniques, sinon Winner et de Rosnay risquent d'y passer pour de bon.

Le journaliste raconte, minute par minute, cette folie : « 13 h 11, Arnaud continue ce combat sans espoir. C'est beau et dérisoire. Le pilote de l'hélico m'annonce qu'il nous reste quinze minutes d'autonomie. Il faut à tout prix retrouver Ken (Winner) qui a l'air mal en point. “Il n'avait plus que 30 minutes à vivre”, diront les sauveteurs », alors qu'Arnaud, lui, semble avoir encore du ressort.

(...) 13 h 30, les garde-côtes arrivent enfin, alors que nous devrions déjà être à sec. Ken Winner a eu de la chance. Nous filons vers Arnaud et le trouvons en train de détourner un cargo grec ! Sacré Arnaud ! C'est bien lui... Nous apercevant, il renvoie le cargo (grand seigneur) et préfère monter avec nous, plutôt que d'aller en Grèce. Les deux hommes se retrouvent à bord de l'hélico anglais. Ils ne diront pas un mot. Ils ont perdu tous les deux. »

Une ou deux heures plus tôt, les deux casse-cou paradaient encore sur la plage de l'Imperial Hôtel de Hythe, près de Folkestone. Le temps était à la frime et à l'intox mutuelle, aux coups de menton et aux regards qui tuent. La période d'attente prévue par les organisateurs était close. Mais Winner et de Rosnay voulaient absolument en découdre. Ils n'étaient pas venus jusqu'ici pour faire de la figuration.

Prévu au départ pour quatre, ce *Channel Trophy*, organisé par *Wind Magazine* et la marque de planche Dufour, avait l'espoir de mettre d'accord Stéphane Peyron, Frédéric Beauchêne, Ken Winner et Arnaud de Rosnay, avec la Manche pour seul juge de paix, sur une distance homologuée de 24 milles. Ces Blériot de la planche à voile ne cessaient en effet de se quereller depuis un an au sujet du record de cette traversée mythique. Le problème c'est qu'ils ne se mesuraient jamais sur la même distance.

Le 6 juillet 1981 par exemple, Arnaud avait « pulvérisé » le record de Fred Beauchêne en reliant le cap Griz-Nez depuis Folkestone, soit 43 km parcourus en 1 h 39 min 48 s à la moyenne de 26,1 km/h (contre plus de 4 heures pour Beauchêne). Un pari gagnant contre la suspicion, sous le regard des journalistes. Le baron avait une fois de plus bravé les autorités et les interdits, allant même jusqu'à semer une vedette des garde-côtes anglais. Depuis, Fred Beauchêne avait repris la main (1 h 22 min sur 32 km). L'Américain Ken Winner lui, rêvait de mettre tout le monde d'accord.

LA REVAN

« A mon retour du Pacifique, dit Arnaud de Rosnay, j'étais comme un animal blessé, vidé par la peur et par la fatigue. Si je ne suis pas revenu en France, c'est que j'étais au bord du suicide. Tant de veulerie et de mesquinerie m'avaient abattu ». Aujourd'hui, l'intrépide baron est de passage au pays natal, le temps de prouver aux Français ce dont il est encore capable en battant, le 6 juillet dernier, le record de la traversée de la Man-

72

Match du 24 Juillet 1981

Paris Match et *Wind* saluent, en 1981, le retour du champion après son exploit dans la Manche.

(© Agence Regards du Sport - Vandystadt.com / Christian Petit)

RECORD

Arnaud de Rosnay pulvérise le record de la traversée de la Manche

gloire lui tournaient le dos. Mais Jenna, jeune Hawaïenne de 18 ans, n'a jamais douté de lui.

HE

che sur sa planche à voile, 43 km en 1 h 39'48'', sans une seule chute. Sa traversée du Sahara en skateboard, son passage du Détroit de Bering et ses 750 milles dans le Pacifique lui avaient laissé un goût amer : le public, peu habitué à ce profil d'homme dilettante, ne reconnaissait pas ses exploits. « C'est une femme qui m'a sauvé, dit-il. Jenna une Hawaïenne de 18 ans. Elle me suit partout. Elle n'a peur de rien et croit en moi. »

de la météo, porter une combinaison, ne pas naviguer seul et ne jamais quitter la planche à voile. Arnaud de Rosnay conclut : « Il faut établir un contact charnel entre la planche et soi, apprendre à jouer immédiatement avec les éléments, et faire corps avec eux ». Bon vent...

« Le premier ennemi d'un véliplanchiste, dit Arnaud de Rosnay, est la peur. Il m'est arrivé de tomber alors que des requins rôdaient autour de ma planche. Je me suis calmé en me concentrant sur un petit détail matériel. Le deuxième ennemi est la fatigue. Il faut apprendre à se détendre sur la planche en navigation. »

Pour sa traversée de Folkestone au cap Gris-Nez, Arnaud de Rosnay s'est assuré le concours de témoins sans faille : deux journalistes spécialistes de planche à voile ont suivi son parcours. Ils ont vu le véliplanchiste manquer de heurter une plate-forme de forage.

Pendant cette traversée en solo du 6 juillet 1981, Arnaud a pris des risques insensés, comme à son habitude. Qu'un remorqueur tirant une énorme plateforme de forage au bout d'un câble de 400 mètres, vienne lui couper la route ? Il s'en fiche, et fonce. Le journaliste Hervé Hauss qui suivait déjà cette traversée d'hélicoptère, raconte : « Un petit suspense n'est pas pour déplaire à Arnaud. Pour ne pas perdre de temps, il prend le risque de croiser le convoi par l'avant, et passe. La plateforme aurait pu être un moulin et le baron s'appeler Don Quichotte. Il aurait eu l'air de ce qu'il est : un homme à la poursuite de ses démons. »

Cette traversée de la Manche du 6 juillet 1981, marquait aussi son premier grand retour en France. Il fut bref. Têtu et incorrigible, Arnaud en profite pour se lâcher, grandiloquent, deux mois après la victoire de Mitterrand aux élections présidentielles : « L'absence de vent, la présence des garde-côtes, m'empêche de revenir en planche et m'oblige à rester quelques heures sur le sol français, contre ma volonté. Je ne reviendrai vraiment que lorsque le gouvernement français acceptera de divulguer les informations qu'il détient sur ma traversée des îles Marquises vers Ahé. Ils ont les preuves de mon succès. Mais Giscard n'avait pas voulu se mouiller. Je compte sur le nouveau gouvernement pour oser. En attendant, je m'en retourne et je continuerai à courir sous les couleurs de l'île Maurice »...

Après la tragique disparition d'Arnaud dans le détroit de Taïwan en novembre 1984, Hervé Hauss fera tout de suite le rapprochement avec cet épisode de la Manche qui aurait pu très mal se terminer. Dans ce combat sans merci, le planchiste montra sa détermination et son courage, mais aussi son aveuglement. En mer de Chine, il n'avait ni hélico, ni bateau d'assistance. Hervé Hauss n'est plus là pour témoigner, disparu en 1999. Mais Fred Beauchêne lui, n'a rien oublié :

« C'était une pure folie et j'ose le dire, de la connerie, de se lancer dans la Manche avec de telles conditions de mer. Ken et Arnaud se sont fait ramasser. Ils auraient pu tout aussi bien y laisser leurs vies. C'est pour ça que Stéphane (Peyron) et moi-même, avions préféré jeter l'éponge. Nous étions d'abord des marins. On prenait des risques calculés. On gardait à l'esprit que la mer devait rester un terrain de jeu… Dans les heures précédant le départ, nous avions passé notre temps à préparer le matos, nous échauffer, peser le pour et le contre, alors qu'Arnaud tournait au milieu des journalistes avec son *press-book*. Il avait en permanence besoin de prouver quelque chose. Pour moi, c'était un animal blessé, un révolté, un rebelle. Il aimait aller au combat, même quand c'était perdu d'avance.

Si à l'époque de Tahiti, nos propos ont été mal interprétés, c'est regrettable, *continue Beauchêne.* Nous n'avons jamais cherché à mettre en doute l'exploit d'Arnaud, mais seulement à lui lancer un défi, sportivement. Un aventurier a des origines, une famille. Lui nous snobait, et ça nous agaçait, à force. On voulait qu'il accepte de se mesurer à nous. Ensuite, il a prouvé qu'il était bon, très bon même… »

De 1981 jusqu'à sa disparition dans le détroit de Taïwan, Arnaud s'imposera en effet comme l'une des grandes figures de la planche à voile, notamment sur les épreuves de vitesse. Aucun autre *rider* de l'époque ne fait autant parler de lui, même le fameux Robby Naish. Arnaud devient l'un des mythes de ce sport qui passionne alors les Français, une légende vivante. C'est à ce moment-là que le journaliste Gilles Lhote entame un compagnonnage « dans le sillage du baron » :

« Arnaud était un prince égaré dans le *windsurf*, un peu comme le héros du roman d'Antoine Blondin, *Un singe en hiver*. Nous

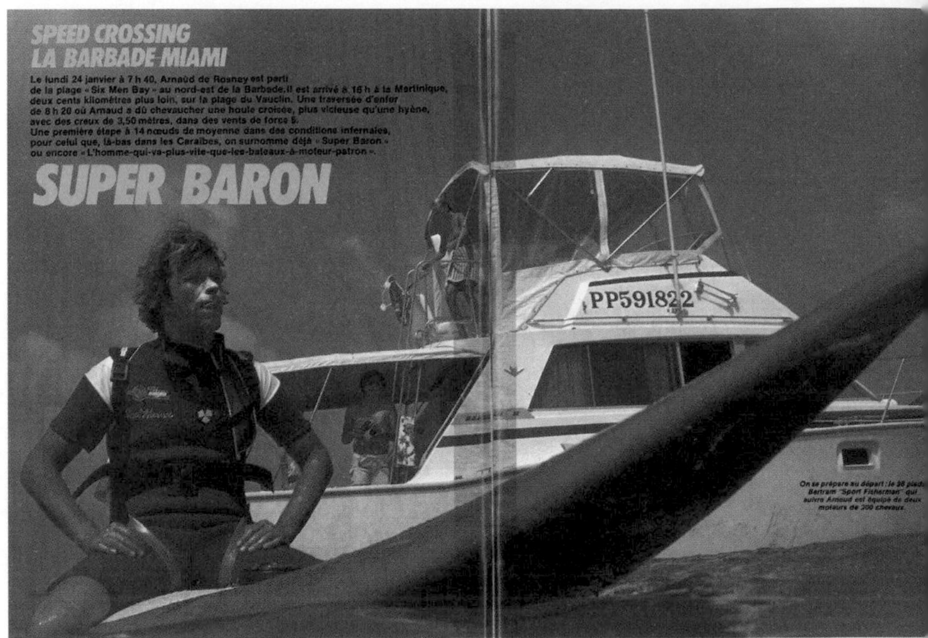

SPEED CROSSING
LA BARBADE-MIAMI

Le lundi 24 janvier à 7 h 40, Arnaud de Rosnay est parti de la plage « Six Men Bay » au nord-est de la Barbade. Il est arrivé à 16 h à la Martinique, deux cents kilomètres plus loin, sur la plage du Vauclin. Une traversée d'enfer de 8 h 20 où Arnaud a dû chevaucher une houle croisée, plus vicieuse qu'une hyène, avec des creux de 3,50 mètres, dans des vents de force 5.
Une première étape à 14 nœuds de moyenne dans des conditions infernales, pour celui que, là-bas dans les Caraïbes, on surnomme déjà « Super Baron » ou encore « L'homme-qui-va-plus-vite-que-les-bateaux-à-moteur-patron ».

SUPER BARON

On se prépare au départ : le 36 pieds Bertram "Sport Fisherman" qui suivra Arnaud est équipé de deux moteurs de 300 chevaux.

Arnaud et Jenna vont connaître galères et trahisons entre la Barbade et Puerto Rico.
(© Gilles Lhote / Starface)

avons fait connaissance plusieurs mois après l'affaire du Pacifique, au cours de laquelle *Planche Mag* (pour lequel j'étais grand reporter) s'était montré prudent et neutre. Une position un peu couille-molle mais au moins ça n'avait pas enfoncé Arnaud.

Un jour, ce dernier m'a téléphoné à propos de la Manche, car il voulait réagir à un article que j'avais écrit sur Fred Beauchêne. Nous avons bavardé quelques instants. Tout de suite, j'ai trouvé ce mec cool et attachant. J'ai eu le sentiment de rencontrer un personnage. Roger Thérond, le boss de la rédaction de *Paris Match*, disait d'Arnaud : "Quand il entre dans une pièce, il occupe tout l'espace." Et c'est vrai que ce mec en imposait. Son couple avec

Les Brad Pitt et Angelina Jolie de la planche deviennent la coqueluche des sponsors.
(© JR / GAMMA RAPHO)

Jenna faisait rêver les foules. Ils étaient les Brad Pitt et Angelina Jolie du début des années 1980. Arnaud gérait très bien son image. Il avait déjà tout compris. Côté finances en revanche, ce n'était pas brillant. Tous les deux tiraient en permanence le diable par la queue. Leur vie nomade tenait dans une valise qui contenait des shorts, des tongs, une robe de soirée pour Jenna et un smoking pour Arnaud. C'était juste fabuleux de vivre comme ça ! »

À partir de 1981, Arnaud demande régulièrement à Gilles Lhote de l'accompagner sur les reportages. « Nous avons partagé de sacrées aventures ensemble. Pour l'avoir côtoyé, je peux certifier qu'Arnaud n'était pas un tricheur. Il allait toujours au bout, avec son

La Pelican House sur l'île Moustique, le jardin secret d'Arnaud et Jenna.
(© Gilles Lhote / Starface)

côté monomaniaque. Chez les Severson, la famille de Jenna, on ne trichait pas non plus. »

En janvier 1983, Gilles Lhote et Arnaud de Rosnay, accompagnés de Jenna, vont vivre une folle aventure à l'occasion d'une nouvelle traversée avortée. Cette fois, Arnaud veut partir de La Barbade, au large du Venezuela, pour rallier Miami en Floride, via Saint-Domingue et Cuba, soit une distance d'environ 2 500 km. Pour cela, il est suivi par un gros bateau à moteur, le *Chawak*, un Bertram 38 taillé

À Moustique, le voisin d'Arnaud et Jenna n'est autre que Mick Jagger.
(© Collection Famille de Rosnay)

pour la pêche au gros. Le périple va tourner court après 1 028 km (quand même !), lorsque le vent vient à manquer pendant dix jours entre Saint-Barth, Saint-Martin et Saba. En dépit d'un contrat de location de 30 jours, le propriétaire du bateau, assureur à Pointe-à-Pitre, ordonne à son capitaine de rentrer au port. Arnaud estime que c'est une arnaque et le fait savoir. Après que les deux hommes en sont presque venus aux mains, c'est sous la menace d'une arme à feu que le capitaine va obliger Arnaud à stopper sa tentative, pour les déposer à Puerto Rico !

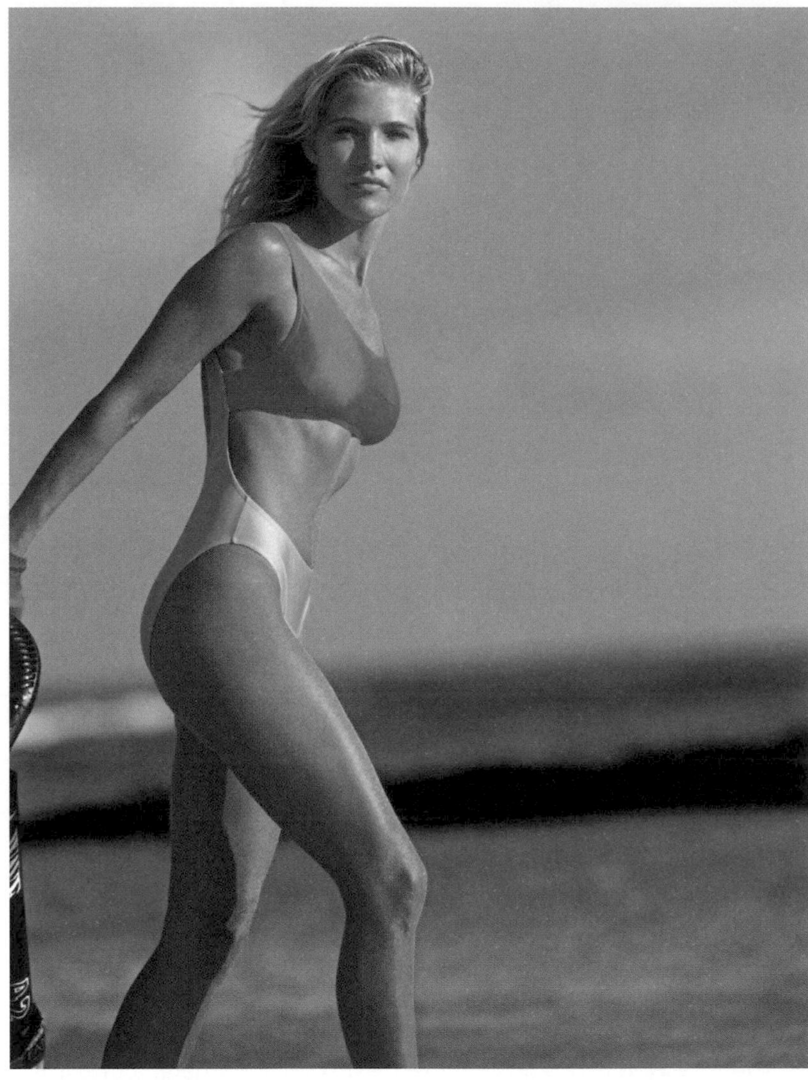

Jenna entre dans le Top des 10 plus belles femmes du monde au milieu des années 1980.
(© Gilles Lhote / Starface)

Mis au parfum de la mésaventure, le journal *L'Équipe* monte aussitôt l'affaire en mayonnaise : « Cet épisode pittoresque montre définitivement que de Rosnay appartient au monde des illusionnistes », écrit le quotidien sportif qui – on l'a bien compris – ne porte guère le baron dans son cœur. Seul hic : *L'Équipe* s'appuie sur le témoignage, plus que douteux, du capitaine et du propriétaire guadeloupéens qui règlent leurs comptes, alors que Tiga, sponsor d'Arnaud, les menace d'un procès. On peut en tout cas remarquer que tout au long de ses aventures, Arnaud aura singulièrement manqué de chance avec ses bateaux accompagnateurs...

Gilles Lhote, lui aussi présent à bord, n'a pas la même lecture des événements que le quotidien sportif : « Ce capitaine et son second étaient de véritables psychopathes. La tension est montée à cause de cette maudite *pétole* (absence de vent) et parce qu'on ne supportait plus leurs grossièretés, surtout vis-à-vis de Jenna... Un jour ils ont sorti un colt et ont commencé à s'amuser à tirer sur des bouteilles, pour nous faire peur. » À Puerto Rico, le consul de France et les garde-côtes portoricains vinrent en personne constater la défection du bateau.

Sur un coup d'éclat, le baron était capable de retourner des situations désespérées. Lors de cette aventure, dont le budget était ric-rac, comme toujours, Arnaud réussit à convaincre Guy de la Houssey, propriétaire d'un l'hôtel de luxe aux Trois Îlets (Martinique), de le sponsoriser. « Celui-ci nous remplit la cale de provisions et, en échange, Arnaud décora sa voile aux couleurs du Bakoua. C'était si simple ! » Une autre anecdote savoureuse marque cette odyssée dans les Caraïbes, comme s'en souvient Gilles Lhote :

« Bloqués à Saint-Barth sans un sou, on tuait le temps en se baladant sur l'île avec Jenna, guidés par les surfeurs du coin. En dépit du décor idyllique, ce n'était pas la joie. Soudain, Arnaud aperçoit un superbe yacht au mouillage. Il le détaille à la jumelle et commence à lui faire des signaux avec un miroir. Quelques minutes plus tard, une annexe vient à notre rencontre et nous embarque. Le yacht s'appelait *Hanse* et appartenait à un richissime ami d'Arnaud, le baron Heini Von Thyssen-Bornemisza, grand collectionneur d'art et magnat de l'acier. Il était enchanté de nous recevoir. Ce jour-là, j'ai mesuré l'étendue de son carnet d'adresses et combien Arnaud pouvait être apprécié des grands de ce monde.

« À bord, il n'y avait que des têtes couronnées ! Nous étions tous les trois en short et tongs, de vrais vagabonds des Tropiques. Ça n'empêchait pas Arnaud d'être comme un poisson dans l'eau. Pour le déjeuner, nous avons mangé des mets fins et délicieux, arrosés de champagnes et de vins incroyables, notamment un Cheval Blanc 1947, je m'en souviens encore ! En nous raccompagnant à terre, Heini Von Thyssen-Bornemisza nous glissa un panier de provisions, avec quelques bouteilles et une boîte de caviar, naturellement. »

Arnaud et Jenna apprécient beaucoup les Caraïbes. Avec l'aide de Tiga, qui a ouvert à Arnaud un discret compte *offshore* dans une banque de Grand Cayman – afin que ce dernier ne soit pas plumé par le fisc –, le couple entame l'acquisition d'une maison sur la côte Nord de l'île Moustique, la *Pelican House*. L'île est un repaire de *people*, et leur voisin n'est autre que Mick Jagger. Ils y passent de longues semaines à s'entraîner et à réaliser des photos pour Tiga et pour la presse magazine ou spécialisée. Jenna est en train de devenir un mannequin à succès. Elle pose dans *L'Officiel*, *Vogue*, *Elle*, et pas uniquement en maillot de bain. La sirène hawaïenne incarne l'avant-garde des filles saines, sexy et sportives, qui triompheront sur les podiums et dans les publicités à compter des années 1980-1990.

Arnaud en profite pour renouer avec ses premières amours, la photo de mode, comme du temps où il était sous contrat pour *Vogue* USA. Cela permet au couple de boucler les fins de mois, toujours acrobatiques, en dépit des émoluments versés par les sponsors, dont Tiga, qui règle tous les frais importants de voyage et les séjours à Hawaï, épicentre de la planète *funboard*. Son sponsor, Patrick Dussossoy, évoque cette époque :

« Arnaud avait la folie des grandeurs, mille projets à la minute, mais j'avais appris à le toréer. J'avais beaucoup d'amitié et de tendresse pour lui. Quand on met le nez dans les comptes on réalise, trente ans plus tard, qu'il ne demandait pas des sommes folles, surtout au regard des dérives financières que l'on observe actuellement dans le sport. Jenna et lui recevaient 5 000 francs par mois de salaire, 250 000 francs de frais par an, et 130 000 francs environ par an de royalties sur le fameux compte *offshore* de Grand Cayman. À chaque performance, tous deux recevaient des primes de 15 000 francs. On avait également ouvert une ligne de crédit spéciale pour les détroits, de 122 000 francs. J'avais orienté Tiga vers l'aventure, le haut de gamme, avec des ambassadeurs glamour comme Nathalie Simon, Jenna et Arnaud de Rosnay. Le marché français était alors énorme, 150 000 planches vendues par an. On pouvait se permettre quelques folies raisonnables. »

C'est lors d'un séjour à Moustique avec Patrick Dussossoy qu'Arnaud et Jenna vont donner des leçons de planche à voile à Mick Jagger. « C'était un vrai rêve pour moi, *se souvient Dussossoy.* La *rock star* venait tous les midis bavarder et déjeuner avec nous en toute simplicité. Je lui ai offert une planche Tiga. Il était ravi. De temps en temps, Mick allait en hélico sur l'île voisine de Saint-Vincent faire son marché. Il nous rapportait des fruits et des légumes frais. Quant à Arnaud, il prenait sa planche chaque matin et filait droit sur Saint-Vincent, à 20 milles en face. Il nous appelait de là-bas pour rassurer Jenna, puis revenait vers midi. C'était une bête de course. Je le voyais au quotidien. Il avait une vie bien réglée, faisait attention à ce qu'il mangeait, il était extrêmement affûté. Il dégageait beaucoup de force et de sérénité. L'affaire du Pacifique semblait bien loin… »

En janvier 1984, vient l'aventure Floride-Cuba, une autre traversée épique. Arnaud de Rosnay a annoncé quelques mois plus tôt son intention de vouloir s'attaquer d'ici 1985 aux vingt détroits les plus célèbres de la planète. Sachant qu'il a déjà réussi ceux de Béring (Alaska-Sibérie), de la Manche (France-Grande-Bretagne), et de Gibraltar (Maroc-Espagne), il lui en reste dix-sept à boucler, une somme ! Ce projet très ambitieux a été conçu avec la complicité de Patrick Dussossoy et d'un éditeur allemand.

« Arnaud voulait à la fois réaliser une série de défis sportifs mais aussi profiter à l'époque de la médiatisation qui l'entourait, pour faire passer un message de paix, explique le P.-D.G. de Tiga. La planche à voile était, selon lui, le vecteur idéal pour rapprocher les mondes hostiles. C'est dans cet esprit qu'il avait inscrit sur sa liste les traversées Floride-Cuba, le détroit d'Ormuz entre l'Iran et l'Irak (alors en pleine guerre) ou encore le détroit de Formose entre la Chine et Taïwan, trois zones très sensibles. »

La traversée Floride-Cuba est le prélude au drame qui surviendra dix mois plus tard en mer de Chine. Gilles Lhote a, une fois de plus, couvert l'événement pour *Paris Match* : « Arnaud préparait ce coup depuis des mois. Les Américains étaient OK. En revanche, l'administration cubaine s'est fait longtemps tirer l'oreille avant de donner son feu vert. À Key West, sur le ponton de la marina, au moment du départ, Jenna, qui attaquait ses derniers mois de grossesse avant la naissance d'Alizé, manque fondre en larmes. Elle demande à Arnaud d'arrêter de prendre des risques. "Je n'ai pas besoin que tu accomplisses des exploits pour que je t'aime", lui dit-elle, bouleversée. »

Arnaud et Jenna, enceinte d'Alizé, à l'époque des aventures dans les Caraïbes.
(© Gilles Lhote / Starface)

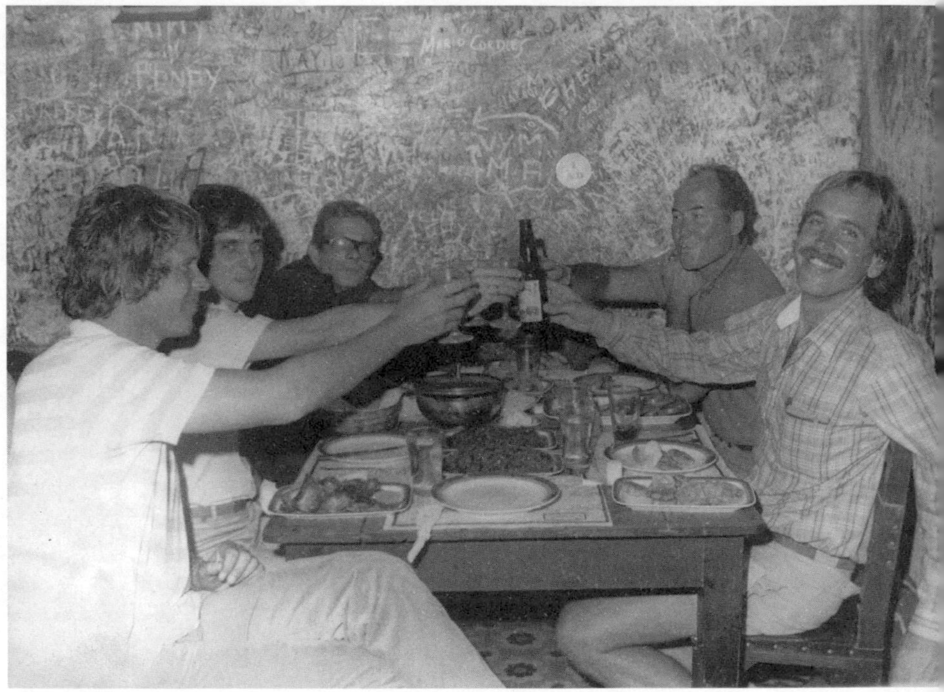

Arnaud et Gilles Lhote dans le repaire d'Hemingway à La Havane, avec le ministre du Tourisme cubain. *(© Collection personnelle Gilles Lhote)*

Le photographe et reporter accompagne Arnaud avec un journaliste américain, Jeffrey Cardenas, correspondant du quotidien *USA Today* dans les Keys. Cette fois, le bateau d'assistance est le *speed boat* (vedette) personnel de Jean Poniatowski, ami d'Arnaud et patron de *Vogue* et Condé Nast pour la France, bateau qui est une véritable fusée. « Au départ, il était question qu'il nous assiste sur la traversée avec son gros yacht personnel. Mais compte tenu de son profil, du fait que son cousin avait été ministre, il ne pouvait prendre de risque diplomatique. »

Lors de sa traversée du détroit de Gibraltar,
Arnaud s'était déjà accroché avec les militaires marocains. (© Gilles Lhote / Starface)

Arnaud entame la traversée à fond, vers 6 heures du matin. Tout se déroule sans accroc jusqu'au passage du Gulf Stream. « Là, *continue Gilles Lhote*, nous avons rencontré des vents contraires de force 6 ou 7 et une mer démontée. Pendant une heure, nous avons été secoués comme des prunes. Jeffrey et moi n'arrêtions pas de vomir. On ne maîtrisait plus rien. Ça bastonnait à mort. L'un des pires moments de ma vie. Arnaud lui, continuait à filer dans les vagues de 4 à 5 mètres, calé dans ses *footstraps*, comme si de rien n'était. Il assurait vraiment, c'était une démonstration de force. Voilà pourquoi j'ai toujours douté sur la théorie de l'accident à Taïwan.»

Après 195 km avalés en 6h 41 min, les aventuriers voient enfin se profiler à l'horizon les côtes de Cuba. Mais ils ne sont pas au bout de leur peine. Un comité d'accueil musclé attend Arnaud et son bateau d'accompagnement. Les garde-côtes cubains n'ont apparemment pas reçu le Télex d'Arnaud, qui avait obtenu le feu vert du ministre du Tourisme à La Havane. Ils débarquent avec deux patrouilleurs légers équipés de mitrailleuses lourdes et de canons.

«Les Cubains ne rigolaient pas. Ils nous ont dit d'arrêter tout. Des servants étaient derrière les mitrailleuses. L'attitude d'Arnaud était surréaliste : au lieu de s'arrêter, il les narguait en leur tournant autour avec sa planche, l'air de dire : «J'ai l'autorisation, vous m'emmerdez vraiment!» Il nous passait même un savon parce qu'on ne photographiait pas la scène. Mais si on avait bougé le petit doigt, je ne sais même pas si on serait encore en vie. Après coup, je me suis dit que s'il avait fait la même chose à Taïwan, ça avait pu dégénérer. On s'est retrouvés en taule, à bouffer des patates, le bateau et le matériel photo confisqués. Finalement, un officier est venu nous libérer le lendemain matin. Le ministre du Tourisme en personne nous a invités à dîner à la « Bodeguida del Medio » et s'est confondu en excuses pour cette méprise. L'autorisation avait été égarée par l'une de ses secrétaires. Du coup, ça a été tapis rouge. On a visité la « Casa Partagas », ils nous ont logés à l'Hôtel International. La folie!».

Le retour sera encore plus épique, comme le narre Gilles Lhote : «Malgré un avis de gros temps, on a quand même décidé d'y aller. Arnaud était déterminé. Je me suis fait alors la réflexion, "Arnaud, rien ne l'arrête!" On s'est retrouvés à la marina Hemingway pour le départ. Nous n'avions même plus assez d'argent pour faire le plein d'essence afin de rentrer. Arnaud voulait que je revende un appareil photo. Il était culotté, car lui-même qui ne roulait pas sur l'or, avait dépensé ses derniers dollars pour acheter un tas de cigares qu'il comptait offrir à ses amis, les *puros* de Fidel Castro ! Au final, on a laissé une de ses planches aux Cubains. À mi-chemin, l'un des moteurs de 750 chevaux hoquette, puis s'arrête. Dix minutes plus tard, le même scénario se reproduit pour le second moteur. Nous voilà bloqués en pleine mer, pendant deux heures. On a compris que les Cubains nous avaient refourgué du pétrole coupé à l'eau ! Il a fallu lancer un appel à la radio, sans savoir où l'on était, puis on a balancé une fusée. Les officiers d'un porte-avions de l'US Navy qui croisait dans les parages, ont intercepté l'un de nos messages de détresse et ont détourné une patrouille pour repérer notre position. On a vu alors trois jets surgir à l'horizon dans un grondement incroyable, en rasant les flots. Après cela, ils ont voulu nous faire payer la note du sauvetage. Il a fallu parlementer et, au bout du compte, Jean Poniatowski est venu nous secourir avec son yacht. »

Le reportage de cette nouvelle traversée épique fait sensation. Arnaud a vaincu l'un des détroits les plus redoutables au monde et il piaffe déjà d'impatience pour la suite.

21

L'heure du doute

Lundi 27 février 1984. Un *swell* massif s'abat depuis l'aube sur l'île de Maui à Hawaï. Le Pacifique est *on fire* comme disent les *watermen*. Si c'était un incendie, les flammes auraient les couleurs de l'écume la plus blanche et la taille d'un immeuble de cinq étages. Des gerbes d'eau s'élancent vers le ciel. Les déferlantes s'abattent avec fracas sur les hauts-fonds avant de venir mourir aux pieds des cocotiers qui bordent la plage d'Hookipa. Bousculée par les coups de boutoir et la colère de Neptune, la terre tremble avec fracas. De retour à Hawaï après son expédition mouvementée entre Key West et Cuba, il a décidé, cette fois de rester au sec, avec une idée derrière la tête. Il a sorti sa panoplie d'appareils photo, de téléobjectifs et fait provision de pellicules. Posté sur la falaise de lave, juste en face du spot, Arnaud est le seul photographe sur place.

La météo marine (ou *surf forecast*, comme on dit ici) ne s'était pas trompée. Les conditions sont réellement exceptionnelles. Les images le seront aussi. Le monde du *funboard* est en émoi. Les cadors énervés n'ont pas dormi de la nuit. Ils sont tous là, prêts à aller se frotter aux monstres sur leurs planches de saut. Arnaud observe leur manège à travers l'œil de son téléobjectif. Le show est si exaltant qu'il éclate de son rire espiègle et tonitruant. Sur un gros pick-up GMC garé non loin de la plage, il aperçoit son jeune ami Malte Simmer concentré, en pleine préparation de son matériel.

Un peu plus loin, autour d'un Van Chevy Custom et d'un vieux fourgon Dodge Ram, il y a Mike Eskimo, Craig Maisonville, David Ezzy, Brian Carlstrom, Alex Aguerra. Tous semblent hyper affûtés, leurs planches gréées, ils sont prêts à en découdre. Bravant l'océan, cette tête brûlée de Fred Haywood a déjà les orteils dans l'eau, tenant sa planche d'une main par un *footstrap*, le *wishbone* et la voile accrochés dans l'autre. Jenna est venue assister au grand opéra océanique, elle aussi. Son ventre est rebondi. Il n'y a plus que quelques jours, voire quelques heures, à tenir avant la délivrance. Elle sent Alizé remuer en elle, comme si le bébé rêvait aussi de ces vagues géantes.

Arnaud achève son tour panoramique du *line up* et cale son appareil. Il aperçoit dans son cadre un *rider* en train de filer vers le large, c'est Fred Haywood. Le voilà parti, le bougre ! Ses potes ont enfin arrêté de bavarder. Les uns après les autres, ils s'élancent à l'assaut du plus gros *swell* jamais surfé en *funboard*. Surexcité, Arnaud *shoote* image sur image. Jenna est près de lui, elle aussi frissonnante. Le ballet est somptueux et impressionnant. L'élite du *funboard* est en train d'écrire sous leurs yeux une nouvelle page dans le surf de gros et la vitesse. Hypnotisé, Arnaud pense aussi à *Gravity*, son projet de film, convaincu que son intuition est bonne : c'est bien ici, à Hawaï, que s'invente la quatrième dimension de la glisse.

Voilà presqu'une heure que cette session historique est lancée. L'intensité des vagues grimpe d'un cran. Pas mal de *riders* commencent à sortir de l'eau, vaincus par la violence des vagues, épuisés. Pour l'instant, on ne déplore pas trop de casse. Les *lifeguards* et autres sauveteurs sont au bord, attentifs, prêts à intervenir.

Soudain, l'horizon se bouche. Une série de vagues massives ferme toute la baie, un *close-out*. Jenna étouffe un cri de terreur. Les *windsurfeurs* tentent de s'échapper, tous, sauf un : Fred Haywood. Ce dernier choisit de s'élancer courageusement sur l'une de ces vagues qui enfle, enfle, puis commence à déferler au ralenti. Elle est gigantesque…

La mousse s'élève à plus de 15 mètres. Haywood est toujours debout. On ne distingue même plus le haut de sa voile. Dans les épais nuages d'embruns, le *windsurfeur* a du mal à respirer et ses poumons brûlés lui font mal. Arnaud a déclenché le moteur de son Nikon en mode rafale. Haywood est poursuivi par l'avalanche. Des tonnes d'eau s'abattent derrière lui, mais il reprend de la vitesse en évitant d'être déventé par le mur d'eau, puis parvient à s'échapper de la mâchoire liquide avant de jaillir hors de la zone d'impact.

La belle vie à Maui. Une image rare d'Arnaud et de son carrosse, dans La Mecque du *funboard*, très classe. (*© Agence Regards du Sport - Vandystadt.com / Christian Petit*)

Sur cette vague, Haywood écrit l'histoire et s'en sort indemne. Il rentre tranquillement au bord, charge sa planche sur le toit de son *station wagon* et file chez lui sans dire un mot. Après avoir avalé un sandwich et une bière, il se couche puis dort deux jours et deux nuits d'affilée !

Le soir même, Arnaud récupérait ses diapositives fraîchement développées chez *Maui Custom Color*. Après cette session historique, le Français organise une petite fête et une projection privée avec les héros du jour. La *party* a lieu dans la maison qu'il loue avec Jenna à Sprekelsville, une délicieuse petite bourgade de Maui. Le champagne coule à flots, cette cuvée spéciale –qu'il s'efforce de lancer– porte son nom. « C'est la première fois qu'un homme aura un champagne à son nom de son vivant », déclare Arnaud, toujours facétieux. Il a sélectionné une bande-son d'enfer, avec Queen et Jean-Luc Ponty, afin d'accompagner le défilé des diapos sur grand écran. La mise en scène est soignée, Arnaud sait y faire. Les *riders* prennent conscience qu'ils viennent de vivre un moment inoubliable, immortalisé grâce à Arnaud. Ils décident de baptiser ce jour *Big Monday*.

Dès le lendemain, les images parviennent dans les salles de rédaction du monde entier. Elles font les couvertures de *Life* et d'autres grands titres de la presse comme *Stern* ou *Paris Match*, des *features* de huit à dix pages dans les plus grands magazines. On parle des *watermen*, ces nouveaux héros de l'océan, ces princes du grand bleu. C'est l'un des plus jolis coups journalistiques d'Arnaud de Rosnay, un scoop estimé à l'époque à un demi-million de francs, qui iront regarnir son compte *offshore* à Grand Cayman.

Arnaud est le roi de Maui, qu'il sillonne alors tout habillé de blanc, dans un gros coupé Ford. Et comme un bonheur ne vient jamais seul, deux jours après le Big Monday, le 29 février, Jenna met au monde leur fille, Alizé. Un bonheur fou envahit le nouveau

Arnaud, Jenna et leurs potes, à Maui : le bonheur si je veux. (© Gilles Lhote / Starface)

papa. « Elle a mon nez, ma bouche, mais heureusement l'ovale de Jenna », raconte Arnaud à sa famille au téléphone. Le conte de fées se poursuit pour les deux amoureux. « Je n'ai jamais rencontré un couple semblable à celui formé par Arnaud et Jenna, *se souvient Gilles Lhote*. Pendant cinq ans ils ne se sont pas lâchés d'une semelle. C'était merveilleux à voir. »

À Hawaï, il semble qu'Arnaud a commencé à changer en profondeur, comme s'il accédait à une nouvelle maturité. Il raffole du mode de vie naturel de Jenna et ne se lasse pas de sa compagnie. Auprès d'elle, l'incorrigible mondain devient plus posé, en lien avec les éléments. « Ce n'est pas moi qui le changeais, *rétorque Jenna*. Il changeait tout seul. » Lui qui avait la danse de Saint-Guy commence à se stabiliser auprès de sa petite famille. Le voilà qui reprend la photo, il envisage aussi de lancer une ligne de vêtements de sport, ainsi qu'une ligne de produits autour de Jenna. Il aimerait encore créer une école de planche à voile, et aussi passer plus de temps à Moustique. « En cas de coup dur, Jenna aura au moins un toit là-bas », se dit-il en pensant à leur maison sur l'île, la « Pelican House ».

« Derrière cette façade assagie, Arnaud nourrissait toujours des projets délirants, *estime néanmoins Gilles Lhote*. L'année de sa disparition, il m'a confié qu'il travaillait en secret sur des cerfs-volants taillés pour la vitesse. Avant tout le monde, il a pressenti la révolution du *fly surf* ou ce qu'on appelle aujourd'hui le *kite surf*. Il remplissait des carnets de croquis, avait quinze idées à la minute.

Un jour, il m'a raconté l'un de ses fantasmes absolus et je suis persuadé qu'il aurait été capable de le réaliser, si la vie lui en avait laissé le temps : il existe, dans le désert de Palm Springs en Californie, de longs réservoirs, les *pounds*, entourés d'éoliennes. Il voulait faire venir une douzaine de bombardiers B25 d'Arizona, les aligner le long du *run* et profiter du vent artificiel provoqué par les hélices, afin de tenter de battre un record de vitesse en planche ! »

L'appel des détroits résonne toujours dans la tête de l'aventurier, qui n'a jamais failli à sa parole. Il s'est engagé et entend aller au bout, avec son ambitieux programme de dix-sept traversées.

Cap vers Sakhaline. La traversée du détroit de La Pérouse se révèle un grand moment d'angoisse. (© *Gilles Lhote / Starface*)

Retour *first class* pour Arnaud, seul passager dans un avion de ligne japonais depuis Sakhaline. *(© Collection Famille de Rosnay)*

Le 31 juillet 1984, Arnaud traverse le détroit de la Pérouse connu localement comme le détroit de Soya, entre l'île d'Hokkaïdo (Japon) et l'île de Sakhaline (URSS à l'époque). Les autorités japonaises et les pêcheurs locaux lui mettent des bâtons dans les roues afin de le décourager. Une fois de plus, il part sans assistance et sans autorisation. Arnaud va connaître des moments d'angoisse, quand le brouillard se lève et que le vent tombe. Il affronte les courants glacés. À la fin du voyage, il est accompagné par un mystérieux bâtiment, dont il n'entend que le bruit du puissant moteur qui bat à proximité. « S'agissait-il d'un destroyer soviétique, d'un sous-marin, d'un garde-côte ? Je n'ai jamais vu d'où venait ce bruit inquiétant », confie Arnaud qui touche terre, exténué, sur les lieux même où quelques mois plus tôt, un Mig soviétique avait abattu un Boeing 747 de la *Korean Airlines*. Une fois de plus, les Russes lui réservent un accueil charmant à Korsakov, avant de le renvoyer en Occident. Il rentre au Japon avec sa planche, dans un avion de ligne japonais venu faire la relève du personnel, seul passager à bord. Les services de renseignements occidentaux le débriefèront à son retour afin d'en savoir un peu plus sur la zone.

À l'automne 1984, Arnaud commence par briller à la Weymouth *Speed Week* dans le Dorset (Angleterre) en tutoyant les 29 nœuds sur sa planche. C'est alors la cinquième meilleure performance mondiale. Le jour même, Jenna reprend son record du monde féminin, l'établissant à 27,9 nœuds. En marge de la course, Arnaud s'accroche avec Geoff Cornish, le directeur général de Neyl Pryde Sails à Hong-Kong, qui lui fournit ses voiles ainsi que celles de Jenna. Dans le but de réduire les frais de voyage du couple, ce dernier a négocié un important contrat pour l'équipe, avec Cathay Pacific. Mais Arnaud refuse de naviguer avec des voiles aux couleurs de la compagnie aérienne. Cornish, qui sera en première ligne lors de l'affaire de Taïwan, est très contrarié ; il alerte Patrick Dussossoy dans une lettre. L'incorrigible Arnaud y est parfois décrit comme inconstant, capricieux et mal élevé. Mais l'atout d'Arnaud reste sa médiatisation. Les magazines spécialisés japonais, allemands, américains et naturellement français, s'arrachent son image. Aucun autre planchiste ne fait autant parler de lui.

À l'automne 1984, Arnaud ferraille pour mettre au point sa traversée du détroit d'Ormuz entre Oman et l'Iran. Il souhaite la réaliser dès janvier 1985, en compagnie du reporter de *Wind* Hervé Hauss. Mais les ayatollahs refusent de lui donner un sauf-conduit. Khomeiny ne surfe pas ! « Qu'à cela ne tienne, Arnaud est bien décidé à aller au casse-pipe », confie alors Hervé Hauss.

« L'aventure n'est pas une affaire de tièdes. Elle exige tout. C'est une dévoreuse », a dit un jour à Arnaud son copain Christian Marty, le premier homme à traverser l'Atlantique en planche à voile. Formose était-il le détroit de trop ? Quand il se lance dans cette nouvelle aventure en novembre 1984, Arnaud de Rosnay est pour la première fois ouvertement en proie au doute. Dépasser ses propres limites ne lui fait pas peur. Mais au fond de lui il sait qu'il n'a plus le droit de mettre sa vie en danger. Car il n'est plus seul. Il y a Jenna, l'amour de sa vie, et sa fille Alizé, qui a éveillé son instinct de père. Il confie ses doutes à Jenna. « Si tu as peur, arrête, *lui a-t-elle dit.* Tu as déjà tout prouvé. Tu as le droit de souffler. »

Son frère Joël, sa sœur Zina et ses parents Gaëtan et Natacha tentent, eux aussi, de le dissuader de se lancer. Le week-end avant son départ, tous sont réunis en Bourgogne. « Personne, non personne n'aurait pu le faire renoncer. Arnaud était trop entier, trop têtu, trop décidé. Même l'amour de sa famille, qu'il chérissait plus que tout au monde, ne pouvait le détourner de cette aventure des détroits, cette folie de Formose », reconnaît Joël, trente ans plus tard. Sa sœur Zina et son mari, médecin, découvrent un Arnaud exalté. « Je sais que je vais à la rencontre du danger, mais je le braverai comme les autres fois », leur dit-il.

Le 8 novembre, Jenna accompagne Arnaud à l'aéroport de Roissy. Avant d'embarquer, ce dernier est pendu au téléphone, à régler des problèmes administratifs et logistiques, ou à répondre à la presse. Jenna n'arrive pas à lui parler et elle fond en larmes. Elle a un mauvais pressentiment, comme avant la traversée Key West-Cuba. Elle a raconté à Éric Besson ces instants terribles : « Arrivé à la douane, Arnaud m'a proposé de partir. Je suis restée à le regarder jusqu'à ce qu'il disparaisse. Et je me disais : peut-être que je ne le reverrai jamais. »

Formose figure en bonne place dans la liste des dix-sept détroits que l'aventurier souhaitait relier pour la beauté et la symbolique du geste en planche à voile, l'arme fatale, comme l'écrit Arnaud dans son journal de bord, lors de son voyage en Chine : « Les règles de navigation ou les lois en vigueur dans les eaux territoriales n'ont pas encore réussi à éteindre dans leur lourd carcan, le phénomène planche à voile. Je pense que le succès magique de cet instrument est à l'origine de cette lacune, ou de cette aubaine, pour nous pionniers. Le simple fait, aussi, que la planche à voile n'ait jamais été utilisée à des fins subversives ou militaires, conforte sa position et sa liberté. La planche à voile n'a pas de matricule, pas de livre de bord, elle n'est donc pas légalement assujettie à toutes les procédures d'entrée et de sortie des eaux territoriales des pays. Seul son pilote peut être concerné par la législation, au même titre qu'un nageur ou un naufragé à l'approche de la côte salutaire. »

Cette véritable profession de foi, il va la livrer à la presse lors de son escale au Japon. Arnaud n'a pas encore réuni toutes les autorisations et espère ainsi faire pression sur les autorités des deux Chines. À Tokyo, il retrouve son ami Jean Poniatowski avec lequel il dîne un soir dans un grand restaurant. Le patron de *Vogue* et Condé Nast France trouve Arnaud méconnaissable : « J'ai essayé de le dissuader de faire ce détroit, c'était trop risqué. Il m'a dit qu'il n'avait pas le choix, m'a révélé alors qu'il s'était engagé auprès de

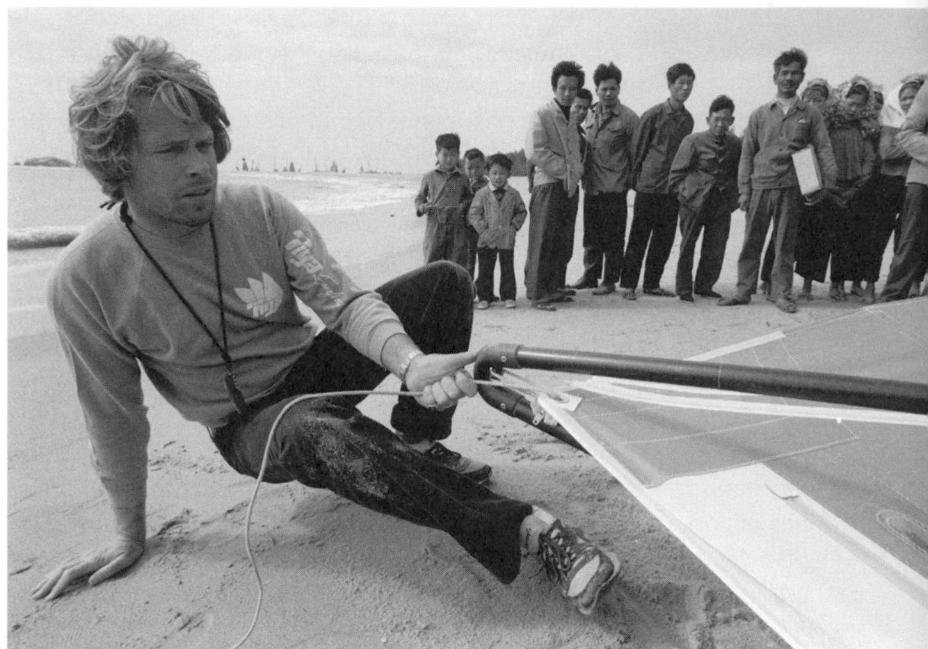

Arnaud sur la plage de Chong Wu, avec son matériel récalcitrant.
(© Pierre PERRIN / GAMMA RAPHO)

ses sponsors et venait de signer un important contrat avec McCormack et son agence de management des sportifs. J'ai bien senti qu'il était impossible de le faire changer d'avis. En le quittant, je lui ai dit qu'il pouvait compter sur moi en cas de pépin. Je n'imaginais pas la suite », ajoute Jean Poniatowski.

On n'a jamais retrouvé la trace de ce contrat avec McCormack. Aucun des sponsors d'Arnaud ne lui avait par ailleurs mis la pression. C'est bien Arnaud et Arnaud seul, qui a décidé, envers et contre tout, d'aller vers son destin, sans enthousiasme, pour aller jusqu'au bout.

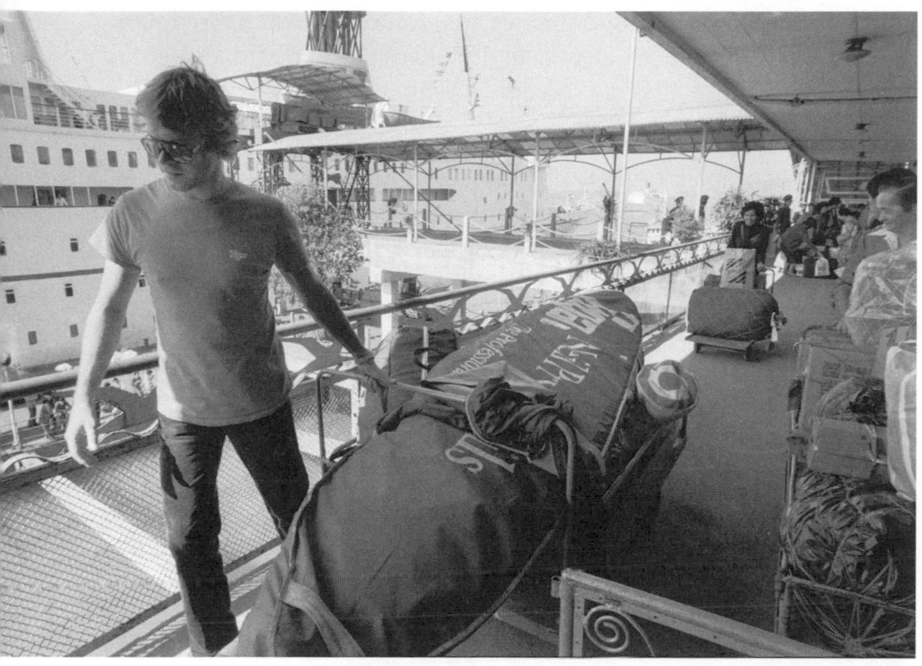

Dans le ferry qui l'emmène de Hong Kong en Chine Populaire.
(© Pierre PERRIN / GAMMA RAPHO)

Du 12 au 18 novembre, Arnaud est à Hong Kong, où il retrouve le photographe Pierre Perrin : « Arnaud avait l'habitude de travailler avec l'agence Gamma, *raconte l'intéressé.* Il ne se trompait guère. À l'époque, Floris de Bonneville avait tissé un réseau de diffusion en béton à l'étranger. Nous étions au *top*. Arnaud en profitait. Il avait pigé très tôt qu'un exploit sans parutions dans la presse était inutile. Pour moi, ce travail n'était pas une simple affaire de routine, mais une respiration. Gamma me l'avait proposé pour me changer les idées entre deux reportages dans des zones de conflit. Arnaud était un seigneur. Mais dès qu'on grattait un peu, on découvrait un mec normal, avec ses fêlures et ses doutes. C'était sans doute accentué par le contexte. Depuis le début, ce projet de traversée du détroit de Formose allait de travers et sentait le roussi. »

Les deux hommes engagent une interprète afin de chercher un bateau d'accompagnement, en vain. Sans autorisation officielle, toutes les portes se ferment. Intransigeantes, les autorités taïwanaises ont été très claires, voire dissuasives : « Le détroit est une zone de guerre. Il est placé sous l'autorité militaire. Tout intrus est passible de cour martiale. » La Chine Populaire ne veut pas non plus donner le feu vert à cette traversée. Munis de leurs seuls visas de touristes, Arnaud de Rosnay et Pierre Perrin rentrent en Chine par le ferry qui assure la liaison Hong Kong-Amoy. À leur arrivée, les deux hommes louent un van et font route vers l'inconnu :

« Si nous sommes parmi la douzaine d'étrangers qui ont pris cette route, je suis très optimiste, *écrit Arnaud dans son journal de bord.* Nous atteignons la mer. Pour la première fois, je subis le choc des détroits : la sortie, c'est juste en face. Je suis encore plus abasourdi par la beauté du spectacle. Des langues de sable avec des criques peuplées de jonques, plus belles les unes que les autres, des collines et des falaises dans lesquelles se confondent, ton sur ton, des villages aux blocs de granit énormes posés sur le sable. Voilà le premier contact avec la Chine, qui me rend amoureux fou de ce pays. Je n'oublie pas, malgré tout, les raisons de notre visite dans ce petit paradis, la traversée du détroit. Le vent souffle à force 4-5, nord-est, comme prévu à cette époque. La faible profondeur du détroit (50 m) explique tout naturellement cette eau trouble et verdâtre, marronnasse… »

Arnaud et Pierre arrivent à Chong Wu. Le photographe de Gamma s'étonne que l'aventurier n'ait pas pris de carte ou de radio : « Arnaud assumait. Il n'avait pas pris de carte côtière ou marine, ou de radio, car il craignait que, lors d'une fouille, on le prenne pour un espion et qu'il soit refoulé. Du coup, il n'avait aucune idée de l'endroit exact où il devait partir et où il comptait arriver. Tout était au pif. C'était pire encore pour la météo marine, si importante dans cette région du monde très instable. Pour savoir quel temps il allait faire, on regardait chaque soir le bulletin météo sur la télé chinoise. Sur le petit écran du téléviseur, il fallait décrypter une image de mauvaise qualité en noir et blanc, où l'on voyait une carte de la Chine avec de vagues flèches indiquant le vent ! Comme imprécision, on ne peut pas faire mieux. »

Le véliplanchiste repère une crique où sont ancrées des jonques. C'est de là qu'il partira le jour J. Avec Pierre Perrin, tous deux vont trouver à se loger dans une très belle maison en pierre à deux étages, tenue par un homme qui semble le responsable du village. Après enquête, il s'avérera que ce dernier est un militaire. Lors du déballage de son matériel, Arnaud découvre avec stupeur que les trois mâts qu'il avait emportés ont été brisés net au même endroit, pendant le transport ! Il alerte Neil Pryde pour se faire livrer en urgence deux mâts de rechange, des Ampro pliables en deux parties. Quelques jours plus tard, Eddie Cheung arrive depuis Hong Kong avec ces derniers. Il assiste à une séance d'entraînement dans la baie, où Arnaud utilise sa fameuse voile zippée permettant d'adapter la surface à la force du vent. « Ces mâts de voyage avaient une certaine fragilité, surtout avec les voiles un peu tendues que l'on utilisait dans les années 1980. On a connu un peu de casse », se souvient Jasper Sanders, qui a participé à la fabrication des voiles d'Arnaud de Rosnay chez Neil Pryde, et qui travaille aujourd'hui chez Quiksilver.

Un instant, Arnaud hésite à poursuivre. Il confie à sa mère au téléphone que cet incident des mâts est peut-être un signe du destin. Une fois de plus, Natacha de Rosnay lui demande de renoncer. Dans son journal de bord, Arnaud consigne qu'il a pris la décision d'alléger son « opération détroits ». Après Taïwan et Ormuz, c'est décidé : il arrête.

Comme il l'écrit alors, avec une tragique prémonition : « Je pourrai enfin me consacrer à plein temps à mon foyer et recentrer le tir de ma vie professionnelle. Maintenant que je suis père, Alizé compte beaucoup pour moi. Je ne serai sans doute pas un père qui rentre chez lui tous les soirs du bureau, fatigué par son travail. Un père plan-plan, raisonnable, ça, c'est certain ! Mais je veux transmettre quelque chose d'unique à ma fille, mes émotions, mes valeurs, mes expériences et tout mon amour, que je sens déborder de mon cœur. Je ne veux pas mourir, car mes deux femmes m'attendent à la maison. »

Lors d'une conversation téléphonique avec Jenna, Arnaud laisse transparaître son émotion. Alors qu'il lui avait promis de ne plus jamais partir sans assistance, il n'a pas le courage de lui avouer la triste vérité. Il sait qu'il va encore prendre ce risque. Les heures s'écoulent, en apparence paisibles, dans la maison communale de Chong Wu où le duo a trouvé le gîte et le couvert. Personne ne parle français ni anglais, ici. Perrin et de Rosnay communiquent avec la population via des signes, des gestes, des sourires. Ils mangent le riz et le poisson qu'on leur apporte. Rien n'indique que l'endroit est classé zone de guerre par la Chine et Taïwan, à part quelques vedettes militaires qui patrouillent au large, à intervalles réguliers. Pour autant, Arnaud n'est pas tranquille. Il camoufle son matériel pour éviter de se le faire confisquer. Il se planque lui-même une bonne partie de la journée. Cette inaction est désastreuse pour son moral et son physique. Il cogite en permanence, beaucoup trop.

« Arnaud tournait en rond comme un lion en cage, *raconte Pierre Perrin*. Il se confiait régulièrement avec beaucoup de pudeur. Il m'a dit notamment qu'après Taïwan, il voulait faire un dernier détroit puis "arrêter les conneries". Il aurait dû être tendu vers un seul objectif, la réussite de son raid. Mais sa concentration était parasitée par trop de pensées négatives, des soucis matériels et extérieurs. Psychologiquement, il me semblait vidé et épuisé. Physiquement, ce n'était pas terrible non plus. »

La veille du départ, le 23 novembre, Arnaud s'entraîne toute la journée. La foule l'entoure à chaque fois qu'il revient sur la plage pour retendre sa voile ou détendre ses *footstraps*. « Pendant trois heures, je m'éclaterai en piquant des pointes de vitesse, en slalomant entre les jonques, sous les yeux des pêcheurs abasourdis », consigne Arnaud dans son carnet de voyage. Pierre Perrin relève néanmoins que quelque chose cloche. « Je m'attendais à voir une brute affûtée prête à en découdre. Je découvrais un mec fragile qui n'arrêtait pas de chuter. »

Comme il le fait à chaque fois, la veille d'une traversée, Arnaud va marcher seul le 23 novembre au soir. Il a besoin de méditer et d'embrasser du regard l'endroit qu'il va quitter. Derrière une colline, il découvre une grande crique où stationne un patrouilleur militaire. Arnaud prend ses jumelles et détaille la vedette rapide. « Il faudra qu'il démarre très très vite pour me rattraper avant la sortie des eaux territoriales », écrit-il dans son carnet.

Sur les dernières pages, Arnaud dresse la liste des affaires qu'il compte emporter avec lui : une poche étanche avec son passeport, sa carte de crédit, 500 $ en cash, son billet Taipei-Hong Kong et des numéros de téléphone qui pourront lui être utiles à son arrivée sur les côtes taïwanaises. Il n'a pas oublié sa carte de presse n° 23790, sésame dérisoire en cas d'avarie au milieu du détroit, mais qui le rassure. Il a aussi rangé dans un sac étanche, un appareil photo, deux films et trois photos de sa femme Jenna et de leur fille Alizé. Il n'a qu'une hâte, les serrer à nouveau dans ses bras.

Disparition

Chong Wu, samedi 24 novembre 1984, 7h30 du matin (soit vendredi 23 novembre, 23h30, heure de Paris). Arnaud de Rosnay va s'élancer en planche à voile depuis les côtes chinoises du Fujian, pour un long sprint en solitaire à destination de Taïwan.

Tapie derrière la ligne d'horizon, l'île rebelle se découpe sur la mer, à 170 km environ au large, silhouette majestueuse et tourmentée. Elle mérite le surnom que lui ont donné les explorateurs portugais : *Formosa*, la belle. Mais pour l'atteindre, Arnaud va devoir vaincre l'un des détroits les plus redoutés au monde et surtout, affronter une fois de plus ses démons. Comme saisi d'une prémonition juste avant de partir, l'aventurier prend le temps de lancer au photographe Pierre Perrin : «S'il m'arrive quelque chose, dis à ma femme et à ma fille que je les aime plus que tout au monde»...

Sur la plage, des groupes d'enfants courent sur le sable en piaillant. Les pêcheurs en costumes de toile bleue vont et viennent, attirés par le spectacle que leur offre le Français. Depuis six jours, ils observent son manège, intrigués et fascinés. Ils restent bouche bée devant ce géant blond, beau comme un dieu, qui glisse sur la mer avec sa planche noire et sa voile rouge. Ils l'ont vu déballer son matériel, ses cordes et ses drisses en Nylon, ses attaches en Velcro, ses combinaisons en Néoprène, des objets jusque-là inconnus... Une petite révolution pour ces marins traditionnels qui naviguent encore sur de lourdes jonques ancestrales en bois.

Pierre Perrin, le photographe de Gamma, réalise quelques portraits tandis que l'aventurier passe son matériel en revue. Dans son harnais bleu, blanc, rouge, Arnaud apparaît pâle et fatigué. Il semble avoir perdu son fameux *fighting spirit*. Les petites flammes ne dansent plus dans ses yeux. Sa planche frappée du logo de son sponsor Tiga est noire comme la nuit, tout comme sa combinaison. Ce n'est pas l'idéal pour se faire repérer en cas de pépin, et puis c'est un peu morbide... Mais pour les photos, ça donne une sacrée allure !

Arnaud éprouve le nouveau mât, installé la veille. Il semble assez costaud pour supporter la traversée et les tensions. En revanche, contrairement aux précautions prises lors de son raid polynésien, il ne s'est pas muni d'un *leash*, ce cordon extensible qui relie le surfeur à sa planche et peut se révéler vital en cas de chute dans les vagues, surtout lorsqu'on part seul et sans assistance…

Il vérifie aussi sa fameuse voile zippée aux couleurs du drapeau communiste, qu'il compte transformer en pavillon taïwanais dès qu'il aura quitté les eaux territoriales chinoises. Dans une poche ménagée à la base, il glisse son couteau suisse, des cordes, deux briquettes de jus d'orange, son miroir spécial de détresse et un sifflet. Il n'a ni balise, ni fusée, ni radio. C'est un peu juste, voire carrément inconscient, pour une traversée à l'issue toujours incertaine.

Il est 7h40. Sous l'œil impassible d'une poignée de Chinois, Arnaud de Rosnay quitte la terre et slalome déjà entre les jonques rassemblées derrière la solide digue de granit. Le vent de nord-est gonfle sa voile. Rien ne transpire encore de la tempête annoncée d'ici 24 à 48 heures. Pierre Perrin prend les dernières images, puis observe la silhouette d'Arnaud avec ses jumelles. Aucune menace en vue. Tout est étrangement calme. Dans l'anse voisine, le patrouilleur militaire, au mouillage, ne semble pas en alerte.

Vue de l'extérieur, rien ne distingue cette sortie en mer des séances d'entraînement effectuées les jours précédents. Arnaud de Rosnay n'a pas averti les autorités locales de son départ. Il a, d'ailleurs, tout fait pour les fuir depuis son arrivée. « Les militaires que l'on a croisés n'ont jamais semblé agressifs ou soupçonneux, *confirme Pierre Perrin.* Beaucoup de proches d'Arnaud, qui n'étaient pas sur place, ont développé par la suite une théorie du complot selon laquelle nous aurions été fliqués et suivis dès notre entrée en Chine… J'ai effectué plusieurs reportages dans ce pays.

Arnaud enfile son harnais et sa combinaison ; cette fois, il faut en finir.
(© Pierre PERRIN / GAMMA RAPHO)

J'avais coutume de voyager dans des coins pourris et sous tension. J'ai même développé une sorte de sixième sens pour ces choses-là. Je vous le promets, durant les six jours que nous avons passés en Chine avec Arnaud, je n'ai jamais ressenti qu'on nous en voulait. Si les autorités chinoises avaient voulu mettre un terme à cette aventure, ça aurait été plié en cinq minutes. Nous aurions été arrêtés, coffrés et refoulés *manu militari.* »

Il est 7 h 50. Soulagé d'être enfin dans l'action, le véliplanchiste n'est déjà plus qu'un petit point rouge qui file à l'horizon, tressautant sur le clapot. Il devient de plus en plus imperceptible, avant de se fondre dans le ciel gris. Pierre Perrin range ses appareils photo

Slalom entre les jonques avant de mettre cap vers le large et l'inconnu.
(© Pierre PERRIN / GAMMA RAPHO)

et ses objectifs. Le reporter de l'agence Gamma sera officiellement le dernier homme à avoir vu l'aventurier vivant.

Perrin doit prévenir dès que possible un correspondant à Hong Kong du départ d'Arnaud, afin que ce dernier puisse alerter l'attaché culturel français à Taipei, qui fait office d'ambassadeur officieux (la France ne reconnaît plus qu'une seule Chine). Désormais, tout le monde attend des nouvelles du navigateur. D'ici 6 ou 7 heures maxi, il devrait accoster à Taïwan, si tout va bien.

En quittant Chong Wu, Perrin est pris d'un étrange pressentiment. Cette traversée lui semble avoir été préparée avec trop de légèreté. Ces derniers jours, il a bien remarqué qu'Arnaud n'était pas au top, ni physiquement, ni moralement. «Arnaud était pris dans l'engrenage de sa notoriété, de ses "coups", des obligations qu'il s'imposait lui-même. Il n'a jamais envisagé ouvertement de renoncer à ce détroit de Taïwan, alors que tous les signaux étaient au rouge, *analyse aujourd'hui le journaliste*. On savait qu'au milieu du détroit, les conditions de navigation étaient très difficiles, que ça bastonnait, qu'il était très compliqué de tenir la mer en planche et sans assistance. Il est parti ce jour-là comme s'il allait prendre l'apéro au cap Ferret depuis Arcachon. Il voulait juste avaler les 170 km en 6 heures et s'en retourner chez lui, retrouver sa femme et sa fille, comme après une journée de bureau.»

Ému, Perrin fait une pause et reprend : «Cette lubie de ne pas utiliser de *leash* ! Il avait décidé ça, par principe, sans réaliser que c'était n'importe quoi. C'était sa part d'irrationnel. Sans elle, aurait-il fait Béring ? Le Pacifique ? La Pérouse et toutes les autres folies ? Je ne pense pas. J'ai immortalisé ces derniers instants le cœur serré. Pour moi, tout le drame qui va suivre transparaît déjà à ce moment-là, dans le regard vide et résigné d'Arnaud.»

Trente ans après, les eaux tumultueuses et boueuses de ce coin du Pacifique, bordées de rivages pleins de trompe-l'œil et de non-dits, n'ont jamais rendu le corps, ni la planche, d'Arnaud de Rosnay, pas même un bout de voile. Avarie ? Chute accidentelle suivie d'une noyade ? Mauvaise rencontre avec un cargo qui lui serait passé dessus ? Requins ? Embuscade avec des militaires ? Des pirates ? Des milices ? Toutes les hypothèses ont été envisagées et passées à la moulinette, même les plus invraisemblables. Pour tenter de briser l'insupportable mur du silence, des proches d'Arnaud consultent des médiums.

Tout le monde s'accorde à reconnaître aujourd'hui que l'organisation de cette traversée était défaillante. Le système de communication et d'alerte mis en place n'a jamais fonctionné. À qui la faute ?

Là aussi, le mystère reste entier. Toujours est-il que le 24 novembre, le photographe de Gamma n'apprend que très tardivement qu'on est sans nouvelles d'Arnaud et qu'il n'a toujours pas atteint sa destination. On est déjà samedi soir et même en Chine, c'est le sacro-saint week-end. Pierre Perrin va avoir toutes les peines du monde à alerter les autorités françaises et chinoises, la famille, les sponsors. Personne n'est en veille. Du coup, les secours perdent un temps précieux. Il est fort probable que, concernant les chances de sauver Arnaud, tout s'est joué lors de ces 48 heures fatidiques.

Dimanche matin enfin, Jenna et Joël de Rosnay sont prévenus. À Paris, le cauchemar recommence, comme lors de l'affaire du Pacifique. Le P.-D.G. de Tiga Patrick Dussossoy est tout de suite mis dans la boucle par Jenna, désemparée. Elle n'a que 21 ans et parle encore très mal le français. Dussossoy se souvient :

«J'ai estimé qu'on avait déjà perdu un temps très précieux. La première chose que nous avons faite avec Jenna, a été d'appeler l'ambassade de Chine. Nous sommes tombés sur une employée de permanence. On lui a expliqué qui on était et qu'Arnaud avait disparu dans le détroit de Taïwan. Elle nous a écoutés et nous a dit qu'elle allait se renseigner auprès de sa hiérarchie, tout en nous demandant de rappeler. Deux heures plus tard, lorsqu'on rappelle, la même voix décroche au téléphone. Mais là, bizarrement, cette dame nous répond qu'elle ne sait pas du tout de quoi nous voulons parler, comme si la première conversation n'avait jamais eu lieu. Ça nous a mis la puce à l'oreille. On s'est dit alors que les officiels chinois avaient certainement quelque chose à cacher.»

Pour savoir ce qui se passe, Jenna va alors contacter les relations d'Arnaud. Tous deux ont été un temps hébergés chez le comte Jean de Beaumont dans un hôtel particulier situé en lisière du château de Versailles. L'homme active ses réseaux politiques et dans le milieu du renseignement. Idem pour Jean Poniatowski, qu'Arnaud a croisé à Tokyo début novembre : «Mon cousin, Michel Poniatowski, ancien ministre de l'Intérieur, avait pas mal de contacts aux États-Unis, se souvient l'ex-patron de *Vogue* France. Nous avons pu obtenir d'Evan G. Galbraith, alors ambassadeur des États-Unis d'Amérique à Paris, le lancement de recherches en mer de Chine et la coopération des militaires.»

Pendant plusieurs jours, l'US Navy mobilise des avions d'observation qui ratissent le détroit à la loupe, mais sans résultat. Evan G. Galbraith obtient même le concours de l'US Air Force et de la NSA afin de mobiliser les satellites-espions qui balayent la zone, centimètre carré par centimètre carré. Manque de chance, en ce samedi 24 novembre 1984, le ciel était plombé de nuages et les données recueillies s'avèrent très difficiles à exploiter. L'espoir de retrouver Arnaud vivant s'amenuise d'heure en heure.

Patrick Dussossoy est persuadé qu'il faut désormais médiatiser l'affaire, afin de provoquer un choc dans l'opinion internationale, pour faire pression sur la Chine. Mais il se heurte alors à Joël de Rosnay : «Ce dernier a tout de suite précisé qu'il était opposé à toute médiatisation, qu'il jugeait contre-productive, souligne Dussossoy. Si des militaires chinois, des pirates ou des Taïwanais détiennent Arnaud, une action spectaculaire risque de mettre sa vie en danger», estime alors Joël, qui active de son côté ses multiples relations, notamment au Quai d'Orsay.

«J'ai alors compris à quel point l'affaire du Pacifique avait – hélas – laissé des traces, *souligne Dussossoy.* Au départ, beaucoup de gens n'ont pas pris Arnaud au sérieux, y compris dans son cercle le plus intime. Chez Neil Pryde à Hong Kong notamment, Geoff Cornish me disait : "Arnaud va réapparaître dans quelques jours. Il ne faut pas s'inquiéter. Avec lui c'est toujours comme ça !"»

Cette mauvaise impression est confirmée par le photographe Pierre Perrin : «La personnalité d'Arnaud a joué contre lui. Peu de gens ont, malheureusement, pris la mesure de l'urgence et de la situation critique dans laquelle il s'était fourré.»

Après la maladresse (calculée?) de son employée à l'ambassade parisienne, le pouvoir central de Pékin va essayer de corriger le tir, peu désireux de se retrouver avec une sale affaire de disparition sur les bras. La Chine lance donc officiellement des recherches afin de ratisser la côte autour de Chong Wu, ainsi que les îles disséminées dans le détroit. Les Taïwanais font de même dans leur archipel, alertant notamment les îles bunkérisées et minées situées face à la Chine. C'est à ce moment-là que Jenna, Joël et les proches d'Arnaud découvrent, sidérés, que l'aventurier a toujours été surveillé lors de son séjour en Chine.

Joël en témoigne : «Les autorités l'avaient laissé pénétrer dans une zone théoriquement interdite aux étrangers et aux civils. Appels téléphoniques, déplacements, sorties en planche à voile. Ses moindres faits et gestes étaient placés sous surveillance. Même la maison dans laquelle il logeait avec Perrin était tenue par des militaires. Dès lors, pourquoi ne l'ont-ils pas arrêté, alors qu'officiellement il n'avait encore aucune autorisation, aucun droit d'être là? "Nous l'avons laissé faire, parce que c'est un grand champion", ont avoué, curieusement, les officiels chinois, à Jenna. On ne saura jamais s'il s'agissait d'une excuse diplomatique ou de la vérité.»

Autre fait troublant, rapporté par Patrick Dussossoy : «Comme par hasard, l'Ambassade de Chine a reçu, huit à dix jours après le drame, une autorisation venant de Pékin, qui aurait permis à Arnaud de se lancer officiellement dans le détroit, avec un bateau d'assistance. J'ai toujours pensé que le pouvoir avait cherché à se couvrir. C'est évidemment impossible à prouver, mais pour moi il est probable qu'Arnaud ait été victime d'une bavure. On l'a pris pour un espion, ou quelque chose comme ça. Ils l'ont laissé pour mort dans le détroit et ont fait disparaître sa planche et ses affaires. C'est aujourd'hui encore ma plus intime conviction.»

Passer un détroit
traverser un détroit

"OPERATION FORMOSE"

De toutes les expériences vécues depuis la traversée du détroit de Bering en Août 1979, c'est sans doute celle qui m'avait laissé le souvenir le plus fort et le plus agréable avec de très grandes frayeurs, mais aussi une précision et une sécurité absolues par un voyage DIURNE à grande vitesse. Le rêve [illegible] l'aventure [illegible] rêve du début de l'histoire [illegible] en Z avec une [illegible] Sujet bien [illegible] et la [illegible] professionnelle [illegible] professionnels

La publicité [illegible]
"La planche [illegible] capable des [illegible] désorientés entre les détroits [illegible] de nos sociétés

Engin [illegible] de grande précision qui grâce à [illegible] le respect des [illegible] déconcertés [illegible] l'endurance [illegible] –

les reflets de [illegible]
aux [illegible]

Sur place, en effet, la situation n'est pas aussi limpide que le dit la version officielle : « Au début des années 1980, *rappelle Jean Poniatowski,* les régions chinoises disposaient encore d'une certaine autonomie vis-à-vis du pouvoir central. On trouvait sur place de véritables seigneurs rouges, avec des milices de la fameuse Chinese People Liberation Army. Ces dernières étaient censées défendre le territoire contre les pirates, contrebandiers, trafiquants du détroit, et surveiller les ennemis du peuple. Mais elles se comportaient parfois comme des bandits. Mal coordonnées et n'ayant pas reçu de directives pour laisser tranquille Arnaud, il se peut qu'elles aient cherché à l'arraisonner ou à le faire prisonnier. Pour plus de discrétion, il n'y a rien de mieux que la haute mer, afin d'éliminer quelqu'un de gênant. Quand la raison d'État s'en mêle, les gouvernements sont parfois capables du pire. »

Joël ira même jusqu'à demander au cinéaste Peter Viertel, ancien espion de l'OSS (ancêtre de la CIA) pendant la Seconde Guerre mondiale, de réactiver ses réseaux en Asie du Sud-Est et sur Hong Kong. Sont-ce les informations remontées via ce canal, qui permettent aujourd'hui à Joël de Rosnay de pencher pour la thèse du complot et de l'assassinat ? Se sentant lié par le secret, Joël n'a jamais souhaité développer cette piste, demeurant muet comme une tombe.

Pour tenter de savoir ce qui est arrivé à son ami Arnaud de Rosnay, Jean Poniatowski ne se contente pas des canaux officiels. Depuis que la France du général de Gaulle a reconnu la Chine populaire, des hommes d'affaires français ont investi le pays, notamment dans l'aéronautique, l'automobile, le cognac, la mode et le prêt à porter. « Il y avait une certaine Mme Tong, qui représentait

Arnaud et son émouvant journal de bord, écrit sur du papier à lettres chinois.
(© Pierre PERRIN / GAMMA RAPHO)

Pierre Cardin à Pékin. L'une de mes amies la connaissait bien et savait qu'elle avait des connexions très haut placées. Nous l'avons sollicitée. Au bout de quelques jours, elle nous a confirmé que Pékin avait essayé de retrouver Arnaud de Rosnay sans succès et qu'ils étaient impuissants, car ils contrôlaient mal la situation dans cette région périphérique du Fujian.»

De son côté, le photographe de Gamma, Pierre Perrin, dernier à l'avoir vu vivant, martèle sa conviction : «Je suis intimement persuadé que c'est un accident. Arnaud a chuté ou a cassé son matériel. Sa planche était noir carbone, sa combinaison aussi. Seule la voile réversible avec les drapeaux chinois et taïwanais était colorée. Il n'a pas pu la rattraper comme il avait prévu. Il est resté planté là, au milieu du détroit infesté de requins, sillonné par tous ces gros bateaux qui ne s'arrêtent pas. Comment pouvaient-ils le voir? Les avions n'ont rien retrouvé. Mais dans le Pacifique non plus, ils n'avaient rien vu, alors qu'Arnaud était porté disparu. Le fait qu'on n'ait rien retrouvé demeure troublant, mais ne signifie rien. La mer est vaste. Peut-être qu'un bateau lui est passé dessus et a réduit son engin en miettes. J'ai du mal à croire qu'on l'ait tué sciemment.

J'ai également un gros doute côté que le coup vienne des Taïwanais, *continue Pierre Perrin.* Arnaud avait eu une excellente idée avec ses voiles. Un soldat ne tire jamais sur le drapeau de son pays. Je me répète, mais pour moi ce scénario de l'exécution au large me semble rocambolesque. Pour stopper Arnaud, il suffisait, tout simplement, de l'empêcher de partir. A-t-il pu être descendu par des pirates? Des miliciens hors de contrôle? A-t-il sauté sur une mine à l'approche d'une île taïwanaise? Il y a une infime probabilité pour que ça soit le cas, je suis sûr que ce sont des fausses pistes. Je reste accroché à la thèse accidentelle.»

C'est aussi l'avis de quelques *windsurfeurs* comme Ken Winner, Robby Naish et Frédéric Beauchêne. «Sans radio, ni fusée, ni balise,

Arnaud prenait vraiment des risques insensés. En même temps, il n'y a pas plus belle mort que celle-là ! Rien n'est pire pour moi, que de m'imaginer finir stupidement dans un banal accident de voiture », déclare Ken Winner en apprenant la nouvelle. Aujourd'hui encore Robby Naish estime que « ce détroit de Taïwan offrait mille possibilités d'y rester. Arnaud n'était pas un mauvais navigateur, mais même le meilleur d'entre nous peut se trouver en difficulté dans certaines conditions. »

Quant à Fred Beauchêne, lui aussi place la piste accidentelle en tête de ses suppositions : « Deux options peuvent être explorées : la casse du mât (ou du pied de mât). Sans voile, la planche n'avance plus. Arnaud n'avait aucun dispositif de survie avec lui. Il a pu alors chuter, perdre sa planche, ou partir à la dérive. Une planche n'est pas détectable par les radars. Elle est située trop bas sur l'eau. Un autre risque mortel, ce sont les cargos et les gros bateaux. Ces derniers foncent jusqu'à 25 nœuds. Et un cargo qui passe sur un véliplanchiste, c'est un peu l'image du choc entre un TGV et une Majorette. »

Il fallut attendre mars 1985, soit quatre mois après le drame, pour voir un proche d'Arnaud mener l'enquête sur place. Jenna se rend à Chong Wu en Chine et à Taïwan, grâce à Roger Thérond de *Paris Match*, qui finance le voyage par amitié pour Arnaud. Gilles Lhote accompagne la jeune femme ; tout au long du reportage, ils sont escortés par le gouverneur de la Province et son traducteur. Gilles Lhote se souvient de ces moments très particuliers :

« Nous étions très encadrés. L'ambiance était pesante, sous un ciel gris en permanence. Lorsque nous sommes arrivés sur la plage où Arnaud était parti, il s'est passé des choses insensées… Les femmes et les enfants se sont prosternés devant Jenna, sans doute la première femme blonde qu'ils voyaient de leur vie. Le gouverneur a autorisé Jenna à diffuser des avis de recherche dans le journal et sur le littoral.

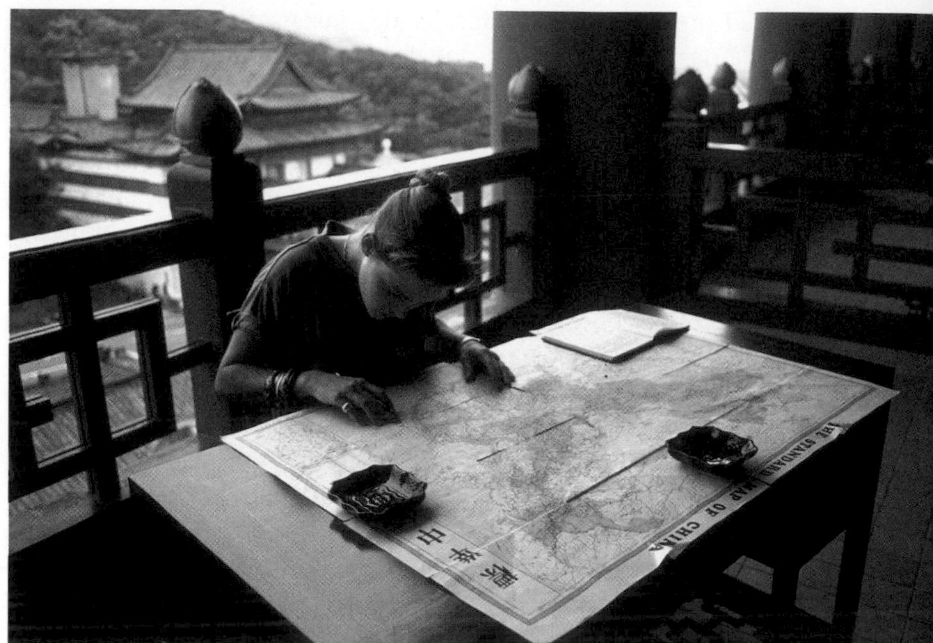

Jenna, lors de ses recherches à Taïwan, planchant sur la carte du détroit.
(© Gilles Lhote / Starface)

Avant de nous quitter, il nous invite à déjeuner et, au moment du dessert, alors qu'il communiquait avec nous par l'intermédiaire d'un traducteur, le voilà qui se met à nous parler dans un français quasi parfait ! J'avoue que ça m'a glacé le sang… De leur côté, les Taïwanais se sont montrés très coopératifs. Avec eux, nous avons compris qu'Arnaud n'avait jamais atteint leurs eaux territoriales. En effet, les Taïwanais l'attendaient à la limite et ont certifié qu'il était impossible qu'Arnaud soit entré dans cette zone sans être repéré. »

Les données très précises recueillies par Jenna auprès de la station météorologique de Hong Kong, révèlent que la météo marine

La piste d'Arnaud débute à Hong Kong où Jenna arrive en mars 1985.
(© Gilles Lhote / Starface)

n'était pas trop défavorable ce jour-là. Le vent soufflait quand même à 35 nœuds dans le détroit, avec des vagues de 3 à 4,5 mètres, mais Arnaud en avait vu d'autres, à Hawaï ou dans les Caraïbes.

Toutes les pistes sur la disparition d'Arnaud viendront s'échouer, les unes après les autres, sur les côtes embrumées de la mer de Chine, sans qu'aucune d'entre elles ne mène à son corps ou à sa sépulture. On ne le retrouvera pas, quelques mois plus tard, réfugié sur un bateau de pêche de retour d'une longue campagne, ni échoué sur une île déserte mystérieuse. Quand la réalité se révèle impuissante à combler l'absence, il est tentant de se tourner vers d'autres dimensions. Arnaud lui-même avait vécu des expériences quasi surnaturelles dans le Pacifique.

Son copain Gilles Lhote qui n'avait pas pu l'accompagner sur cette aventure, se souvient d'un cauchemar glaçant, lors de sa disparition : «J'ai vu Arnaud en train d'agoniser, allongé dans l'eau. Je voyais son corps et ses yeux révulsés. J'ai toujours pensé qu'à travers ce cauchemar, il était venu me témoigner de sa souffrance, pour me signifier qu'on l'avait assassiné. J'ai longtemps été hanté par cette vision... »

Des voyants et des médiums, plus ou moins sérieux, se sont également manifestés, la plupart ouvrant des voies sans issue. À Paris, Jean Poniatowski ne peut se résoudre à rester dans le brouillard quant au sort d'Arnaud. Il se rend chez son amie Yaguel Didier à Chatou, avec une enveloppe cachetée. La célèbre médium est régulièrement consultée par de grands hommes d'État (François Mitterrand ou Jacques Chirac, entre autres) ou même par la gendarmerie pour des disparitions inquiétantes. Dans l'enveloppe cachetée, Jean Poniatowski a glissé la couverture de *France Soir* annonçant la disparition d'Arnaud de Rosnay en mer de Chine, avec la photo du véliplanchiste.

«Qu'est-ce que tu vois?», lui demande Jean Poniatowski.

Yaguel Didier passe sa main sur l'enveloppe et tressaille : «Je vois un homme blessé aux jambes. Il est à l'agonie. Tout autour de lui, il y a de l'eau à perte de vue, la mer sans doute... »

Troublé, Jean Poniatowski revient quelques jours plus tard, en compagnie de Jenna. «Je l'ai laissée seule avec Yaguel, *explique-t-il.* Quand Jenna est sortie, elle était effondrée, persuadée que c'était fini, qu'elle ne reverrait plus jamais Arnaud. C'était un moment de grande détresse pour elle et pour nous. Cela confirmait ce que je craignais. Arnaud était mort, sans doute exécuté. »

Yaguel Didier n'a pas oublié, elle non plus : « Je ne connaissais Arnaud de Rosnay que par ses exploits, relatés dans la presse et les médias. Lorsqu'on m'a soumis son cas, j'ai vu un homme blessé. Il n'y avait guère de doute sur le fait que ce n'était pas accidentel. C'était une mort violente, provoquée par des hommes en armes. Si ça avait été un malaise, un accident, je l'aurais senti. Je ne me suis rarement trompée, hélas. Quand Jenna est venue, elle m'a tendu des photos d'Arnaud, après le Pacifique. Il montrait ses mains meurtries, son visage était plein de tristesse. J'ai été bouleversée. Sur ses deux mains, les lignes de vie étaient coupées net, une brisure en plein milieu, *sur les deux mains!* Je n'avais jamais vu ça auparavant... »

Trente ans plus tard, en dépit de demandes officielles, les archives concernant la disparition d'Arnaud de Rosnay n'ont toujours pas été rendues publiques par les autorités chinoises et taïwanaises.

épilogue

Derrière l'horizon

Tout au bout du chemin, par un jour gris et froid, Jenna arrive enfin sur cette plage de Chong Wu, dominée par une ancienne forteresse en granit. Emmitouflée dans une veste de l'armée chinoise, la jeune femme marche dans le sable, s'approche d'une jonque gracieusement échouée sur la grève. Des enfants jouent, des hommes l'accompagnent, en retrait. C'est au bout de cette langue de sable qu'Arnaud s'est élancé dans les eaux troubles du détroit quelques semaines plus tôt.

Chaque pas rapproche Jenna de l'inéluctable dénouement de sa quête. Elle est ici parce qu'elle a épuisé tous les recours, les espoirs, elle a parlé à tous les acteurs de cette tragédie, elle a retourné ciel et terre, elle n'a plus dormi, elle a pleuré toutes les larmes de son corps, et la voilà enfin face au détroit de Taïwan. Jenna s'efforce de ne pas haïr ce paysage crénelé, vivant, orné de filaos, elle retient sa rage devant la mer qui vient lécher la grève. La mer qui lui a pris son homme, le père de son enfant, absorbé, avalé, englouti à jamais…

Ses grands yeux bleus se tournent vers l'ouest; c'est dans cette direction que s'est élancé Arnaud, vers ce nouveau défi qui paraissait à la fois simple et inquiétant. Simple, parce que court, mais inquiétant, car les signes s'étaient bizarrement accumulés avant le départ. Des mâts cassés les uns après les autres, le bateau d'assistance qui ne vient pas, le harnais défectueux, l'incroyable absence de leash, *l'attache qui devait le relier à la planche… Bien sûr, ils auraient dû tenir compte de ces mauvais présages et renoncer. Mais Arnaud, lui, voulait toujours aller de l'avant, il était fier et refusait de reculer, comme s'il avait, toute sa vie, chevauché une comète folle.*

Un frisson parcourt Jenna, tandis qu'elle grave dans sa mémoire ce dernier paysage contemplé par Arnaud, avec la digue, les barques, les jonques et, plus loin, l'horizon tout gris. De l'autre côté, là-bas, le bout du voyage, « la sortie » avait-il dit… Mais pas celle qu'il avait imaginée.

Dire que Taïwan se trouve juste derrière l'horizon… C'est poignant de songer qu'Arnaud a franchi des distances tellement plus grandes en planche à voile et qu'il a disparu là, dans un simple détroit, à quelques milles de cette plage, emportant avec lui son mystère et son destin.

Jenna avait besoin de ce moment, seule face au détroit, ces eaux agitées, belliqueuses, imprévisibles, qui l'ont amputée à jamais d'une partie de sa vie. Elle revoit l'ultime photo d'Arnaud, minuscule silhouette tournant le dos à la terre, à la poursuite de l'horizon. Mais les horizons se dérobent : plus on s'en approche, plus ils paraissent distants. Arnaud est passé de l'autre côté, c'est pour ça qu'on ne le voit plus…

L'esprit de Jenna file sur les eaux. Elle est en osmose avec les éléments et sait qu'à présent, Arnaud fait partie de la mer. Il fallait qu'elle voie de ses yeux le détroit pour mieux comprendre, accepter qu'elle ne reverrait jamais l'homme qu'elle aime, le père de son enfant.

Et pourtant, il est là, elle le sent…

… Mes yeux sont ouverts et ma bouche est fermée. La mort a montré les dents, blanches comme la nuit. Les vagues vont et viennent, me malmènent. Je ne suis déjà plus qu'une âme errante, un esprit planctonique qui rôde dans les eaux mystérieuses du détroit… Oublié, le flamboyant, l'arrogant aventurier… Les crabes ont eu raison de mes chairs et je me dissous dans l'immensité liquide d'où nous sommes tous venus…

Une vague blanche déferle sur moi, c'est elle, la princesse livide qui emmène les naufragés. Je la regarde en face. Des pensées glaciales me submergent, je ne sais déjà plus qui je suis. Je descends de plus en plus dans la profondeur céleste, il n'y a plus ni haut, ni bas, ni bien, ni mal, il y a juste ma vérité, celle que rien ne peut entacher, ni altérer, ma vérité plus dure que le diamant, et qui, un jour, j'en suis sûr, fera surface pour briller de mille feux et illuminer ceux que j'aime.

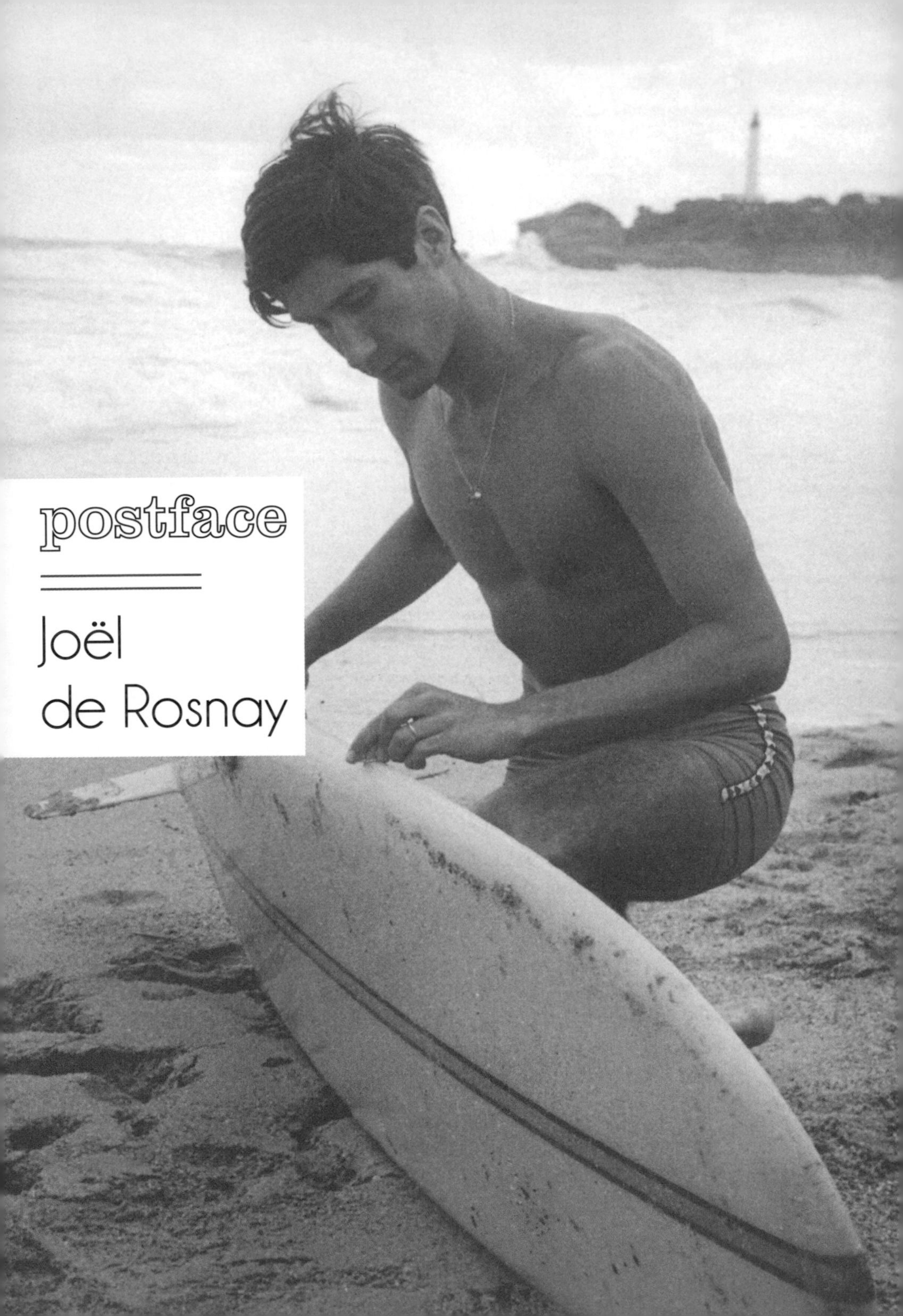

postface

Joël de Rosnay

Arnaud,
le visionnaire

—

Mon frère Arnaud était un grand sportif, mais aussi un visionnaire et un explorateur. En visionnaire, il a été précurseur, parfois même inventeur, de nouveaux modes de vie, de tendances qui n'existaient pas encore. En explorateur, il a sillonné la planète et les mers à la poursuite de nouveaux horizons, de futurs possibles. En pionnier, il a compris, vingt ans avant tout le monde, le fantastique potentiel des sports de glisse et il a fait connaître le surf, le *windsurf*, le *Hobie Cat* ou le *speed sail*, à travers ses exploits et ses traversées en solitaire.

Les outils nomades de communication le fascinaient déjà à une époque où ils n'existaient pas encore pour le public. Il est le premier que j'ai vu utiliser le prototype d'un *walkman*, bien avant sa commercialisation. Muni de cet appareil encombrant, il descendait à ski les pentes de Davos, au rythme des Rolling Stones !

Arnaud savait que la communication passe par l'émotion et les expériences partagées. D'où sa passion pour les reportages autour du monde, sur des sujets qui fascinent le plus grand nombre : les maharadjahs, les diamants, les requins et, surtout, les détroits, lieux symboliques qui le fascinaient, au point de vouloir les traverser en planche à voile.

Joël *waxant* sa planche à la Grande Plage (Biarritz), immortalisé par Arnaud.
(© Collection Famille de Rosnay)

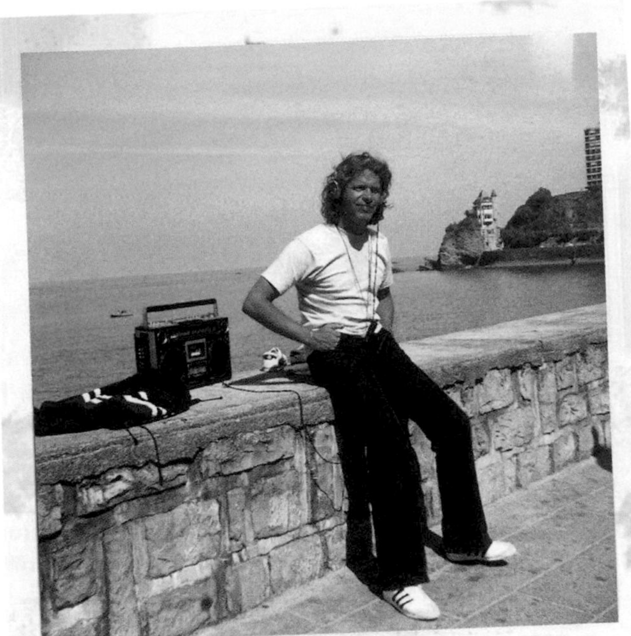

Arnaud à la Côte des Basques (Biarritz) en 1981 : un style indémodable. (© *Collection Famille de Rosnay*)

Novembre 2014 : voilà trente ans qu'Arnaud a disparu. Que reste-t-il, aujourd'hui, de cet extraordinaire personnage qui faisait rêver les jeunes dans les années 1970-1980 ?

Arnaud a ouvert la voie, il a transcendé la notion d'exploit, à travers sa passion, mais aussi une préparation à la fois physique, technique et mentale. De nombreux sportifs de l'extrême se réfèrent aujourd'hui à ses actes, à ses écrits et à ses photos.

Ce qu'il laisse aux jeunes générations est contenu dans son grand projet de cinéma, *Gravity*, un film sur les sports de glisse et la rivalité entre bandes appartenant à des îles du Pacifique préservées d'une catastrophe nucléaire ayant anéanti le monde, jusqu'au jour où les îles reçoivent la visite d'une femme énigmatique, venant d'une autre planète. C'est une grande histoire d'amour et de science-fiction que j'espère pouvoir faire produire un jour, à sa mémoire.

Quel homme serait Arnaud aujourd'hui, en sexagénaire? Je pense que son enthousiasme serait aussi neuf, tout comme sa volonté de convaincre. Encore explorateur et toujours sportif, je l'imagine tel une sorte de Jacques Cousteau ou de Paul-Émile Victor des sports de glisse, communiquant dans des magazines et à la télévision, tout en pratiquant ses sports favoris, et en se consacrant à sa famille et ses amis. Arnaud était un dur en compétition, mais c'était aussi un homme au cœur particulièrement tendre. C'est pourquoi on n'oubliera jamais le parcours hors du commun et la personnalité flamboyante d'Arnaud de Rosnay.

Joël de Rosnay

—

Champion de surf 1961
Champion de surf Master Long Board 1986
3 fois participant aux Championnats du Monde de Surf
Président du Surf Club de France (1964-1970)
Conseiller de la Présidence de la Cité des Sciences et de l'Industrie
www.derosnay.com
www.arnaud.derosnay.com

BIOGRAPHIE ET SOURCES

- Arnaud de Rosnay, *Tout m'est défi*
  (Éditions Maritimes et d'Outre-mer, 1980)

- Eric-Gérard Besson, *Arnaud de Rosnay le Magnifique*
  (Éditions Glénat, 1987)

- Arnaud de Rosnay, *Le Backgammon, comment jouer et comment gagner*
  (Éditions Arthème Fayard, 1976)

- Arnaud de Rosnay avec la collaboration de Hervé Hauss,
  La Planche à voile avec Jenna de Rosnay
  (Éditions Gallimard, collection « Wind », 1983)

- Tatiana de Rosnay, *À l'encre russe*
  (Éditions Éloïse d'Ormesson, 2013)

- Marisa Berenson, *Moments Intimes*
  (Éditions Calmann-Lévy, 2009)

- Marisa Berenson, *A life in Pictures*
  (Éditions Rizzoli, New-York, 2011)

- Alain Gardinier, *Les Tontons surfeurs*
  (Éditions Atlantica, 2004)

- Jean-Michel Barrault,
  Bernard Moitessier, le long sillage d'un homme libre
  (Arthaud, 2014)

- *Photo Magazine*, décembre 1971

- *Surfer Journal*, n° 28 «John Severson present, par Drew Kampion»
  (Éditions Vent de Terre, 2001)

- *Skateborder Magazine*, «Skateboarding France»
  vol 1, n° 4, octobre 1965

- *Vogue, Harper's Bazaar, Le Figaro Magazine, Le Figaro, l'Équipe, Jour de France, Le Quotidien de Paris, Le Meilleur, Minute, Sud Ouest, Le Mauricien, Paris Match, VSD, Le Quotidien du Médecin, l'Express, Life, Epoca, Bild, Surfer Magazine* (archives des années 1960, 1970 et 1980).

- *Wind magazine* :
  - Novembre/décembre 1981,
    « Arnaud de Rosnay et Ken Winner en détresse » par Hervé Hauss.
  - Octobre 1984,
    « Arnaud de Rosnay contre la guerre froide » par Christian Le Bozec.
  - Janvier-février 1985,
    « Arnaud de Rosnay, merde à la mort » par Hervé Hauss.
  - Novembre 1989, Spécial Arnaud de Rosnay
    par Bruno Franceschi, Hervé Hauss
  - Novembre 1994 et 2004, Spécial Arnaud de Rosnay

- *Planche magazine* :
  - Février 1983, Cap sur Miami par Gilles Lhote.
  - Mars 1983, Galère et trahison par Gilles Lhote.
  - Mai 1985, Chine, l'avis de recherche par Gilles Lhote.

- *Point de vue*, Images du monde, du 2 au 8 novembre 2004 :
  « Arnaud de Rosnay, mon oncle aventurier » par Tatiana de Rosnay

SITES INTERNET :

- *www.endlesslines.free.fr* et *www.vintageskateboardmagazines.com*
  (deux sites où l'on peut voir les reportages d'Arnaud de Rosnay sur le *skate*)

- *www.arnaudderosnay.com*
  (site hommage réalisé par son frère Joël)